致良知

是一種偉大的力量

致良知

阳明先生经典语录中包含的非凡智慧

【明】王阳明 著　北京知行合一阳明教育研究院 编注

图书在版编目（CIP）数据

致良知 / 北京知行合一阳明教育研究院编 . — 北京 : 东方出版社 , 2015.9
ISBN 978-7-5060-8451-2

Ⅰ . ①致… Ⅱ . ①北… Ⅲ . ①王守仁（1472 ～ 1528）– 哲学思想 – 文集 Ⅳ .
① B248.25-53

中国版本图书馆 CIP 数据核字 (2015) 第 220987 号

致良知（ZHI LIANGZHI）

编　　注： 北京知行合一阳明教育研究院
责任编辑： 贺　方
出　　版： 东方出版社
发　　行： 人民东方出版传媒有限公司
地　　址： 北京市东城区东四十条 113 号
邮政编码： 100007
印　　刷： 三河市金泰源印务有限公司
版　　次： 2015 年 10 月第 1 版
印　　次： 2016 年 8 月第 4 次印刷
开　　本： 880 毫米 ×1230 毫米 1/32
印　　张： 11.25
字　　数： 270 千字
书　　号： ISBN 978-7-5060-8451-2
定　　价： 48.00 元
发行电话：（010）85924663 85924644 85924641

目 录

附 录

代 序
我们为什么学习“致良知”？

85 位企业经营者、管理者共同推荐

致良知，是一种生活方式，是到达幸福人生成功彼岸的最佳捷径！

福建富士通信息软件有限公司 总经理 杨林

接触中国传统文化四五年了，一直没有突破，直到遇见《致良知》。深阅读，深思索，诚砥砺，大觉悟，大收获。

广东康菱动力科技有限公司 CEO 李玉望

这个世界上有个宝藏，里面是无尽的力量和智慧。这本书就是开启宝藏大门的钥匙。

北树咖啡 总经理 诸光

假设有世界末日，假设有诺亚方舟，假设只允许带一本书，我毫不犹豫的选择是——《致良知》！

山东勇进装饰工程集团有限公司 董事长 刘勇进

致良知让人有拔云见日的清明，脚踏大地的安稳，束缚尽脱的力量、回家的喜悦和创造一切美好的渴望！

山东鹏飞律师事务所 合伙人律师 常海峰

致良知改心改命，心即理万物一体。继绝学且待吾辈，要紧处知行合一。

苏州德盛桥梁建筑工程有限公司 总经理 张春光

立志、勤学、改过、责善，知行合一。让致良知成为一种生活方式，人生就会圆满！

福建省隆泰汽车销售服务有限公司 总经理 林乐挺

飘摇大海因定海神针而变得风平浪静；迷茫人生因致其良知而淡定从容。近一年来，我不再希高慕大，不再妄自菲薄，这份自信的力量都是来自学习《致良知》！

北京念奴娇服装服饰有限公司 总经理 吴焱光

致良知，如一盏明灯能除千年暗，它引领着我寻找心的本源。去我执、增我智、思利他、良知清澈悟真如。

上海新通联包装股份有限公司 董事长曹文洁

庄严我心，真我找到。知善知恶，知足放下。
走出困境，天地人晓。良知清澈，应变无穷。
阳明心法，惟精惟一。恭敬万物，精气神满。
明心见性，慧通天地。事业兴旺，世界美好。

山东诺贝特化工科技股份有限公司董事长 窦俊英

致良知，让生活品质更高，内心更有力量，幸福感更深，更能实现生命潜在的各种可能。

青州府典膳坊餐饮有限公司 总经理 冯云杰

绝嗜禁欲，所以除累。心静如水，良知清澈。
相信因果，使心至伟！师言无虚，谨遵教诲。

广州酷漫居动漫科技有限公司 董事长 杨涛

致良知，回归本原，不再希高慕大，不再向外攀缘，心如明镜，能生万法。

山东盛凯风机有限公司 总经理 王凯

何处放下？如何放下？《致良知》给了我答案！
明心见性，知进知止。以心为体，中西皆用。
天地万物，何分他己？君子慎独，良知无私。

湖南大三湘茶油股份有限公司 董事长 周新平

存养天理、格去物欲！致得良知一分、心力增长十倍百倍！把自己的生命未来都托付给良知！依良知而行！

德州乡盛食品有限公司 总经理 刘全胜

知而不行，只是不知。在致良知的路上，知行合一是命脉。

四川伊诚房地产经纪有限公司 董事长 徐万刚

致良知，将一颗胡思乱想、本末倒置的心，化育为“应无所住而生其心”的心，从而实现生命意义的最大化。

宿迁洋河纺织 董事长 薛长安

《致良知》一书，久读得甘露。

南通沃恩工贸 总经理 郭琪华

存天理，去人欲，回归生命本来面目。心静如水，涵养万物，超越一切，“致良知”让心自由、自在，力量无穷。

山东济南绿野商贸 董事长 彭志英

致良知，致幸福。

深圳市泰昂能源科技股份有限公司 董事长 金林

致良知，带给我个人幸福，家庭幸福，企业幸福！

浙江中兴精密工业有限公司 董事长 张忠良

致良知，让我的内心变得更有力量！致良知，就是点燃自己的生命，这个生命是光，自照照他！

广州市迪彩化妆品有限公司 董事长 许桂萍

致良知，漫漫人生路上的灯塔，让内心变得强大，充满希望和力量！

包头朗文学校 校长 李风华

致良知，如人饮水，冷暖自知，渐渐地心如明镜。致良知，做个真人。真好！

芳子美容 创始人 刘芳

良心为本，心想事成！致良知让我们拥有无穷的力量与智慧！

上海火速网络科技有限公司 董事长 刘晓光

原来我心和世界竟是如此美好！不致良知，我是无明！

回味良品公司 总经理 刘伟海

良知如北斗星，指引我们的人生走向幸福与光明！

博创机械股份有限公司 董事长 朱康建

面对今天纷繁复杂、变化多端的商业世界，企业家最需要的就是：提高心性，拓展经营。而致良知学习，是企业家提升心性的好方法。内心有了主宰，做事业才会有力量！

《商业评论》杂志 出版人 曹阳

致良知让自性的光芒绽放，向东，向东！

广东中小企业发展促进会 秘书长 谢泓

致良知、回归原点、良知清澈，让我们拥有无穷的智慧和力量！

濮阳贝英数控机械设备有限公司 董事长 王自军

致良知、学阳明，哲学提心性，明道拓经营；
不问果、只种因，美好化人心，良知始唤醒；
付辛勤、深耕耘，传承再创新，民族自复兴！
努力致良知，我们在一起！

江苏华宇电缆有限公司 总经理 方成健

致良知是觉醒之路。

上海相宜本草化妆品股份有限公司 董事长 封帅

如果没有致良知，此生将无止境地追求名、色、利，愚痴地过一辈子还浑浑噩噩无所知。37 岁有了致良知，找到心中的宝藏：仁、义、礼、智、信。知道了有事无事，一辈子只是致良知一件事，在事上磨炼，体悟那一颗如如不动的心，那是原本俱足的真我大智慧。

浙江风笛服饰有限公司 董事长 冯益跃

如致良知，如事好事。

北京唯众良品品质服装折扣连锁总部 总经理 许玉国

致良知，治自己。见善即迁，有过即改，修己真切功夫。

温州嘉庭酒店管理有限公司 董事长 金怀

稀里糊涂的过了三十年，才晓得原来还有良知在，唯良知莹彻为我毕生之追求！

北京蜀客隆服饰有限公司 总经理 徐动能

致良知，不仅仅是信念，更是力量和智慧！

海南易建科技股份有限公司 董事长 喻龑冰

一生俯首拜阳明，让“致良知”成为自己的生活方式！

青岛海岩复合材料有限公司 董事长 张忠军

致良知，让我去体悟，宇宙万物原本一体，人世间真善美皆自我心而出。

浙江盛宏服装有限公司 董事长 盛梅

晨读《致良知》，每天与圣贤对话，收摄住那颗不宁之心，让自己定下来，定后能静，静后能慧，致良知是何等快活之事！

广州市恒力安全检测技术有限公司 总经理 吴光辉

走出校门二十多年，苦苦追寻所谓成功的捷径，今日才发现“致良知”才是人生成功的正道，走在致良知的道上何等洒脱！

北京念奴娇服装服饰有限公司 董事长 周建邦

致良知让我找到真心的宝藏，打开真心，世界一片光明。

上海相宜本草化妆品股份有限公司 董事长助理 王海杰

致良知，是人间大爱，她让我学习克己去私，知行合一，增加无限智慧与力量！

北京蓝莓果教育科技有限公司 董事长 梅海英

致良知是“定海神针”，让生命水静流深，更使我的生命透亮，世界原来如此明媚！

山东秋香食品有限公司 总经理 刘继恩

致良知让我心定力增，遇事不慌，目标坚定，常怀感恩心！

吴中堂

致良知让我有了主心骨，凡事不惧、不慌、不茫。

《商业评论》杂志 副主编 刘雪慰

致良知让我的心灵得到净化，能量得到增长，人生价值得以升华！感谢致良知。

中领控股董事长 王祥霖

致良知是人生成功的捷径。

立平

学习《致良知》，从“心”出发，明“理”行“事”。心上成就一分，事上成就千百分。

福州至一教育机构 董事长 林捷冬

大部分的书籍里学到的是术，《致良知》传授的是道，通一道可晓百术。

山东沃丰格瑞管业有限公司 人力资源总监 吴晓曦

感恩致良知让我找到了生命的意义和存在的价值，致良知的伟大就是“知行合一、始终如一、时时利他”！

成都众恒印务有限责任公司 董事长兼总经理 黄义军

《致良知》这书，不是一门学问，你不用刻意记住书的文字，甚至不必了解书中每个字词的含义。这本书教的是一门功夫——教人修心的功夫，教人成圣的功夫。

四川杏林医药连锁有限责任公司 总经理 胡宏敏

年过半百，身心疲惫。学《致良知》仅四个月，如沐春风，唤醒了遮蔽已久的良知，重生。

广东奔朗新材料股份有限公司董事长 尹育航

阳明心学乃孔门正法眼藏。依正法而循，去伪存真，断恶扬善，吾心光明，能生万法。好不快意！

北京京娃娃学校 校长 陈礼俐

致良知，打开内心宝藏！治自己，生发无穷力量！

青岛精锐机械制造有限公司 总经理 张文利

致良知之路就是修心之路，专注致良知是我一生的归宿！是我的企业应该去的方向！是企业家立业之本！

英泰格瑞投资基金 执行事务合伙人 何长龙

做人，致良知就是积善行、减私欲的过程管理。做企业，致良知就是戒贪婪、做减法的过程。参加致良知学习以来，受益极大，值得终身修炼！

国康健康管理集团 董事长 杨华山

致良知，能让个人重生、企业重生，持续几十年，能让社会重生。

厦门躬行志愿者发展促进中心 主任 丰收

感恩有缘发现致良知超乎想像的力量，坚持知行合一是通往良知清澈的方向。

安利全球政策咨询委员会 委员 葛勇芹

找回内心深处的真我，依良知而行，心得其宜，坦坦荡荡地行走在人生的光明大道上。

保定市大为计算机软件开发有限公司 CEO 潘晓梅

致良知，去人欲，存天理，是一盏心灯，是生命的灯塔，让生命从此苏醒，走在向内求的幸福道路上。

上海商海通网络科技有限公司 总裁 周俐辉

学习致良知的一年多时间里，让我找到了人生的使命，坚定了做圣贤的志向，与老师和同修们一起向东，相信此生一定会拥有光明和力量。

济南敦和置业公司 总经理 宋高飞

致良知，是我人生唯一的光明大道，立志成圣贤，是人生唯一的立志，终身不悔。

青岛沃德良品服饰有限公司 董事长兼总经理 颜晓华

致良知影响和改变我一生的生命轨迹，对经营家庭和经营事业都有根本性的帮助。

廊坊市罗宝食品有限公司 董事长 胡保君

致良知后的使命宣言：我要度过一个贡献的人生，享受他人成长带给自己的快乐，为当下的每个人带去正能量。

深圳市芳子美容股份有限公司 总经理 龚臣

人生如海上行舟，需要引领；良知如灯塔，指引人生朝向正确的方向，到达人生理想彼岸。

潍坊亿翔信息技术有限公司 总经理 王金相

致良知，就是“灵丹妙药”，能让我们成为一个正向、豁达、无私的人。

山东恒飞电器有限公司 总经理 张秀华

良知良能本自存，尘世物欲遮本根。如今能致良知心，知善去恶还人仁。拜读阳明心即理，此生悟道惟感恩。

廊坊市龙文一对一文化传播有限公司 城市校长 樊定南

致良知修正了我人生的航向，让我生起力量去帮助我的员工以及同业的员工享有体面、尊严、幸福的人生。

福建永福机电设备有限公司 董事长 余东

致良知变了我一生的轨迹！致良知真是一种伟大的力量！

厦门网中网软件有限公司董事张思达

致良知洗礼了我的心灵，唤醒了我模糊的人生观、价值观。改变了我的生活，改变了我的人生。

安徽华普节能材料股份公司 董事长 汤俊怀

致良知让我找到了使命感，内心力量俱足，生命因此而不同！

山东济南迪诺教育 董事长 逯永华

致良知之后，日渐感觉良知逐渐清澈，很多事情能够看的清楚、不纠结了，每一天都是快乐的生命体验。致良知，不是知识的增加，而是生命的升华。

智诚灵动品牌营销机构 董事长 王成莹

致良知，的确是一种伟大的力量。用心通读全书一遍，就可能与圣贤之心链接。若我们能用心通读百遍，我们必与圣贤之心相印，必将产生无比神奇的力量。

郑州温心国学文化工作室 负责人 司富天

致良知指引我回归真正的生命，活出真我。

石家庄胡氏餐饮公司 总经理 胡鑫

链接致良知的伟大力量，用良知办教育，以真爱育生命。念念为善，相互充电。利他共生，合道而行。

北京中育集团 董事长 王伟

致良知，内求自修，一条心回家的康庄大道。

重庆盛和塾 秘书长 周润丰

“无善无恶心之体”，这就是我们学习致良知的真正目的。而要想达到这样的精神境界，就需要我们从立志做起。一句话，立志为圣人，就一定能够成为圣人。

北京隆盛泰商贸有限责任公司 总经理 王卫东

作为企业家，为什么活着？做对社会发展有意义的事业。如何活着？依良知而行，修炼健康的灵魂，走在光明而清澈的路上。

山东锐特物流有限公司 董事长 张翼

读尽天下书，无非《致良知》。致良知让我找到真我再出发，相信致良知是法宝，知行合一无人比。学习致良知是正道，生活事业步步高！

河南省郑州市先立国学幼儿园 总园长 高鸣阳

良知是人类共有的期待和力量，致良知是一种精神上的众筹，是接引千古圣贤和芸芸众生的心灵力量，如此可得大道，可成大业！

生命树国际教育机构 总裁 曹廷珲

致得良知，依良知行事。一切都很自然，刚刚好！

北京紫金华瑞广告有限公司 总经理 王彦炜

致良知是中国传统文化精髓，从心出发，给予我力量，智慧，从容……

德州影友商贸有限公司 总经理 李开友

致良知，与“真我”相遇，表里如一做真人，坦坦荡荡活一世！

钧德轩钧瓷商行 总经理 张莉

致良知，重塑精神的信仰；致良知，发现内省的力量；致良知，树立经营的理念。

汕头市一格品牌策划有限公司 总经理 郑孟翰

编辑说明

几年前，根据一些企业家、经营者和管理者的要求，我们挑选了一批阳明先生的重要文献，整理成最初版的《致良知》一书。初版的《致良知》一书仅供由这部分企业家、经营者和管理者组成的“致良知学习小组”学习使用。编选的时候，我们秉持一个原则，那就是，只与大家分享那些我们曾经为之感动的文献。这些文献所蕴含的良知的力量，对于物质泛滥但心力匮乏的当代社会，堪称弥足珍贵。经过近两年的学习和磨炼，小组的学员，大多在心性层面都有一定的提升，经营、管理的工作和水平也有了更好的拓展和提高。现在，根据大家学习的体会，我们对初版图书进行了较大调整，此次出版《致良知》一书，希冀能对更多愿意“致良知”的朋友有点小小的助益。

本书分为四个部分。全书按照文章篇目分成55篇并标号，每篇文章的语意段落进行标记。数字标号的目的是为了让阅读条理更清晰，利于注释时引用。

本书的第一部分是“年谱”。常言道“身教重于言教”，因此我们把阳明先生年谱放到了本书的开篇。阳明先生身体力行致良知的经历都记录在年谱中，读来亲切可信。阳明先生的人生经历是一个示现，也给我们信心，“人人皆可为尧舜”，后生自当力行之。

本书的第二部分是“文选”。现有出版的与阳明先生有关的文集，大多的编排是将语录放在文选之前。我们之所以将“文选”提到前边，基于以下两个原因。一是，从大家的阅读体会来看，相比文选，初学者阅读语录的难度要更大一些，尤其是开篇的《徐爱录》，因此我们根据“先易后难”的原则做了调整。二是，虽然语录短小生动，更加亲切，但是如果缺乏对特定的语境的了解，只言片语，难以窥一斑而知全豹。徐爱在《传习录·序》中就说：“门人有私录阳明先生之言者。先生闻之，谓之曰：‘圣贤教人，如医用药。皆因病立方，酌其虚实、温凉、阴阳、内外而时时加减之，要在去病，初无定说。若拘执一方，守为成训，鲜不杀人矣，他日误己误人，某之罪过可复追赎乎？’”因此，我们将更加利于文意全面、系统表达的文章，放在语录之前。先读文选，对阳明先生的思想有了一个全貌的了解之后，再去看语录，就犹如见过全豹，再睹一斑，或可免生“拘执一方，守为成训”之病了。

关于“文选”部分，我们还做了以下几项工作：第一，放弃最初按文体分类的编排方式，将书信、公文、序言、杂文等统一按照写作时序进行排序。这个排序方法，是遵照了阳明先生本人的意见的。在《王阳明全集》的年谱中有记载：“六年丁亥，先生五十六岁，在越。四月，邹守益刻《文录》于广德州。守益录先生文字请刻。先生自标年月，命德洪类次，且遗书曰：‘所录以年月为次，不复分别体类，盖专以讲学明道为事，不在文辞体制间也。’”我们依据阳明先生的意见如此编排之后，恍然明白先生所言“讲学明道”的用意。41篇文章，从1506年的《乞宥言官去权奸以章圣德疏》至1528年的《答聂文蔚书·其二》，二十多年的文章按照写作时间顺序放到一起，你也会清晰地感受到先生的思想内在发展脉络，并且明白“吾道一以贯之”的真实内涵。第二，在大部分文章之前添加了“背景简介”。背景简介以文章写作当年的阳明先生的生平介绍为主，为该文提供一个阅读背景，便于理解文章所要传达的要义。这些背景简介顺序连缀下来，相当于一个小年谱，阳明先生的“人”与阳明先生的“文”的关系也空前地密切起来。在部分背景简介中，还引用了明代官员、学者施邦曜的点评，以帮助阅读理解。第三，根据目前能收集到的资料，在注释中，对文章中提及的阳明先生身边的人物做较为详细的介绍，比如聂文蔚、欧阳崇一、邹谦之、黄宗贤、诸用明、周道通、陆元静、马子莘、魏师说、黄诚甫、王纯甫等。读者透过注释，或许除了“身教、言教”，能再体会到“境教”。穿越时空，回到五百多年前，来到阳明先生和他的弟子身边，耳闻目睹他们的音容笑貌，用心体会他们的喜怒哀乐，感受到自己与他们一样，是“致良知”路上的同行者。

本书的第三部分是“语录”。语录部分共收录了徐爱等八人的九篇记录（其中黄直、黄以方为一人），另根据陈荣捷先生收集的散佚的《传习录》语录，并参看施邦曜辑评的《阳明先生集要》，增加了《语录拾遗》一篇。因此语录部分，共有十篇。语录部分虽然缺少阳明先生言说的时间记载，但大多可以根据语意与文选部分进行相互印证，加深理解。

本书的第四部分是“附录”。附录有三篇。第一篇是阳明先生的弟子钱德洪所著的《平濠反间遗事》。记录了 1519 年阳明先生用兵如神，四十多天就平定宁王朱宸濠叛乱的经过。后人常羡慕阳明先生用兵智慧，先生在此文中关于用兵中却说：“但圣人得位行志，自有消变未形之道，不须用此”，“可惜平生精神，俱用此等没紧要事上去了”，何谓“紧要事”，不可不深思。附录的另两篇为《大学》《中庸》的原文，阳明先生在文章、语录中曾有大量引用，因为原文较短，故附在书后，便于查阅。

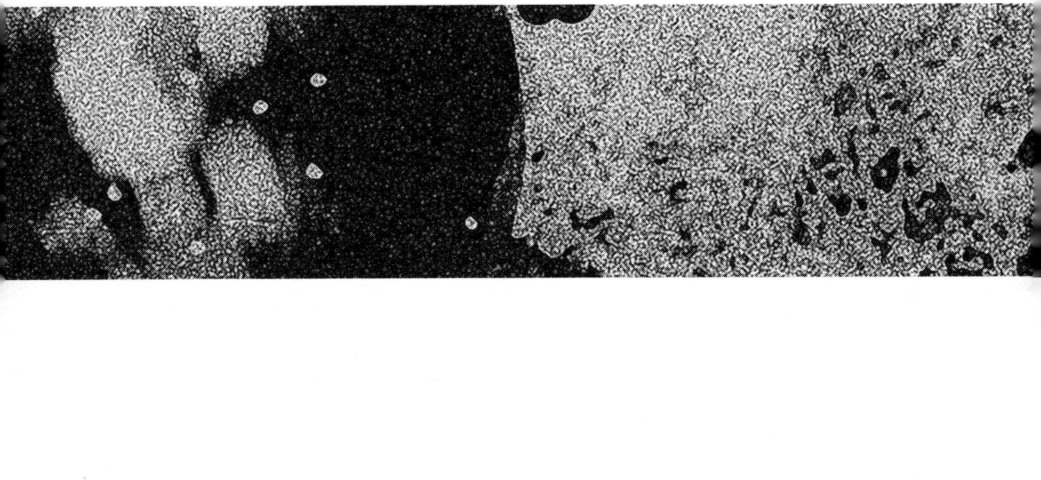

年谱

1. 阳明先生年谱[1]

王先生守仁，字伯安，其先晋右军将军羲之之后，世居山阴[2]。至二十三世，迪功郎[3]寿徙余姚[4]。国初有纲者，官广东参议，死苗难。其子彦达以羊革裹尸归，御史郭纯上其事，庙祀纲于增城[5]，纲盖先生之六世祖也。高祖与准，永乐间举遗逸[6]，不起，号“遁石翁”。曾祖世杰，以明经贡入太学，号“槐里子”。祖天叙，号竹轩，封翰林院修撰。自槐里子以下，两世皆赠嘉议大夫、礼部右侍郎，加赠新建伯。父华，号“龙山”，由进士及第第一人，仕至南京吏部尚书，封新建伯。龙山念山阴佳山水，又为先世故居，复自余姚徙越城[7]之光相坊。先生因筑室阳明洞，距越城东南二十里，

---

1 阳明先生年谱：选自施邦曜辑评的《阳明先生集要》一书中的年谱，增加了部分注解，并加了公元纪年。这个版本的年谱，对阳明先生的生平记录比较完整，也更精简，详细的年谱可以参照《王阳明全集》的年谱部分。

2 山阴：中国浙江省绍兴地区历史上的一个旧县名，得名于南部的会稽山。

3 迪功郎：古代官名，又称宣教郎，始于宋代 。《宋史·职官志八》：“迪功郎……为从九品。”

4 余姚：今浙江省余姚市。

5 增城：今广东省广州市增城区。

6 举遗逸：推举隐士，遗才。

7 越城：今绍兴市越城区。

故学者称为“阳明先生”。

1472 年

成化八年壬辰九月三十日[1]丁亥，先生生。

先生在娠十四月。生之夕，祖母岑梦神人绯玉，自云中鼓吹送儿来，惊寤，已闻啼声。竹轩翁因名先生“云”。而乡人遂指所生楼曰“瑞云楼”。

1477 年

十二年丙申，先生五岁。

犹不言。有神僧过而目之曰：“好个孩儿，可惜名字道破。”竹轩翁更以今名，曰“守仁”，即能言。尝暗自诵翁所读书，翁讶问之，曰：“向闻祖读时，已默记矣。”

1481 年

十七年辛丑，先生十岁。

龙山公举进士。

1482 年

十八年壬寅，先生十一岁。

竹轩翁因龙山公迎养，携先生如京师，过登金山，与客赋诗，未就。先生从旁占一绝[2]。客大惊，复命赋蔽月山。先生又随口占

1　成化八年壬辰九月三十日：公历 1472 年 10 月 31 日。

2　旁占一绝：“金山一点大如拳，打破维扬水底天。醉倚妙高台上月，玉萧吹彻洞龙眠。”

一绝[1]（诗在集中）。

明年，就塾师于邸中。一日，与同学生走长安街，遇相者，曰："吾为尔相。尔须拂领，入圣境。须至上丹台，结圣胎。须至下丹台，圣果圆。"先生感其言，归问师曰："何为第一等事？"师曰："读书登第。"先生曰："恐未是，当读书做圣人耳。"

1484 年

二十年甲辰，先生十三岁。

太夫人郑氏卒。

1486 年

二十二年丙午，先生十五岁。

时石英、王勇乱畿内，石和尚、刘千金乱秦中。先生间行出居庸关，逐胡儿骑射，遍询夷落所以备御之策，经月始返。夜梦谒汉马将军援庙，赋诗一律[2]（诗在集中）。先生感慨时事，屡欲上书于朝，龙山公格而止之。

1488 年

弘治元年戊申，先生十七岁。

七月，自京师亲迎夫人诸氏于洪都[3]。时诸公养和[4]为江西参议，

---

1 又随口占一绝："山近月远觉月小，便道此山大于月。若人有眼大如天，还见山小月更阔。"

2 赋诗一律："卷甲归来马伏波，早年兵法鬓毛皤。云埋铜柱雷轰折，六字题文尚不磨。"

3 洪都：今江西省南昌市。

4 诸公养和：即诸养和，阳明先生岳父，时任江西布政司参议。

先生就委禽焉。合卺日偶行入铁柱宫，见道士趺跌，即而叩之，相与对坐忘归，诸公遣人遍索不得。明日，先生始还。署中有纸数箧，先生日学书皆尽，书法大进。先生尝曰："吾始模古帖，止得字形。后凝神静虑，拟形于心，久之，始通其法。及读明道[1]书曰：'吾作字甚敬，非要字好，只此是学。'既非要字好，又何学也？乃知古人随时随事只在心上学，此心精明，字好亦在其中矣。"后与学者论格物，多举此为证。

1489 年

二年乙酉，先生十八岁。

十二月，以夫人诸氏归余姚，舟过广信[2]谒娄一斋谅[3]，语格物之学。先生甚喜，以谓圣人必可学而至也。后遍读考亭[4]遗书，思诸儒谓众物有表里精粗，一草一木皆具至理。因见竹，取而格

1　明道：程颢（1032 — 1085），字伯淳，号明道，学者称明道先生。河南洛阳人，出生于湖北黄陂。北宋哲学家、教育家、诗人和北宋理学的奠基者。程颢提出"天者理也"和"只心便是天，尽之便知性"的命题，认为"仁者浑然与物同体，义礼知信皆仁也"，识得此理，便须"以诚敬存之"。程颢曾和其弟程颐学于周敦颐，世称"二程"，同为北宋理学的奠基者，其学说在理学发展史上占有重要地位，后来为朱熹所继承和发展，世称程朱学派。撰有《定性书》《识仁篇》等，后人集其言论所编的著述书籍《遗书》《文集》等，皆收入《二程全书》。

2　广信：即广信府，元末至清末的行政区划名，治所在今江西省上饶市信州区。

3　娄一斋谅：娄谅（1422 — 1491），明代著名理学家。字克贞，别号一斋，江西广信上饶人。

4　考亭：朱熹（1130 — 1200），字元晦，一字仲晦，号晦庵、晦翁、考亭先生、云谷老人、沧洲病叟、逆翁，别号紫阳。南宋著名的理学家、思想家、哲学家、教育家、诗人、闽学派的代表人物，世称朱子，是孔子、孟子以来最杰出的弘扬儒学的大师，也是儒学的转折点。朱熹是理学的集大成者，博学多识，著述丰富，对中国思想文化有极大的影响。《朱子全书》共 27 巨册，共约 1436 万字。

之[1]，沉思不得，遂被疾。

1492 年

五年壬子，先生廿一岁。

秋，举于乡。时闱中夜半见有二巨人者衣绯绿，东西立，大言曰：“三人好作事。”已而，先生与孙中丞燧、胡尚书世宁同举。及宸濠之变[2]，胡发其奸，孙死其难，先生平之。

1493 年

六年癸丑，先生二十二岁。

春试，南宫[3]落第。宰相李西涯素器先生，戏曰：“待汝作来科状元，试为《来科状元赋》。”先生拈笔而就。有忌者曰：“此子取上第，目中无我辈矣。”及丙辰春试，竟为忌者所抑。同舍有以不第为耻者，先生笑曰：“汝以不得第为耻，吾以不得第动心为耻。”

1497 年

十年丁巳，先生二十六岁。

寓京师。时边烽甚急，诏举将才，无以应。先生因精究兵法，每遇宾饮，聚果核，列阵势为戏。

---

1 因见竹，取而格之：关于阳明先生“格竹”时间，有一定分歧。《王文成公全集》年谱中“格竹”之事列于“五年壬子，先生二十一岁，在越”条：“是年为宋儒格物之学。先生始侍龙山公于京师，遍求考亭遗书读之。一日思先儒谓‘众物必有表里精粗，一草一木，皆涵至理’，官署中多竹，即取竹格之。沉思其理不得，遂遇疾。”

2 宸濠之变：正德十四年（1519）六月，宁王朱宸濠，集兵号十万在南昌造反。四十三天后，朱宸濠大败，与诸子、兄弟一起为王阳明所俘。详见附录《平濠反间遗事》“宸濠之变”注释。

3 南宫：指“南宫试”，为礼部会试，即进士考试。

1498 年

十一年戊午，先生二十七岁。

读考亭《上光宗疏》，有曰："居敬持志为读书之本，循序致精为读书之法。"乃悔前日用力虽勤而无所得者，欲速故也。因循序以求之。然物理吾心，终判为二，沉郁既久，旧疾复作。闻道士谈养生之说而悦焉。

1499 年

十二年己未，先生二十八岁。

春，举南宫第二人，赐二甲进士第七人，观政工部。

先生为诸生时，尝梦威宁伯王越[1]遗以弓剑。是秋，奉命督造威宁坟，驭役夫以什伍法，休食以时，暇则驱演"八阵图"。事竣，威宁家谢以金帛，不受。出威宁夙所佩剑以赠，受之，梦故也。时星变[2]，下诏求言，又鞑虏猖獗，先生疏论《边务八事》。

1500 年

十三年庚申，先生二十九岁。

授刑部云南司主事。

1　威宁伯王越：王越（1426—1499），字世昌，大名府浚县（今河南省鹤壁市浚县）人，明朝军事将领、威宁伯，进士出身。曾驻守明朝西北边陲，多次大败蒙古军队。

2　星变：指星体出现异常现象。中国古代思想中认为天象与人事、政治密切相关。《史记·天官书》："日变修德，月变省刑，星变结和，凡天变过度乃占。"明代徐桢卿《异林》一书记载"弘治戊午（1498），温州泰顺县左，忽有一物，横飞曳空，状如箕尾，色杂粉紫，长数丈余，无首，吼若沉雷，从东北去修武县东岳祠，忽有黑气声如雷，隐隐堕地。村民李云，往视之得温石一枚，良久乃冷。"

1501 年

十四年辛酉，先生三十岁。

奉命谳狱[1]江北。暇日游九华山，见道者蔡蓬头，问以仙术。蔡曰：“尚未。”有顷，先生屏左右，再拜请问。蔡曰：“尚未。”问至三。蔡曰：“汝礼虽隆，终不忘官相。”大笑而别。

地藏洞有异人，坐卧松毛，不火食，先生历岩险访之。值其睡，先生默坐，良久方醒。问以第一义谛，不答。徐曰：“周濂溪[2]、程明道，你儒家两个好秀才也。”语毕复睡。先生归。明日再往，不复见矣。

1502 年

十五年壬戌，先生三十一岁。

八月，予告[3]归越。筑室阳明洞，行道引术。友人王思舆[4]等来访，先生命仆迎之，且历语其来迹，似先知者。众惊异，以为得道。久

---

1 谳狱：审理诉讼、审问案情。谳音 yàn 。

2 周濂溪：周敦颐（1017 — 1073），字茂叔，号濂溪，道州营道县（今湖南道县）人，北宋官员、理学家，北宋宋明理学创始人。其学说是孔子、孟子之后儒学最重要的发展，在中国思想史上的影响深远。主要著作是《通书》《太极图说》。周敦颐首次将“无极”一词引入儒家理论，认为“无极而太极”，“太极”一动一静，产生阴阳万物。“万物生生而变化无穷焉，惟人也得其秀而最灵”。后又模仿“太极”建立“人极”。“人极”即“诚”，“诚”是“纯粹至善”的“五常之本，百行之源也”，是道德的最高境界，只有通过主静、无欲，才能达到这一境界。

3 予告：官员因老、病休假，退休。

4 王思舆：王文辕（生卒年不详），字司舆（又作“思舆”），号黄轝子，浙江山阴人。与阳明先生为莫逆之友。阳明先生弟子季本曾撰《王思舆传》：“历志力行，隐居独善，乡人慕其德者，皆乐亲之。少学为古文，级类庄、列，诗逼唐人，读书不牵章句，尝曰：‘朱子注说，多不得经意。’成化、弘治间，学者守成说，不敢有私议朱子者，故不见信于时，惟阳明先师与之为友。”

之，先生悟曰："此簸弄精魄，非道也。"遂屏去其术。欲离家远遁，念祖母岑与龙山公在。一日悟曰："此念生于孩提，此念亡，是断灭种姓矣。"乃移居西湖，往来南屏、虎跑间。有僧禅坐三年，不语不视，先生喝曰："这和尚，终日口巴巴说什么？终日眼睁睁看什么？"僧惊起。先生问其家，对曰："有母在。"曰："起念否？"对曰："不能不起念。"先生即指爱亲本性喻之，僧涕泣拜谢，挈钵而归。

1504 年

十七年甲子，先生三十三岁。

秋，主考山东乡试，试录皆先生笔也。

九月，改兵部武选司主事。

1505 年

十八年乙丑，先生三十四岁。

是年，识湛甘泉若水[1]，与盟，讲明圣学，门人始进。

1506 年

正德元年丙寅，先生三十五岁。

1　湛甘泉若水：湛若水（1466－1560），明代哲学家、教育家、书法家。字元明，号甘泉，增城（今广东省广州市增城区）人。孝宗弘治间进士，选庶吉士擢编修。世宗嘉靖初，官南京祭酒、礼部侍郎。后历南京礼、吏、兵三部尚书。少师事陈献章，后与王阳明同时讲学，各立门户。王主讲"致良知"，湛主讲"随处体认天理"。

时奄瑾[1]擅政，南京科道戴铣[2]、薄彦徽等皆下狱。

二月，先生抗疏救之。触瑾，矫旨廷杖四十，谪贵州龙场驿[3]驿丞。

1507年

二年丁卯，先生三十六岁。

夏，赴谪至钱塘，瑾遣人阴迹先生。先生惧，佯为自沉于江，密附商船往舟山，飓风一夕，飘堕闽界。比登岸，山行数十里，夜叩野寺，不纳。又趋野庙，倚香案卧，盖虎穴也。夜半，虎但绕廊吼，不敢入。黎明，寺僧来庙所，意先生必啖于虎，将收其橐[4]。此寺僧盖素借虎以御客者。见先生方睡醒，惊曰："非常人也。"邀至其寺，则向与先生趺坐于铁柱宫之道士在焉。道士笑出袖中诗相示，有"二十年前曾见君，今来消息我先闻"之句。因问先生："尔欲安往？万一瑾怒，逮尔父，诬尔北走胡，南走粤，奈何？"先生愕然。卦之，得"明夷"[5]，乃决策返。别道士，留诗壁间[6]（诗在集中）。遂取间道，由武夷归，涉鄱阳，往省龙山公于建业。以十二月赴龙场驿。

时先生妹婿徐爱因先生将赴龙场，纳贽北面，奋然有志于学。

---

1 奄瑾：刘瑾（1451－1510），陕西兴平人，本姓谈，明武宗时的太监，人称九千岁，从正德元年到五年，操纵朝政，是明代为祸最严重的权宦之一。

2 戴铣：见张廷玉等编《明史·列传第七十六》："戴铣，字宝之，婺源人。弘治九年进士，改庶吉士，授兵科给事中，数有建白。久之，以便养调南京户科……既乃与给事中李光翰、徐蕃、牧相、任惠、徐暹及御史薄彦徽等连章奏留刘健、谢迁，且劾中官高凤。帝怒，逮系诏狱，廷杖除名。铣创甚，遂卒。世宗立，追赠光禄少卿。"

3 龙场驿：奢香夫人于明洪武十七年（1384）建。驿址在今贵州修文县城。

4 橐：口袋，音 tuó。

5 明夷：是《周易》六十四卦中第三十六卦。卦辞为"利艰贞"，卜问艰难之事则利。

6 留诗壁间："险夷原不滞胸中，何异浮云过太空？夜静海涛三万里，月明飞锡下天风。"

1508 年

三年戊辰，先生三十七岁。

春三月，至龙场驿。龙场在贵州万山中，蛇虺[1]蛊虫毕聚。夷人鴃[2]舌，不通语言，可与通语言者，仅中土亡命耳。时瑾憾未释，先生自计得失荣辱俱忘，惟生死一念尚在，乃凿石椁以俟命焉。会从者皆病，先生亲析薪取水，作糜饲之。又为歌诗，调越曲，杂诙笑，以相解慰。

因沉思圣人处此，更有何道，忽中夜大悟格物致知之旨，不觉呼跃而起，从者皆惊。始知圣人之道，吾性自足，向之求理于事物者误也。默记《五经》[3]之言证之，莫不吻合，著《五经臆说》。

夷人亦日来亲，见先生所栖卑湿，为构龙冈书院、寅宾堂、何陋轩、君子亭、玩易窝，以居先生。思州守遣人侮先生，诸夷不平，殴之。守怒，白于当道。当道令先生诣谢，先生不可，致书复之，守闻自失。水西安宣慰馈粱肉，给使令，重以金帛鞍马，先生俱不受。始朝廷议设军卫于水西，兼筑城廓[4]，既而止，然驿传尚存。安恶据其腹心，欲去之，以问先生。先生遗书，申朝廷令甲威信，安心乃折。有宋氏酋长曰阿贾、阿札者叛，宋氏作乱，先生复遗书讽喻安，安悚然，率所部平其难。

1509 年

四年己巳，先生三十八岁。

1　虺：古书上说的一种毒蛇，音 huǐ 。

2　鴃舌：比喻语言难懂。“鴃”，音 jué 。

3　五经：包括《诗经》《尚书》《周易》《礼记》和《春秋》

4　廓：通“郭”。一般“城”指内城墙。“郭”指外城墙。

贵州提学副使席书聘先生主贵阳书院，身督诸生师先生。

是年，先生始论“知行合一”[1]，其说具《语录》中。

1510年

五年庚午，先生三十九岁。

由龙场驿丞升庐陵县[2]知县。为政七月，不事威刑，选三老里正，谕民为善，多感化者。

冬十一月入觐，馆于兴隆寺。时黄宗贤绾[3]始见先生论学，先生喜，令与湛甘泉俱。

十二月，升南京刑部四川司主事。

1511年

六年辛未，先生四十岁。

正月，调吏部验封司主事。始论晦庵[4]、象山[5]之学。有《答徐成之书》。时方献夫为郎，位在先生上，敬执贽先生。

二月，为会试同考试官。十月，升文选司员外郎。

1512年

七年壬申，先生四十一岁。

1　知行合一：是阳明心学重要命题之一，可参看【43.6】【47.5】等条。

2　庐陵县：今江西吉安县。

3　黄宗贤绾：黄绾，字宗贤，又作叔贤，号久庵、石龙。浙江省温岭市人。“绾”，音 wǎn 。详见本书 39.《与黄宗贤》一文“黄宗贤”注释。

4　晦庵：即朱熹，可参看 1.《阳明先生年谱》“1489 年”条“考亭”注释。

5　象山：陆九渊（1139 － 1193），号象山。可参看 22.《象山文集序》“象山”注释。

二月，升考功司郎中。

十二月，升南京太仆寺少卿，便道归省。

是年，徐爱以祁州守迁南工部郎，与先生同舟归越，论《大学》宗旨，详《语录》。

1513 年

八年癸酉，先生四十二岁。

冬十月，至滁州，日与门人遨游琅琊、瀼泉[1]间。月夕，环龙潭而坐者数百人，歌声振山谷，旧学之士日益至。

1514 年

九年甲戌，先生四十三岁。

四月，升南京鸿胪寺卿。

是年，始专以“致良知”[2]训学者。

1515 年

十年乙亥，先生四十四岁。

立从弟守信子正宪为后。时先生与诸弟守俭、守文、守章，皆未举子故也。

八月，拟《谏迎佛疏》。近侍言西域有僧，能知三生事，胡人谓之活佛。遣宦者刘允乘传往迎。以珠琲[3]为幡幢，黄金为供赐，

1　琅琊、瀼泉：均在今安徽滁州市境内。

2　致良知：阳明心学重要命题，可参看 28.《与黄勉之书・其二》、35.《答欧阳崇一书》、38.《答聂文蔚书・其一》、39.《与黄宗贤》、42.《答聂文蔚书・其二》等文。

3　珠琲：珠串，琲，音 bèi。

赍巨万，敕允往返以十年期，得便宜行事。请盐七万引，为行李费。辅臣杨廷和执奏，不听。先生拟书欲上，后止。

1516 年

十一年丙子，先生四十五岁。

九月，升都察院左佥都御史，巡抚南、赣、汀、漳[1]等处，以兵部尚书王琼[2]举也。王思舆语季本[3]曰："阳明此行，必立事功，吾触之不动矣。"[4]

1517 年

十二年丁丑，先生四十六岁。

正月，至赣州。先经万安，有贼数百，沿途劫掠，商舟不敢进。先生令联商舰结为阵势，扬旗鸣鼓，若趋战者。贼惧，罗拜呼曰："饥荒流民，乞求赈济。"先生令人谕之曰："至赣后，即差官抚插，各安生理，毋作非为，自取戮灭。"贼皆散归。

先生入赣日，即选募民兵，行十家牌法。先是，赣人之在官府者，皆洞贼耳目，官府举动，贼必先闻。军门一老隶，作奸尤甚。

1　南赣汀漳：大约在今江西大余县南安镇、江西赣州、福建长汀、福建漳州一带。

2　王琼（1459 — 1532）：字德华，号晋溪，别署双溪老人，山西太原（今太原市刘家堡）人。历事成化、弘治、正德和嘉靖四个皇帝，由工部主事六品之官，直做到户部、兵部和吏部尚书一品大员。

3　季本（1485 — 1563）：字明德，号彭山，会稽（今浙江绍兴）人。从王守仁学。武宗正德十二年（1517）登进士第。授建宁府推官，征为御史，以言事谪揭阳主簿，官至长沙知府。世宗嘉靖二十二年（1544）由长沙知府解职还乡，寓禹迹寺讲学。

4　触之不动矣：牟宗三先生在《王阳明学行简述》中说："本源莹彻，自作主宰。以全幅智勇以赴之，此之谓义理担当，非气魄担当，亦非偶发于天资本能之一时聪明所可语此……义理担当，触之不动，非刚愎执扭之不动也。世之讲良知者须于此三致意焉。"

先生知之，呼入密室，使自择生死。隶吐实，先生许以不死，试其言悉验。先生以是尽得贼情矣。

二月，平漳寇。

四月，班师。

五月，立兵符，奏设平和县治于河头，移小溪巡简司于枋头。

六月，请疏通盐法。

九月，改提督南、赣、汀、漳等处军务，钦给旗牌，得便宜行事。先是，先生《申明赏罚疏》，以旗牌便宜为请。有笑其迂者。独王公琼曰："朝廷此等权柄，不与此等人，又将与谁？"复疏，得旨，悉从之。江西镇守太监毕真谋于近倖，请监其军。琼奏以为兵法最忌遥制，若使南、赣用兵必待谋于省城，镇守败矣。惟省城有警，则听南、赣策应可也。真谋乃寝。以平漳寇功，升俸一级，赏银二十两，文绮四端。

十月，平横水、桶冈[1]诸寇，贼首谢志珊就擒。先生问之曰："汝何得党类之众若此？"志珊曰："亦不容易。平生见世上好汉，断不放过，必多方钩致之。或赴其难，或周其急，或逞其酒色嗜好，待其怀德，与之谋，无不应矣。"先生顾谓门人曰："吾侪求友之切，亦当如是。"

十二月，班师。奏设崇义县治于横水，增茶寮隘，上堡、铅厂、长龙三巡简司。

1518 年

十三年戊寅，先生四十七岁。

1　横水、桶冈：位于今江西省西南边陲的崇义县一带。

三月，平大帽[1]、浰头[2]诸寇。

四月，班师。举酒以酬诸门人曰：“感诸君助我，以此相报。”门人各瞿然问故。先生曰：“始吾登堂，赏罚军事，尝恐误，有愧诸君，不敢不慎。及退对诸君，尚觉前之赏罚有未慊也。直至登堂行事，与诸君相对时，此心恰恰如一始安。此固诸君之所以助我矣。”

五月，奏设和平县治于和平峒，改和平巡简司于浰头。

六月，以平横水、桶冈功，升右副都御史，荫一子锦衣卫世袭百户。

七月，刻古本《大学》[3]、刻《朱子晚年定论》。

十一月，再请疏通盐法。

1519 年

十四年己卯，先生四十八岁。

正月，以平三浰功，荫一子锦衣卫世袭副千户。

六月，奉敕勘处福建叛军。初九日，发赣州。十五日，至丰城，闻宁王宸濠反，趋还吉安，起义师。濠遣兵追先生，先生以计得脱。十九，至吉安，上疏告变。虑贼党顺流窥建业，犯京师，两都仓卒无备，思以计诒濠，使迟留旬月不出，乃万全。于是伪为两广军门机密火牌，伪为迎接京边官军公文，伪为李士实、刘养正内应书，伪为闵念四、凌十一投降状，令雷济、龙光先后设法，故闻于濠。

1 大帽：位于今福建漳州境内。

2 浰头：在今广东和平县浰源镇，位于和平县的西北部山区，北与江西省龙南县武当镇接壤，西与广东连平县上坪镇相毗邻，属二省三县交界处，因地处浰江水源头，故称“浰头”。

3 古本《大学》：可参看 17.《大学古本序》和附录 54.《大学》。

濠乃疑惧犹豫，其详具《反间遗事》[1]中。二十一日，再上疏告变，以叛党方炽，恐前疏不得达也。同日，又疏乞省葬。

七月初五日，疏上宸濠谤讪檄榜。十三日，率伍文定等义师发吉安。十五日，大会于樟树，遣奉新县知县刘守绪，袭破濠伏兵于新旧坟厂。十九日，发市汊。二十日，拔南昌。二十四日，与贼战于鄱阳湖之黄家渡。二十五日，战于八字脑。二十六日，获濠于樵舍，江西平，而朝廷不知也。

当是时，始以南京都御史李克嗣飞章告急，集廷臣会议。廷臣犹观望，不敢斥言濠反，独兵部尚书王琼曰："竖子素行不义，今仓卒举乱，不足虑。王守仁据上游蹑之，成擒必矣。"但故事不得不命将，乃疏请下诏，削濠属籍，正贼名，请命将出师，趋南都[2]，命南和伯、方寿祥防江，都御史俞谏率兵翊南都，王守仁率南、赣兵由临、吉，都御史秦金率湖兵由荆、瑞会南昌，李克嗣镇镇江，许廷光镇浙江，丛兰镇仪真，遏贼冲。传檄江西诸路，但能倡义旅，擒反者封侯。时群小导上亲征，有旨："不必命将，朕当亲率六师，奉天征讨。"假威武大将军、镇国公行事。命太监张永、张忠，安边伯许泰，都督刘晖率京边官军万余以从。给事中祝续、御史张纶随军纪功。

八月十六日，上疏谏止亲征，是日再乞省葬。

九月十一日，发南昌，献俘入京师。时忠、泰等怵上使人以威武大将军牌，取逆濠放还湖中，俟上亲与之战，而后获之以为功。及先生行至广信，忠、泰又使人邀还江西。先生不听，乘夜过玉山草坪驿。适张永候于杭，先生见永，谓曰："江西之民，久遭濠毒，

1　《反间遗事》：见附录《平濠反间遗事》一文。

2　南都：今南京。明初定都南京，永乐年间迁都北京，南京作为陪都，亦被称为南都。

既经大乱，继以旱灾，又加以京边官军供应，困苦不支，必逃聚山谷为乱。昔助濠，尚胁从耳，今为穷迫所激，奸党群起，天下将成土崩之势。公素委心朝廷，得无念耶？”永曰：“然！吾之此出，为群小在侧，欲调护左右，以默辅圣躬，非为掩功来也。但皇上天性，顺其意犹可挽回万一，若逆之，徒激群小之怒，无救于天下之大计矣。”先生信其无他，以濠付之，而称病居西湖净慈寺。

十一月返南昌，以奉敕巡抚江西也。时忠、泰等在江西百计搜罗，续、纶又望风附会，肆为飞语。先生既还，北军肆坐慢骂，或故冲导起衅。先生一不为动，愈待以礼，密令居人移家于乡，而以老羸应门。将犒赏北军，忠、泰预禁其人，令勿受。先生传示内外，谕北军离家苦楚，居民当敦主客之礼。每出，遇北军丧，必停车咭慰，厚与之榇[1]，嗟叹乃去。久之，北军咸感。会冬至节，先生令城市设酒脯以奠死于乱者，哭声昼夜不绝。北军闻之，无不思家泣下。忠、泰欲与先生较射，意先生不能，有以屈之。先生勉应，三发三中，北军在傍哄然，举手啧啧。忠、泰大惧，曰：“我军皆附王都耶。”乃班师，还南都。

是年十二月二十六日，上至南都。

1520 年

十五年庚辰，先生四十九岁。

上在南都。忠、泰既憾先生，每矫旨召先生，而先生不赴。乃密谮于上云：“王守仁必反。”上问：“以何为验？”对曰：“试召之，必不来！”

1　榇：棺木，音 chèn。

正月有诏召先生，张永使幕士钱秉忠密以报。先生闻命趋至，忠、泰复拒之于芜湖。先生入九华山，宴坐草庵中。上阴遣人觇之，曰："王守仁学道人也，安得反？"命还江西。过开先寺，刻石于读书台曰："正德己卯六月十四乙亥，宁藩濠以南昌叛，称兵向阙，破南康、九江，攻安庆，远近震动。七月十三辛亥，臣守仁以别郡之兵复南昌，宸濠擒，余党悉定。当此时，天子闻变赫怒，亲统六师临讨，遂俘宸濠以归。于赫皇威，神武不杀。如霆之震，靡击而折。神器有归，孰敢窥窃？天鉴于宸濠，式昭皇灵，嘉靖我邦国。"盖世宗龙飞之兆征于此矣，岂先生能前知乎？[1]

二月，观兵如九江。

三月，又疏乞省葬。

五月，江西大水，疏自劾。

六月，如赣。大阅士卒，教战法。江彬[2]遣人来觇，人皆为先生惧。先生作《啾啾吟》[3]解之曰："东家老翁防虎患，虎夜入室衔其头。西家儿童不识虎，执杆驱虎如驱牛。"门人陈九川等复以为忧。先生曰："吾昔在省城，处权竖枪锋剑芒间，吾心帖然。今公等何多虑也？"有言万安多武士，命参随往录之。谕曰："但多臂力，不问武艺。"得三百人。龙光问："宸濠既平，录此何为？"先生笑

1　岂先生能前知乎：指明武宗正德皇帝朱厚照于 1521 年驾崩，明世宗朱厚熜继位，第二年改年号为"嘉靖"。

2　江彬（？－1521）：字文宜，明代宣府前卫（今张家口宣化）人。明朝武宗时期，对宦官佞臣宠信有加，致使朝政混乱。先是大宦官刘瑾专权，刘瑾被诛后，又出现了江彬专权的局面。张廷玉等编《明史》将其列入佞幸传。

3　《啾啾吟》：全诗如下："知者不惑仁不忧，君胡戚戚眉双愁？信步行来皆坦道，凭天判下非人谋。用之则行舍即休，此身浩荡浮虚舟。丈夫落落掀天地，岂顾束缚如穷囚！千金之珠弹鸟雀，掘土何烦用镯镂？君不见东家老翁防虎患，虎夜入室衔其头。西家儿童不识虎，执竿驱虎如驱牛。痴人惩噎遂废食，愚者畏溺先自投。人生达命自洒落，忧谗避毁徒啾啾！"

曰："交趾有内难，出其不意捣之，亦一机会也。"盖是时上在南都，宸濠尚未伏法，而彬谋叵测，故有牛首夜惊[1]之事，只畏先生，不敢动耳。先生之所以观兵九江，校士赣州，录万安武力者，其意旨皆以此，固难为众人道矣。

七月，重上《江西捷音疏》。时群党欲自献俘袭功。张永曰："不可，昔我等未出京时，宸濠已擒，王都堂献俘北上，过玉山，渡钱塘，经人耳目，不可假也。"于是以大将军钧帖，令先生重上捷音。先生乃节略前奏，入诸人名于疏内，再上之。

八月，咨部院雪理冀元亨[2]冤状。

闰八月初八日，上在南京受俘。十二日，上自南京旋跸。霍韬[3]曰："是役也，罪人已执，犹动众出师。地方已宁，乃杀民奏捷，误先朝于过举，摇国是于将危。盖忠、泰之攘功贼义，厥罪滔天，而续、纶之诡随败类，其党恶不才，亦甚矣。"

九月，自赣州还南昌。时泰州王银服古冠服，执木简，以二诗来见先生。先生异其人，降阶，延之上坐。问："何冠？"曰："有虞氏冠。"问："何服？"曰："老莱子服"。问："学老莱子乎？"曰："然。"曰："将止学服其服，抑学其上堂诈跌也？"银心动，坐渐侧，及论格物致知之旨，言下豁然。明日，易服执弟子礼。

1　牛首夜惊：据张廷玉等编《明史·列传第一百九十五·佞幸》载："十五年六月幸牛首山。诸军夜惊，言彬欲为逆，久之乃定。"

2　冀元亨（1482－1521）：字惟乾，今湖南省常德市人。正德十一年，冀元亨乡试中举，其一直从学王阳明。正德十四年六月，宁王朱宸濠叛乱事败被王阳明擒获，太监张忠、佞臣许泰为了争功，诬陷王守仁与其私通，朱宸濠并没有承认，但称曾经与冀元亨论学。张忠遂逮捕冀元亨，并用炮烙严刑拷问，冀元亨始终不承认，后逮捕入京师下诏狱。明世宗即位后，言臣均称其冤，其出狱后五日内去世。

3　霍韬（1487－1540）：字渭先，号兀崖，今广东省佛山市石湾区澜石镇人。为进士出身，明朝中期重臣，官至礼部尚书。

十二月初三日，上在通州赐宸濠死。初八日，上还京。

1521 年

十六年辛巳，先生五十岁。

三月十四日，上崩于豹房。

四月，世宗登极。

八月，召先生驰驿来京。二十日，发南昌，辅臣沮之，升南京兵部尚书，参赞机务。先生行至钱塘，上疏，仍乞便道省葬归越。

十二月，制封新建伯，诏至日，适龙山公诞辰，先生捧觞为寿。公蹙然曰："向宁濠之变，皆以汝为死矣，而不死。皆以事难平矣，而卒平。谗构朋兴，祸机四发，前后二年，岌乎几不免矣。天开日月，显忠遂良，父子滥冒封赏，穹官高爵，复相见于一室，岂非幸欤？然盛者衰之始，福者祸之基，虽可幸，亦可惧也。"先生洗爵而跪曰："大人之教，儿所日夜切心者也。"

1522 年

嘉靖元年壬午，先生五十一岁。

正月初十日，疏辞封爵，不允。

二月，龙山公卒，先生哭踊几绝，戒家人斋食百日。未几，又令弟侄辈稍进干肉，曰："诸子豢养习久，强其不能，是恣其作伪也。不如稍宽之，使各求自尽可矣。"先生久哭暂辍，有吊客至，侍者云宜哭。先生曰："哭发于心，若以客至而始哭，则以客退而不哭矣。世人饰情行诈已久，故于父母亦然。"

七月，再疏辞封爵，不报。时御史程启充、给事中毛玉承宰相意，倡为异说劾先生，门人刑部主事陆澄上疏，为六辩以折之，先生闻而止之。

九月，葬龙山公于石泉山。

1523 年

二年癸未，先生五十二岁。

二月，南宫策士以心学为问，阴辟先生。门人徐珊不答而出[1]。门人钱德洪下第归，见先生，先生喜而接之，曰："圣学从兹大明矣。"德洪曰："时事如此，此学何由得明？"先生曰："吾学恶得遍语天下，今会试录出，虽穷乡深谷，无不见矣。吾学既非，天下必有起而求真是者。"

九月，改葬龙山公于天柱峰，郑太夫人于徐山。因石泉有水患也。

十一月，与张元冲[2]论二氏之学。元冲曰："二氏作用，亦有功于吾儒者，不知亦当兼取否？"先生曰："说兼取便不是了。圣人尽性至命，何物不具，何待兼取？二氏之学皆我之学，即吾尽性至命中，完养此身谓之仙，不染世累谓之佛。后世儒者不见圣学之全，故与二氏成二见耳。辟之厅堂三间，共为一室，儒者见佛氏则割左边一间与之，见老氏则割右边一间与之，而己则自处于中间，皆举一而废百也。"

1524 年

三年甲申，先生五十三岁。

1　门人徐珊不答而出：可参看 26.《书徐汝佩卷》一文。

2　张元冲（生卒年不详）：字叔谦，号浮峰，山阴（今浙江绍兴）人。嘉靖进士，授中书舍人，改吏科给事中，迁工科都给事中。后出为江西参政、广东按察使、江西左右布政使，升右副都御史，巡抚江西。受学于王阳明，属王门浙中学派。

正月，越郡守南大吉[1]见先生，自陈其临政多过。问先生：“何无一言教我？”先生曰：“吾已言之久矣。”大吉未解。先生问曰：“吾不言，汝何以知？”对曰：“此某之良知[2]也。”先生曰：“良知非我常言而何？”大吉笑谢而去。越数日，再来，请曰：“某过后甚悔，虽亟思改图，然不若得人预言，不犯为佳。”先生曰：“人言不如自悔真切。”越数日，又来请：“身过可勉，心过奈何？”先生曰：“昔镜未开明，可以藏垢。今镜明矣，一尘之落，亦难住脚，此入圣之机也。勉之。”

八月十五日，宴门人于天泉桥。是夜，月白如昼。门人百余人，酒酣，各歌诗、投壶、击鼓、荡舟为乐。先生见诸生兴剧，退而作诗云：“铿然舍瑟春风里，点也虽狂得我情。”明日，诸生入谢。先生曰：“昔孔子在陈，思鲁之狂士，以学者没溺富贵，如拘如囚而莫之省，有高明脱落者，知一切俗缘皆非性体，然不加实践，以入于精微，则渐有轻灭世故，阔略伦物之病。虽比世之庸琐者不同，其为未得于道，一也。故孔子思归以裁之。今诸君已见此意，正好精诣力造，以求至于道，无以一见自足，而终止于狂也。”

钱德洪、德周，魏良政、良器，读书城南，游禹穴诸胜，忘返。钱父问二魏曰：“得无妨课业乎？”二魏答曰：“触处皆举子业也。”对曰：“朱说亦须理会否？”二魏曰：“以吾良知求晦翁之说，譬之打蛇得七寸，又何忧不得耶？”钱父疑未释，进问先生。先生曰：“譬之治家，学圣贤者，其产业、第宅、服食、器物，皆所自置。欲请

1　南大吉：字元善，号瑞泉，陕西渭南人。正德辛未进士。授户部主事，历员外郎、郎中。详见 34.《答南元善》一文中“南大吉”注释。

2　良知：语出《孟子·尽心上》，“人之所不学而能者，其良能也。所不虑而知者，其良知也”。

客，出所有以享之。客去，其物具在，还以自享，终身用之无穷也。学举业者，专以假贷为功。与请客，自厅事以至供具百物，莫不遍借。客来，虽一时丰裕可观，客去，则尽以还人，一物非所有也。若请客不至，则时过气衰，借贷亦不备，终身奔劳，作一窭人[1]而已。是求无益于得，求在外也。”明年乙酉，魏良政发解[2]。钱父闻之，笑曰：“打蛇得七寸矣。”时大礼议[3]起，霍兀厓、席元山、黄宗贤、宗明问先生，先生皆不答。

1525 年

四年乙酉，先生五十四岁。

正月，夫人诸氏卒。

四月，祔葬于徐山。

六月，先生服阕[4]。礼部尚书席书[5]特疏荐曰：“生在臣前者见

---

1 窭人：穷困之人。窭，音 jù。

2 发解：乡试第一名。

3 大礼议：是明朝嘉靖年间由于明世宗生父称号问题引起的一场政治斗争，发生于明世宗嘉靖皇帝登基不久之时。当时，世宗与杨廷和、毛澄为首的武宗旧臣们之间关于以谁为世宗皇考（即宗法意义上的父亲），以及世宗生父尊号的皇统问题发生了争议和斗争。大礼议历时整整三年（1521 － 1524），以明世宗朱厚熜一方施加强权压迫获胜而告终。嘉靖十七年（1539）九月，廷议追尊朱祐杬为睿宗，祔于太庙，并改其陵墓名为显陵。反对一方的官员被悉数削职致仕（退休）。

4 服阕：守丧期满除服。阕，终了。

5 席书（1461 － 1527）：明代学者、官员。弘治进士，官至光禄大夫、柱国少保兼太子太保、礼部尚书加武英殿大学士，赠太傅，谥文襄。撰有《漕船志》《元山文集》等。

一人，曰杨一清[1]；生在臣后者见一人，曰王守仁。”

1526 年

五年丙戌，先生五十五岁。

聂豹[2]以御史巡按福建，渡钱塘，来见先生，书谓：“思、孟、周、程，无意相遭于千载之下。”然豹是时尚以宾客礼见也。后六年，豹出守苏州，先生以下世四年矣。语钱德洪、王畿曰：“吾学诚得先生开发，冀再见执贽，不及矣。兹以二君为证。”具香案，拜先生，称门人。

十二月庚申，正亿生。

1527 年

六年丁亥，先生五十六岁。

五月，起总督两广、江西、湖广军务，征思、田[3]。

九月，发越。

十月，过南昌。先是，先生舟次广信。门人徐樾[4]方自白鹿洞学趺坐而来，有禅定意。登舟，先生目而得之，令举似。曰：“不是。”已而，稍变前语。曰：“不是此体，岂有方所？譬之此烛，

---

1 杨一清（1454 — 1530）：字应宁，号邃庵，别号石淙，生于云南安宁，长于湖南巴陵，老于江南镇江，因此晚年自号“三南居士”。他一生历官五十余年，官至华盖殿大学士、内阁首辅，为明代中叶著名的政治家。可参看 25.《寄杨邃庵阁老书》一文。

2 聂豹（1486 — 1563）：字文蔚，号双江，江西永丰县人，为阳明心学正统传人。著有《困辨录》《双江集》等。详见本书 38.《答聂文蔚书·其一》一文中“聂文蔚”注释。

3 思、田：地名，思即思恩，今广西武鸣县北。田即田州，今广西田阳县北。

4 徐樾（? — 1551）：字子直，号波石。江西贵溪人，进士，先后任礼部侍郎、云南布政使。受业王阳明弟子王艮门下。

光无不在，不可以烛上为光。”因指舟中曰：“此亦是光，此亦是光。”指舟外水面曰：“此亦是光。”樾唯唯。明日，至南浦，百姓迎者欢呼塞途，至不能行。父老争顶舆，递入都司。先生命就谒者东入西出，有不舍者，出且复入，自辰至未始散，始举有司常仪。有诸生唐尧臣者，素不信先生讲学，至是惊曰：“三代以下，安得有此气象耶？”明日，谒文庙，讲《大学》于明伦堂。诸生屏拥，多不得闻。尧臣诈为献茶者，得上堂傍听，大喜自庆。

十一月至梧州，上《谢恩遂陈肤见疏》。

1528 年

七年戊子，先生五十七岁[1]。

二月，平思、田。

七月，平八寨、断藤峡。上《经略思田及八寨断藤峡事宜》。

九月，以平思、田功，赏银五十两，纻丝四袭。

十月，以疾，疏请告，不报。谒汉马伏波将军庙于乌蛮滩[2]，宛然少时梦中所见也，识二诗于其壁[3]。谒增城先庙，先生之六世祖纲，以参议死苗难者是也。

---

1 七年戊子，先生五十七岁：嘉靖七年戊子年跨了公历的两年，始于 1528 年 1 月下旬，年中还有个闰十月，终于 1529 年 2 月上旬。阳明先生生于成化八年壬辰九月三十日（公历 1472 年 10 月 31 日），卒于嘉靖七年戊子十一月二十九日（公历 1529 年 1 月 9 日），以公历计算，享年不足 57 周岁。

2 乌蛮滩：位于今广西南宁横县云表镇。

3 识二诗于其壁：题写的两首诗。其一曰：“四十年前梦里诗，此行天定岂人为？徂征敢倚风云阵，所过如同时雨师。尚喜远人知向望，却惭无术救疮痍。从来胜算归廊庙，耻说兵戈定四夷。”其二曰：“楼船金鼓宿乌蛮，鱼丽群舟夜上滩。月绕旌旗千嶂静，风传铃木九溪寒。荒夷未必先声服，神武由来不杀难。想见虞廷新气象，两阶干羽五云端。”

十一月班师，至大庾岭[1]，先生疾已剧，谓布政使王大用曰："尔知孔明之所以托姜维乎？"大用遂拥兵护卫，且为敦匠事。二十五日，至南安，门人推官周积来见。二十八日，泊青龙浦。明日，召积入，开目视曰："吾去矣。"积泣下，问何遗言。先生微哂曰："此心光明，更复何言？"有顷，瞑目而逝。门人赣州兵备张思聪迎入南野驿，沐浴襚敛如礼。

十二月初三日，思聪与官属设祭入棺。明日，舆榇登舟，士民远近遮道，哭声震地。至赣，士民沿途拥哭如南安。至南昌，门人巡按御史储良才、提学副使赵渊请改岁行，士民昕夕哭奠。

1529 年

八年己丑正月，丧发南昌。时连日逆风，舟不能行。赵渊祝于柩曰："公岂为南昌士民留耶？越中子弟门人来候久矣。"忽变西风。六日直至弋阳。

二月庚午，丧至越。时朝中有异议，爵荫赠谥诸典皆不行。方下诏禁伪学。

詹事黄绾上疏曰："忠臣事君，义不苟同。君子立身，道无阿比。臣昔为都事，今少保桂萼时为举人，臣取其大节，与之交友。及臣为南京都察院经历，见大礼不明，相与论列。从此与萼二十余年，始终无间。昨臣荐新建伯王守仁，堪以辅导圣德，萼与守仁不合，因不谓然。小人乘间构隙，然臣终不以此废萼平生也。但臣于事君之义，师友之道，则有不得不明者。夫臣之所以深知守仁，以其功与学耳。然功高而人忌，学古而人不识，此守仁之所以不容于

1　大庾岭：位于江西、广东两省的边境，一向是广东与江西的交通咽喉。

世也。盖守仁之大功有四：其一，宸濠不轨，谋非一日。内臣如魏彬等，嬖幸如钱宁、江彬等，文臣如陆完等为之内应，镇守如毕真、刘朗等为之外应。故当时中外之臣，多怀观望。若非守仁忠义自许，不顾赤族之祸，身任讨贼之事，则天下安危，未可知矣。今乃皆以伍文定之功，是轻发纵而重走狗也。其二，大帽、茶寮、浰头、桶冈诸贼寨，势连四省，兵积累岁，守仁临镇，次第底定。其三，田州、思恩，构衅有年，事不得息，民不得安，故起守仁以往，使卢、王之徒，崩角来降，感泣受杖，遂平一方之难。其四，自来八寨为两广腹心之疾，其间守戍官军与贼为党，莫可奈何，守仁假永顺回兵，卢、王降卒，袭而歼之，易若拉朽。凡此守仁之功，皆除大患，卒又以死勤事，而宁可泯灭之乎？其学之大有三：一曰‘致良知’，致知出于孔子，而良知出于孟子，何可异也？一曰‘亲民’，即百姓不亲之亲，而凡亲贤乐利，与民同其好恶，而为洁矩之道者是也，亦非创为之说也。一曰‘知行合一’，盖亦《大易》所谓‘知至至知，知终终之’。只一事也。守仁发此，欲人言行相顾，勿事空言。是守仁之学，正接孔孟之学，而庸可非訾之乎？今萼以此诋守仁，遂致陛下失此良弼，使守仁不获致君尧舜，谁之过与？故臣不敢以此为萼是也。夫以守仁之学之正如此，其功之高又如此，乃赏典不及，削罚有加，废褒忠之旧恩，倡伪学之新禁，萼之所以辅明主者为何如哉？今守仁客死，妻子孱弱，家童载骨，藁埋空山，鬼神有知，当为恻然，况于人乎？况于圣人乎？假使守仁生于异世，陛下犹当追崇之，何至亲见其人而失之也？臣昔与守仁友二十年，一日愤寡过之不能，守仁从而觉之，忽有深省，遂师事之。是臣于守仁，实非苟然相信，如世俗师友者也。臣于君父之前，处师友之间，既有所怀，不敢不尽。昔萼为小人所谗，臣为之愤，既而得白，臣为之喜，故非臣之私也。守仁今日之抱冤，亦犹蕚向日之负屈，伏愿扩一识之仁，特敕所司，优以恤典赠谥，仍与世袭，并开学禁，以昭圣德。若此事不明，则蕚与臣终不能忘。故臣敢直言如此，所以尽事陛下之忠，且以补蕚之过也。”疏入，不报。

十一月，葬先生于洪溪。洪溪去越城三十里，入兰亭五里，先生所亲择也。先是，后溪入怀，与左溪会，冲啮右麓，术者心嫌之。夜有梦神人绯袍玉带立于溪上曰：“吾欲还溪故道。”明日，雷雨大作，溪泛，忽从南岸明堂，周阔数百尺，遂定穴。时门人会哭者千余人，四方来观者，皆涕泣叹息。

1567 年

隆庆元年丁卯五月，诏赠先生为新建侯，谥文成。

1568 年

二年戊辰六月，先生嗣子正亿袭封新建伯。

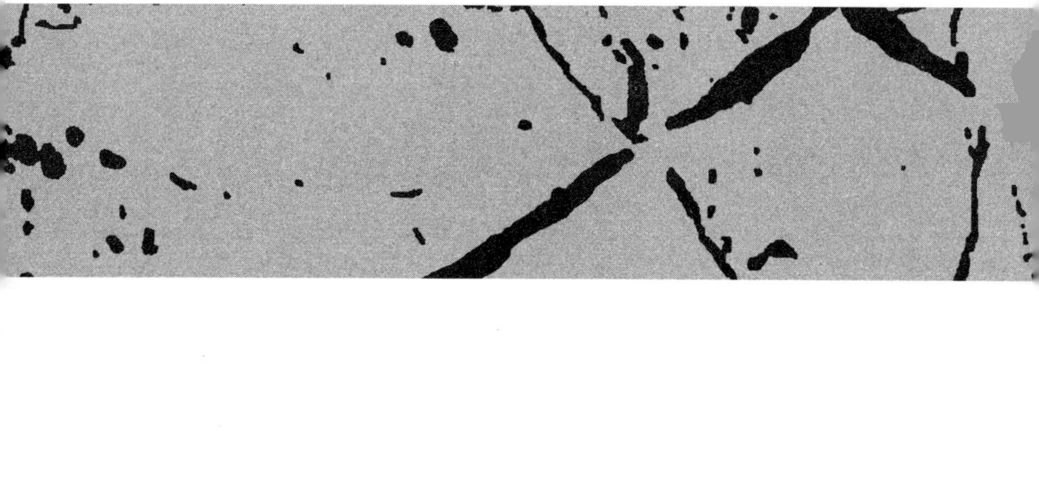

文选

2. 乞宥[1]言官去权奸以章圣德疏 丙寅(1506年)

［背景简介］1506年，武宗正德元年丙寅，阳明先生三十五岁，在京师，时任兵部武选清吏司主事。当时宦官刘瑾专权，南京科道戴铣、薄彦徽等人因触怒刘瑾而下狱。王阳明向正德皇帝（武宗朱厚照）上疏救之，也因此得罪刘瑾和皇上，下旨廷杖四十，谪贵州龙场驿驿丞。

【2.1】"臣闻君仁则臣直"[2]。大舜之所以圣，以能隐恶而扬善也。臣迩者窃见陛下以南京户科给事中戴铣[3]等上言时事，特敕锦衣卫差官校拿解赴京。臣不知所言之当理与否，意其间必有触冒忌讳，上干雷霆之怒者。但铣等职居谏司，以言为责。其言而善，自宜嘉纳施行；如其未善，亦宜包容隐覆，以开忠谠[4]之路。乃今赫然下令，远事拘囚，在陛下之心，不过少示惩创，使其后日不敢轻率妄有论

1　乞宥：请求宽恕。宥，音 yòu 。

2　臣闻君仁则臣直：出自《资治通鉴·周纪一》："魏文侯使乐羊伐中山，克之。以封其子击。文侯问于群臣曰：'我何如主？'皆曰：'仁君。'任座曰：'君得中山，不以封君之弟而以封君之子，何谓仁君？'文侯怒，任座趋出。次问翟璜，对曰：'仁君。'文侯曰：'何以知之？'对曰：'臣闻君仁则臣直。向者任座之言直，臣是以知之。'文侯悦，使翟璜召任座而反之，亲下堂迎之，以为上客。"

3　戴铣：可参见本书 1.《阳明先生年谱》"1506 年"条注释。

4　忠谠：忠诚正直。谠，音 dǎng 。

列，非果有意怒绝之也。下民无知，妄生疑惧，臣切惜之！

【2.2】今在廷之臣，莫不以此举为非宜，然而莫敢为陛下言者，岂其无忧国爱君之心哉？惧陛下复以罪铣等者罪之，则非惟无补于国事，而徒足以增陛下之过举耳。然则自是而后，虽有上关宗社危疑不制之事，陛下孰从而闻之？陛下聪明超绝，苟念及此，宁不寒心！况今天时冻沍[1]，万一差去官校督束过严，铣等在道或致失所，遂填沟壑，使陛下有杀谏臣之名，兴群臣纷纷之议，其时陛下必将追咎左右莫有言者，则既晚矣。伏愿陛下追收前旨，使铣等仍旧供职，扩大公无我之仁，明改过不吝之勇。圣德昭布远迩，人民胥悦，岂不休[2]哉！

【2.3】臣又惟"君者，元首也，臣者，耳目手足也"。陛下思耳目之不可使壅塞，手足之不可使痿痹，必将恻然而有所不忍。臣承乏[3]下僚，僭言实罪。伏睹陛下明旨有"政事得失，许诸人直言无隐"之条，故敢昧死为陛下一言。伏惟俯垂宥察，不胜干冒[4]战栗之至！

1　冻沍：天寒地冻。沍，音 hù。

2　休：吉庆、美善。

3　承乏：暂任某职。

4　干冒：触犯，冒犯。

3. 教条示龙场诸生 戊辰（1508年）

［背景简介］1508年，正德三年戊辰，阳明先生三十七岁，在贵州。时任贵州龙场驿驿丞。龙场在贵州西北万山丛棘中，环境艰苦，言语不通。可通语者，仅有一些北方逃命之人。一开始没有像样的居所，先生便教人范土架木以居。当时宦官刘瑾的加害之心未亡，阳明先生自计得失荣辱皆能超脱，惟生死一念尚觉未化，乃凿石椁自誓曰："吾惟俟命而已！"日夜端居澄默，以求静一，久之，胸中洒洒。而从者皆病，先生劈柴取水，作糜饲之，又恐其怀抑郁，又为歌诗，调越曲，杂诙笑，以相解慰。因沉思圣人处此，更有何道，忽中夜大悟格物致知之旨，不觉呼跃而起，从者皆惊。始知圣人之道，吾性自足；向之求理于事物者误也。这便是阳明心学中的大事件——"龙场悟道"。当地人与先生也日益亲近，见先生所栖卑湿，为构龙冈书院、寅宾堂、何陋轩、君子亭、玩易窝，以居先生。本篇文章就是为当时龙冈书院的学生所书。

明·施邦曜在《阳明先生集要》一书中就此文有评曰："不独可为初学规则，夫人而立志不渝也，好学不倦也，改过不吝也，嗜善若不及也。作圣之功，尽于此矣。当书以置左右。"

【3.1】诸生相从，于此甚盛。恐无能为助也，以四事相规，聊以答诸生之意：一曰立志；二曰勤学；三曰改过；四曰责善。其

慎听毋忽!

【3.2】立志

志不立，天下无可成之事，虽百工技艺，未有不本于志者。今学者旷废隳惰，玩岁愒时[1]，而百无所成，皆由于志之未立耳。故立志而圣，则圣矣；立志而贤，则贤矣。志不立，如无舵之舟，无衔之马，漂荡奔逸，终亦何所底乎？昔人有言，使为善，而父母怒之，兄弟怨之，宗族乡党贱恶之，如此而不为善，可也；为善则父母爱之，兄弟悦之，宗族乡党敬信之，何苦而不为善、为君子？使为恶而父母爱之，兄弟悦之，宗族乡党敬信之，如此而为恶，可也；为恶则父母怒之，兄弟怨之，宗族乡党贱恶之，何苦而必为恶、为小人？诸生念此，亦可以知所立志矣。

【3.3】勤学

已立志为君子，自当从事于学，凡学之不勤，必其志之尚未笃也。从吾游者，不以聪慧警捷为高，而以勤确[2]谦抑为上。诸生试观侪辈之中，苟有虚而为盈，无而为有，讳己之不能，忌人之有善，自矜自是，大言欺人者，使其人资禀虽甚超迈，侪辈之中，有弗疾恶之者乎？有弗鄙贱之者乎？彼固将以欺人，人果遂为所欺，有弗窃笑之者乎？苟有谦默自持，无能自处，笃志力行，勤学好问，称人之善，而咎己之失，从人之长，而明己之短，忠信乐易，表里一致者，使其人资禀虽甚鲁钝，侪辈之中，有弗称慕之者乎？彼固以无能自处，而不求上人，人果遂以彼为无能，有弗敬尚之者乎？诸生观此，亦可以知所从事于学矣。

1　玩岁愒时：贪图安逸，旷废时日。愒，音 kài 。

2　确：坚实。

【3.4】改过

夫过者，自大贤所不免，然不害其卒为大贤者，为其能改也。故不贵于无过，而贵于能改过。诸生自思，平日亦有缺于廉耻忠信之行者乎？亦有薄于孝友之道，陷于狡诈偷刻[1]之习者乎？诸生殆不至于此。不幸或有之，皆其不知而误蹈，素无师友之讲习规饬[2]也。诸生试内省，万一有近于是者，固亦不可以不痛自悔咎，然亦不当以此自歉，遂馁于改过从善之心。但能一旦脱然洗涤旧染，虽昔为寇盗，今日不害为君子矣。若曰吾昔已如此，今虽改过而从善，将人不信我，且无赎于前过，反怀羞涩疑沮，而甘心于污浊终焉，则吾亦绝望尔矣。

【3.5】责善

责善，朋友之道，然须忠告而善道之。悉其忠爱，致其婉曲，使彼闻之而可从，绎之而可改，有所感而无所怒，乃为善耳。若先暴白其过恶，痛毁极底，使无所容，彼将发其愧耻愤恨之心，虽欲降以相从，而势有所不能，是激之而使为恶矣。故凡讦人之短，攻发人之阴私以沽直[3]者，皆不可以言责善。虽然我以是而施于人不可也，人以是而加诸我，凡攻我之失者，皆我师也，安可以不乐受而心感之乎？某于道未有所得，其学卤莽耳，谬为诸生相从于此。每终夜以思，恶且未免，况于过乎？人谓事师无犯无隐，而遂谓师无可谏，非也。谏师之道，直不至于犯，而婉不至于隐耳。使吾而是也，因得以明其是；吾而非也，因得以去其非，盖教学相长也。诸生责善，当自吾始。

1　偷刻：刻薄。

2　规饬：规正过失，正言劝诫。饬，音 chì。

3　“故凡”句：揭发别人短处，攻击别人隐私，换得心直口快的名声。讦，音 jié。

4. 与辰中诸生书[1] 己巳（1509年）

［背景简介］1509年，明正德四年己巳，阳明先生三十八岁。提学副使席书聘先生主贵阳书院，是年先生始论“知行合一”。正德元年（1506年）因得罪当朝权宦刘谨，阳明先生被贬谪贵州龙场任驿丞。赴龙场途中随地讲授，路过辰州时曾在此讲学。1509年于赴任江西庐陵任知县途中，再过辰州，与诸生相会。《王阳明全集·年谱一》载：“及归，过常德、辰州，见门人冀元亨、蒋信、刘观时辈俱能卓立，喜曰：‘谪居两年，无可与语者，归途乃幸得诸友！悔昔在贵阳举‘知行合一’之教，纷纷异同，罔知所入。兹来乃与诸生静坐僧寺，使自悟性体，顾恍恍若有可即者。’”别过后，又于途中寄本书，叮嘱笃实用功，并阐明寺中静坐之意。

施邦曜在《阳明先生集要》一书中就此文有评曰：“‘不求异于人，而求同于理’，此是圣贤真学问。洛、蜀、关、闽诸君子，其殆未解此欤？大凡求异于人者，意见多起。求同与人，人不能卓然自立。求不愧于己，遂依附标榜，树一门户，自诧于人，曰异于时流。不知君子中立而不倚，正不须此也。此病沿留至今日，竟成积习。学问事功，一坏尽坏，有志学道者，当三复斯言。”

1　辰：即辰州，位于今湖南省怀化市沅陵县。

【4.1】谪居两年，无可与语者。归途乃得诸友，何幸何幸！方以为喜，又遽尔别去，极怏怏也。

绝学[1]之余，求道者少；一齐众楚[2]，最易摇夺。自非豪杰，鲜有卓然不变者。诸友宜相砥砺夹持，务期有成。近世士夫亦有稍知求道者，皆因实德未成而先揭标榜，以来世俗之谤，是以往往隳堕[3]无立，反为斯道之梗。诸友宜以是为鉴，刊落声华，务于切己处着实用力。

【4.2】前在寺[4]中所云静坐事，非欲坐禅入定。盖因吾辈平日为事物纷拿，未知为己，欲以此补小学"收放心"[5]一段工夫耳。明道云："才学便须知有着力处，既学便须知有得力处。"[6]诸友宜于此处着力，方有进步，异时始有得力处也。"学要鞭辟近里着己"[7]、"君子之道，暗然而日章"[8]、"为名与为利，虽清浊不同，在其利心则一"、"谦受益"、"不求异于人，而求同于理"，此

1 绝学：丧失传承的儒家圣学。宋代大儒张载曾有名句："为往圣继绝学，为万世开太平。"

2 一齐众楚：来源于"一傅众咻"。由"一齐人傅之，众楚人咻之"简化而来。原指一人教诲时，众人在旁喧扰。后喻学习或做事时受扰，不能有所成就，或环境于人之影响甚大。

3 隳堕：失败。隳，音 huī。

4 寺：阳明先生曾讲学的湖南沅陵龙兴寺。

5 收放心：收拾外驰之心，令其有个安顿之处。出自《孟子·告子上》："学问之道无他，求其放心而已矣。"

6 才学便须知有着力处，既学便须知有得力处：出自程颢的《二程遗书·卷第十二·明道先生语二》。

7 学要鞭辟近里着己：学问要探求透彻，深入精微，在自己心上用功。出自《二程遗书·卷第十一·明道先生语一》："学只要鞭辟近里，著己而已。"

8 君子之道，暗然而日章：出自《中庸》："故君子之道，闇然而日章；小人之道，的然而日亡。"可参看附录 55.《中庸》【55.39】条。

数语宜书之壁间，常目在之。举业不患妨功，惟患夺志[1]。只如前日所约，循循为之，亦自两无相碍。所谓知得“洒扫应对”[2]，便是“精义入神”[3]也。

1 举业不患妨功，惟患夺志：出自朱熹、吕祖谦编《近思录·卷七》：“故科举之事，不患妨功，惟患夺志。”

2 洒扫应对：洒水扫地，酬答宾客。朱熹《〈大学章句〉序》：“人生八岁，则自王公以下，至于庶人之子弟，皆入小学，而教之以洒扫应对进退之节，礼乐射御书数之文。”

3 精义入神：精通事物的微义，达到神妙的境地。出自《易·系辞下》：“精义入神，以致用也。”

5. 寄诸用明书[1] 辛未（1511年）

［背景简介］1511年，正德六年辛未，阳明先生四十岁，在京师。正月，调吏部验封清吏司主事。二月，为会试同考试官。十月，升文选清吏司员外郎。1510年冬入觐时，开始在京师兴隆寺讲学。收黄宗贤为弟子，并与湛甘泉相约共学。【52.22】条“论实践之功”即在这段时间。钱德洪在年谱中说：“按：先生立教皆经实践，故所言恳笃若此。自揭良知宗旨后，吾党又觉领悟太易，认虚见为真得，无复向里着己之功矣。故吾党颖悟承速者，往往多无成，甚可忧也。”本书中6.《送宗伯乔白岩序》也写于此年。

施邦曜在《阳明先生集要》一书中就此文有评曰：“近时父兄之课子弟，甫句读，辄恨其不能早做文应试，俱以少年登第为第一美事。举世原止办得一副富贵利达心肠，学问事功，安得不尽坏？”

【5.1】得书，足知迩来学力之长，甚喜！君子惟患学业之不修，

1 诸用明：阳明先生妻弟。嘉靖六年丁亥（1527）阳明先生有《为善最乐文》曰：“妻弟诸用明积德励善，有可用之才而不求仕。人曰：‘子独不乐仕乎？’用明曰：‘为善最乐也。’因以四字扁其退居之轩，率二子阶、阳日与乡之俊彦读书讲学于其中。已而二子学日有成，登贤荐秀。乡人啧啧，皆曰：‘此亦为善最乐之效矣！’用明笑曰：‘为善之乐，大行不加，穷居不损，岂顾于得失荣辱之间而论之？’闻者心服。仆夫治圃，得一镜，以献于用明。刮土而视之，背亦适有‘为善最乐’四字。坐客叹异，皆曰：‘此用明为善之符，诚若亦不偶然者也。’相与咏其事，而来请于予以书之，用以训其子孙，遂以勖夫乡之后进。”

科第迟速，所不论也。况吾平日所望于贤弟，固有大于此者，不识亦尝有意于此否耶？便中时报知之。

【5.2】阶、阳诸侄[1]闻去岁皆出投试，非不喜其年少有志，然私心切不以为然。不幸遂至于得志，岂不误却此生耶！凡后生美质，须令晦养厚积。天道不翕聚，则不能发散，况人乎？花之千叶者无实，为其华美太发露耳。诸贤侄不以吾言为迂，便当有进步处矣。

【5.3】书来劝吾仕，吾亦非洁身者，所以汲汲于是，非独以时当敛晦，亦以吾学未成。岁月不待，再过数年，精神益弊，虽欲勉进而有所不能，则将终于无成。皆吾所以势有不容已也。但老祖而下，意皆不悦，今亦岂能决然行之？徒付之浩叹而已！

1　阶、阳诸侄：诸阶、诸阳皆诸用明之子。诸阳，字伯复，嘉靖元年（1522）举人。

6. 送宗伯乔白岩[1]序 辛未（1511 年）

［背景简介］可参看本书 5.《寄诸用明书》一文介绍。

【6.1】大宗伯[2]白岩乔先生将之南都，过阳明子而论学。

【6.2】阳明子曰："学贵专。"

先生曰："然。予少而好弈，食忘味，寝忘寐，目无改观，耳无改听。盖一年而诎[3]乡之人，三年而国中莫有予当者。学贵专哉！"

阳明子曰："学贵精。"

先生曰："然。予长而好文词，字字而求焉，句句而鸠[4]焉，研众史，核[5]百氏。盖始而希迹于宋、唐，终焉浸入于汉、魏。学贵精哉！"

阳明子曰："学贵正。"

---

1 乔白岩：乔宇（1457 － 1524），字希大，号白岩山人，乐平（今山西昔阳）人。成化二十年（1484）进士，历户部左、右侍郎，拜南京礼部尚书，后改兵部尚书，参赞机务。世宗即位，召为吏部尚书，因直谏君过，被迫去职回籍，卒谥庄简。

2 大宗伯：礼部尚书之别称。

3 诎：通"屈"，折服，音 qū 。

4 鸠：通"究"，穷究之意。

5 核：稽核，核查。

先生曰："然。予中年而好圣贤之道。弈吾悔焉，文词吾愧焉，吾无所容心矣。子以为奚若？"

阳明子曰："可哉！学弈则谓之学，学文词则谓之学，学道则谓之学，然而其归，远也。道，大路也。外是，荆棘之蹊，鲜克达矣。是故专于道，斯谓之专；精于道，斯谓之精。专于弈而不专于道，其专溺也；精于文词而不精于道，其精僻也。夫道广矣、大矣，文词技能于是乎出。而以文词技能为者，去道远矣。是故非专则不能以精；非精则不能以明；非明则不能以诚。故曰'惟精惟一'[1]。精，'精'也；专，'一'也。精则明矣，明则诚矣。是故，明，精之为也；诚，一之基也。一，天下之大本也；精，天下之大用也。知天地之化育，而况于文词技能之末乎？"

【6.3】先生曰："然哉！予将终身焉，而悔其晚也。"

阳明子曰："岂易哉？公卿之不讲学也，久矣。昔者卫武公年九十而犹诏于国人曰：'毋以老耄而弃予。'先生之年半于武公，而功可倍之也。先生其不愧于武公哉？某也敢忘国士之交警[2]！"

---

1 惟精惟一：精纯无杂，专一不二。又称为"精一"，该词是从"尧舜十六字心法"提炼出来的。可参看本书【18.2】条注释。

2 "昔者卫武公"一段："卫武公"，姓姬名和，西周时人。"交警"，交相儆戒。本段话出自《国语·楚语上》："左史倚相廷见申公子亹，子亹不出，左史谤之，举伯以告。子亹怒而出，曰：'女无亦谓我老耋而舍我，而又谤我！'左史倚相曰：'唯子老耋，故欲见以交儆子。若子方壮，能经营百事，倚相将奔走承序，于是不给，而何暇得见？昔卫武公年数九十有五矣，犹箴儆于国，曰：自卿以下至于师长士，苟在朝者，无谓我老耋而舍我，必恭恪于朝，朝夕以交戒我；闻一二之言，必诵志而纳之，以训导我。……子实不睿圣，于倚向何害？……文王犹不敢骄。今子老楚国而欲自安也，以御数者，王将何为？若常如此，楚其难哉！'子亹惧，曰：'老之过也。'乃骤见左史。"

7. 与王纯甫书[1] 其一 壬申（1512年）

［背景简介］正德七年壬申（1512年），阳明先生四十一岁，在京师。三月，升考功清吏司郎中。《王文成公全集》年谱载："按《同志考》，是年穆孔晖、顾应祥、郑一初、方献科、王道、梁谷、万潮、陈鼎、唐鹏、路迎、孙瑚、魏廷霖、萧鸣凤、林达、陈洸及黄绾、应良、朱节、蔡宗兖、徐爱同受业。"十二月，升南京太仆寺少卿，便道归省，与徐爱同舟归越，论《大学》宗旨（可参看语录部分"徐爱录"）。本书中8.《寄希渊书》也写作于此年。

施邦曜在《阳明先生集要》一书中就此文有评曰："君子惟有得于己，故当安常处顺，而不忘忧勤惕励之念。当困穷拂逆而不失反求自得之常，所以能常变一致，不为境遇所动摇。若只以偃蹇贫贱自奇，便落轻世傲物之习。"

---

1 王纯甫：黄宗羲在《明儒学案卷四十二·甘泉学案六》有载："王道，字纯甫，号顺渠，山东之武城人。正德辛未进士，选庶吉士。山东盗起，欲奉祖母避地江南，疏改应天教授，召为吏部主事，历考功文选郎中。大学士方献夫荐其学行淳正，可任宫僚，擢春坊左谕德，引疾辞归。嘉靖十二年起南京祭酒，明年回籍。二十五年起南太常寺卿，寻升南户部右侍郎，改礼部，掌国子监事，又改吏部而卒。赠礼部尚书，谥文定。"王道早年师从阳明，后转师湛甘泉，对阳明心学多有怀疑批评。《明儒学案卷二十九·北方王门学案》中说："王道字纯甫者，受业阳明之门，阳明言其'自以为是，无求益之心'，其后趋向果异，不可列之王门。"

【7.1】别后，有人自武城来，云纯甫始到家，尊翁颇不喜，归计[1]尚多牴牾。始闻而惋然，已而复大喜。久之，又有人自南都来者，云“纯甫已莅任，上下多不相能”。始闻而惋然，已而复大喜。吾之惋然者，世俗之私情；所为大喜者，纯甫当自知之。吾安能小不忍于纯甫，不使动心忍性[2]，以大其所就乎？譬之金之在冶，经烈焰，受钳锤，当此之时，为金者甚苦。然自他人视之，方喜金之益精炼，而惟恐火力锤煅之不至。既其出冶，金亦自喜其挫折煅炼之有成矣。

【7.2】某平日亦每有傲视行辈、轻忽世故之心，后虽稍知惩创，亦惟支持抵塞于外而已。及谪贵州三年，百难备尝，然后能有所见，始信孟氏“生于忧患”之言非欺我也。尝以为“君子素其位而行，不愿乎其外。素富贵，行乎富贵；素贫贱，行乎贫贱；素患难，行乎患难，故无入而不自得。”[3]后之君子，亦当“素其位而学，不愿乎其外”。素富贵，学处乎富贵；素贫贱患难，学处乎贫贱患难，则亦可以无入而不自得。向尝为纯甫言之，纯甫深以为然，不审迩来用力却如何耳？近日相与讲学者，宗贤之外，亦复数人，每相聚辄叹纯甫之高明。今复遭时磨励若此，其进益不可量，纯甫勉之！

【7.3】汪景颜[4]近亦出宰大名[5]，临行请益，某告以变化气

1　归计：回乡的计划。王道入仕后，曾多次告归故里。

2　动心忍性：出自《孟子・告子下》：“故天将降大任于是人也，必先苦其心志，劳其筋骨，饿其体肤，空乏其心，行拂乱其所为，所以动心忍性，曾益其所不能。”

3　“君子素其位而行”一段：大意为君子内心安于当下的身份而行事，不妄自外求。无论处在什么角色、地位，内心都怡然自得，合于天理。出自《中庸》，可参看附录 55.《中庸》【55.13】条。

4　汪景颜：汪渊（生卒年不详），字景颜，今江西上饶横峰县人，正德辛未（1511）进士，同年出任大名县知县。后任山东沂水知县。历广西道监察御史，巡按直隶、河南、广西、升大理寺右丞。以直忤当道，弃官归里。

5　大名：今河北邯郸大名县。

质[1]。居常无所见，惟当利害，经变故，遭屈辱，平时愤怒者到此能不愤怒，忧惶失措者到此能不忧惶失措，始是能有得力处，亦便是用力处。天下事虽万变，吾所以应之不出乎“喜、怒、哀、乐”四者。此为学之要，而为政亦在其中矣。景颜闻之，跃然如有所得也。甘泉近有书来，已卜居[2]萧山之湘湖，去阳明洞方数十里耳。书屋亦将落成，闻之喜极。诚得良友相聚会，共进此道，人间更复有何乐！区区在外之荣辱得丧，又足挂之齿牙间哉？

1　变化气质：出自宋张载《语录钞》：“为学大益，在自求变化气质。”张载把“人性”分为两个层次，即“气质之性”和“天地之性”。“气质之性”是善恶混杂的低层次状态，“天地之性”是久大永恒的完美状态。要达到理想的人性就应该从“变化气质”出发，不断祛除“气质之性”中的恶，使“天地之性”充分发展。

2　卜居：择地居住。

8. 寄希渊书[1] 其一 壬申（1512年）

[背景简介]可参看本书中7.《与王纯甫书》一文介绍。蔡希渊生性孤介，不为当道所喜，常思弃职离去。阳明先生此信，告知希渊处世的圣贤之道。希渊与阳明先生的问答、从游可参看【45.5】、【45.35】、【50.52】条。

所遇如此，希渊归计[2]良是，但稍伤急迫。若再迟二三月，托疾而行，彼此形迹泯然，既不激怒于人，亦不失己之介矣。圣贤处末世，待人应物，有时而委曲，其道未尝不直也。若己为君子，而使人为小人，亦非仁人忠恕恻怛之心。

希渊必以区区此说为大周旋，然道理实如此也。区区叨厚禄，有地方之责，欲脱身潜逃固难。若希渊所处，自宜进退绰然，今亦牵制若此，乃知古人挂冠解绶，其时亦不易值也。

1　希渊（生卒年不详）：蔡宗兖，字希渊。浙江山阴（今绍兴）人。正德十二年（1517）进士，官至四川提学佥事。任过庐山白鹿洞书院洞主，曾邀请阳明先生到白鹿洞书院讲学。

2　归计：见【7.1】条注释。

9. 与黄诚甫书[1] 癸酉（1513 年）

[背景简介]1513 年，明正德八年癸酉，阳明先生四十二岁，任南京太仆寺少卿。是年冬十月，至滁州，钱德洪《年谱》载："滁山水佳胜，先生督马政，地僻官闲，日与门人遨游琅琊、瀼泉间。月夕则环龙潭而坐者数百人，歌声振山谷。诸生随地请正，踊跃歌舞。旧学之士皆日来臻。于是从游之众自滁始。"这段时间阳明先生见诸生多务知解，口耳异同，无益于得，姑教之静坐。可参看本书中【50.3】条注释。

施邦曜在《阳明先生集要》一书中就此文有评曰："余以富贵非尽累人之物，人自为富贵累耳。若有志于道德，则轩冕亦行道立德之场。千古以来，未闻许巢、由[2]而议伊、吕[3]也。苟无志于道德，则虽甘穷约以终身，

1 黄诚甫（生卒年不详）：黄宗明，字诚甫，今浙江省宁波市人。正德九年进士，授南京兵部主事，后晋升员外郎。宁王朱宸濠谋反，曾经呈上江防三策。明武宗南征时，曾经上疏劝阻，后被罢免归乡。嘉靖二年，起用为南京刑部郎中。大礼议中，因支持明世宗立生父为皇考，后升任吉安府知府及福建盐运使。嘉靖六年，召修《明伦大典》，因母丧丁忧。除服后，召拜为光禄寺卿。嘉靖十一年，升任兵部右侍郎。同年冬，翰林院编修杨名因弹劾汪鋐下诏狱，世宗下诏书责察主谋者，恰逢黄宗明上疏劝阻，引起世宗大怒，并被称为主谋，下诏狱。后贬为福建右参政。之后，世宗因念及其在大礼议中功劳，次年召回升为礼部右侍郎。此后转为左侍郎，死于任上。黄宗羲《明儒学案·卷十四·浙中王门学案四》载："先生受学于阳明，阳明谓'诚甫自当一日千里，任重道远，吾非诚甫谁望耶！'则其属意亦至矣。"

2 巢、由：巢父和许由，相传皆为尧时隐士，尧让位于二人，皆不受。

3 伊、吕：商朝伊尹、周朝吕尚，皆为开国名相。

亦只为窭人子耳。学者其务辨志哉！”

立志之说，已近烦渎，然为知己言，竟亦不能舍是也。

志于道德者，功名不足累其心；志于功名者，富贵不足以累其心。但近世所谓道德，功名而已；所谓功名，富贵而已。“仁人者，正其谊不谋其利，明其道不计其功。”[1]一有谋计之心，则虽“正谊明道”，亦功利耳。

诸友即索居，曰仁[2]又将远别，会中须时相警发，庶不就弛靡。诚甫之足，自当一日千里，任重道远，吾非诚甫谁望邪！临别数语，彼此暗然，终能不忘，乃为深爱。

---

1 “仁人者，正其谊”句：大意为：仁爱的人，行事合乎大义而不谋私利，深明大道而不计较功利。“谊”，通“义”。出自《汉书·董仲舒传》：“夫仁人者，正其谊不谋其利，明其道不计其功，是以仲尼之门，五尺之童，羞称五霸，为其先诈力，而后仁义也。”

2 曰仁：徐爱（1487－1518），字曰仁，号横山，浙江余姚马堰人。明朝哲学家、官员，为王守仁最早的入室弟子之一。为阳明先生妹婿。曾任祁州知州，南京兵部员外郎，南京工部郎中等职务。

10. 寿汤云谷序 甲戌（1514年）

［背景简介］1514年，明正德九年甲戌，阳明先生四十三岁，在滁州。四月，升南京鸿胪寺卿。五月，至南京。《王文成公全集》年谱载："客有道自滁游学之士多放言高论，亦有渐背师教者。先生曰：'吾年来欲惩末俗之卑污，引接学者多就高明一路，以救时弊。今见学者渐有流入空虚，为脱落新奇之论，吾已悔之矣。故南畿（注：即南京）论学，只教学者存天理，去人欲，为省察克治实功。'"是年，有王嘉秀、萧惠等好谈仙佛，先生尝警之，参看语录【44.35】、【45.30】条。

【10.1】弘治壬戌春，某西寻句曲[1]，与丹阳汤云谷偕。当是时，云谷方为行人，留意神仙之学，为予谈呼吸屈伸之术，凝神化气之道，盖无所不至。及与之登三茅之巅，下探叶阳，休玉宸，感陶隐君[2]之遗迹，慨叹秽浊，飘然有脱屣人间之志。

予时皆未之许也，云谷意不然之，曰："子岂有见于吾乎？"

1　句曲：山名。在今江苏省句容市东南。相传汉代茅盈与其弟固、衷修道于此，故又称茅山。上有蓬壶、玉柱、华阳三洞，道家以之为"十大洞天"中的第八洞天。

2　陶隐君：陶弘景（456－536），字通明，齐梁间道士、道教思想家、医学家，自号华阳隐居，丹阳秣陵（今江苏南京）人，卒谥贞白先生。梁武帝永明十年（492年）辞官赴句曲山（茅山）隐居，人称"山中宰相"。

予曰："然。子之眉间惨然，犹有怛世[1]之色。是道也，迟之十年，庶几矣。"

云谷曰："子见吾之貌，而吾信吾之心。"

既别，云谷寻入为给事中，又迁为右给事。殚心职务，驱逐瘁劳，竟以直道抵权奸斥外。而予亦以言事得罪，奔走谪乡，不相见者十余年。

【10.2】至是正德癸酉某月，予自吏部徙官南太仆。再过丹阳，而云谷已家居三年矣。访之，迎谓予曰："尚忆'眉间'之说乎？吾信吾之心，而不若子之见吾貌，何也？今果十年而始出于泥涂，是则信矣。然谓吾之庶几也，则貌益衰，年益逝，去道益远，独是若未之尽然耳。"

予曰："乃今则几矣。今吾又闻子之言，见子之貌矣，又见子之庐矣，又见子之乡人矣。"

云谷曰："异哉！言貌既远矣，庐与乡人亦可以见我乎？"

曰："古之有道之士，外槁而中泽，处隘而心广。累释而无所挠其精，机忘而无所忤于俗。是故其色愉愉，其居于于，其所遭若清风之披物，而莫知其所从往也。今子之步徐发改，而貌若益惫，然而其精藏矣；言下意恳，而气若益衰，然而其神守矣；室庐无所增益于旧，而志意扩然，其累释矣；乡之人相忘于贤愚贵贱，且以为慈母，且以为婴儿，其机忘矣。夫精藏则太和流，神守则天光发，累释则怡愉而静，机忘则心纯而一。四者，道之证也。夫道无在而神无方，安常处顺，其至矣。而又何人间之脱屣乎？"

1　怛世：为世事担忧。怛，音 dá。

云谷曰："有是哉！吾信吾之心，乃不若子之见吾庐与吾乡人也。"

【10.3】于是云谷年七十矣。是月，值其悬弧[1]，乡人方谋所以祝寿者。闻予至，皆来请言。予曰："嘻，子之乡先生既几于道，而尚以寿为贺乎？夫寿不足以为子之乡先生贺。子之乡而有有道之士若子之乡先生者，使尔乡人之子弟皆有所矜式视效。出而事君，则师其道以用世；入而家居，则师其道以善身。若射之有的，各中乃所向。则是先生之寿，乃于尔乡之人复有足贺也已。"

明年三月，予再官鸿胪，而乡之人复以书来请，遂追书之。

1　悬弧：古代风俗尚武，若家中生男，则于门左挂弓一张。这里代指云谷先生七十大寿生日。

11. 寄李道夫 乙亥（1515年）

［背景简介］1515年，明正德十年乙亥，阳明先生四十四岁，在京师。立从弟守信子正宪为后。时先生与诸弟守俭、守文、守章，皆未举子故也。本书中12.《示弟立志说》写于该年。语录46.《陈九川录》载："【46.1】正德乙亥，九川初见先生于龙江。"

施邦曜在《阳明先生集要》一书中就此文有评曰："君子教民，有急于见功之心，便是欲速之为累，不可不察。"

【11.1】此学不讲久矣。鄙人之见，自谓于此颇有发明。而闻者往往诋以为异，独执事倾心相信，确然不疑，其为喜慰，何啻空谷之足音！

别后时闻士夫传说，近又徐曰仁自西江还，益得备闻执事任道之勇、执德之坚，令人起跃奋迅。"士不可以不弘毅，任重而道远"，诚得弘毅如执事者二三人，自足以为天下倡。彼依阿偻儞之徒虽多，亦奚以为哉？幸甚幸甚！

【11.2】比闻到郡之始，即欲以此学为教，仁者之心自然若此，仆诚甚为执事喜，然又甚为执事忧也。学绝道丧，俗之陷溺，如人在大海波涛中，且须援之登岸，然后可授之衣而与之食。若以衣食

投之波涛中，是适重其溺，彼将不以为德而反以为尤矣。

故凡居今之时，且须随机导引，因事启沃[1]，宽心平气以薰陶之，俟其感发兴起，而后开之以其说，是故为力易而收效溥。不然，将有捍格[2]不胜之患，而且为君子爱人之累，不知尊意以为何如耶？

【11.3】病疏已再上，尚未得报。果遂此图，舟过嘉禾，面话有日。

1　启沃：开导。

2　捍格：亦写“扞格”，相互抵触，格格不入。

12. 示弟立志说 乙亥（1515 年）

［背景简介］可参看本书 11.《寄李道夫》一文介绍。

施邦曜在《阳明先生集要》一书中就此文有评曰："以此说体认'吾十有五章'[1]，岂不痛快？先生说得明白真切若是此，岂非造道之言耶？"

【12.1】予弟守文来学，告之以立志。守文因请次第其语，使得时时观省，且请浅近其辞，则易于通晓也。因书以与之。

【12.2】夫学，莫先于立志。志之不立，犹不种其根而徒事培壅灌溉，劳苦无成矣。世之所以因循苟且，随俗习非，而卒归于污下者，凡以志之弗立也。故程子曰："有求为圣人之志，然后可与共学。"人苟诚有求为圣人之志，则必思圣人之所以为圣人者安在？非以其心之纯乎天理而无人欲之私欤？圣人之所以为圣人，惟以其心之纯乎天理而无人欲，则我之欲为圣人，亦惟在于此心之纯乎天理而无人欲耳。欲此心之纯乎天理而无人欲，则必去人欲而存天理。务去人欲而存天理，则必求所以去人欲而存天理之方。求所以去人欲而存天理之方，则必"正诸先觉，考诸古训"，而凡所谓学问之

1　吾十有五章：见【12.3】条"吾十有五而志于学"注释。

功者，然后可得而讲，而亦有所不容已矣。

夫所谓“正诸先觉”者，既以其人为先觉而师之矣，则当专心致志，惟先觉之为听。言有不合，不得弃置，必从而思之；思之不得，又从而辨之。务求了释，不敢辄生疑惑。故《记》曰：“师严，然后道尊；道尊，然后民知敬学。”[1]苟无尊崇笃信之心，则必有轻忽慢易之意。言之而听之不审，犹不听也；听之而思之不慎，犹不思也。是则虽曰师之，独不师也。

夫所谓“考诸古训”者，圣贤垂训，莫非教人去人欲而存天理之方，若《五经》《四书》是已。吾惟欲去吾之人欲，存吾之天理，而不得其方，是以求之于此，则其展卷之际，真如饥者之于食，求饱而已；病者之于药，求愈而已；暗者之于灯，求照而已；跛者之于杖，求行而已。曾有徒事记诵讲说，以资口耳之弊哉！

【12.3】夫立志亦不易矣。孔子，圣人也，犹曰：“吾十有五而志于学，三十而立。”立者，志立也。虽至于“不逾矩”[2]，亦志之不逾矩也。志岂可易而视哉！夫志，气之帅也，人之命也，木之根也，水之源也。源不浚则流息，根不植则木枯，命不续则人死，志不立则气昏。是以君子之学，无时无处而不以立志为事。正目而视之，无他见也；倾耳而听之，无他闻也。如猫捕鼠，如鸡覆卵，精神心思凝聚融结，而不复知有其他，然后此志常立，神气精明，义理昭著。一有私欲，即便知觉，自然容住不得矣。故凡一毫私欲之萌，只责此志不立，即私欲便退；听一毫客气[3]之动，只责此志不立，

---

1 “师严，然后道尊”句：出自《礼记·学记》，“凡学之道，严师为难，师严然后道尊，道尊然后民知敬学”。

2 “吾十有五而志于学”句：出自《论语·为政》。“子曰：‘吾十有五而志于学，三十而立，四十而不惑，五十而知天命，六十而耳顺，七十而从心所欲，不逾矩。’”

3 客气：血气、意气，偏激情绪，非中和之气。

即客气便消除。或怠心生，责此志，即不怠；忽心生，责此志，即不忽；躁心生，责此志，即不躁；妒心生，责此志，即不妒；忿心生，责此志，即不忿；贪心生，责此志，即不贪；傲心生，责此志，即不傲；吝心生，责此志，即不吝。盖无一息而非立志、责志之时，无一事而非立志、责志之地。故责志之功，其于去人欲，有如烈火之燎毛，太阳一出，而魍魉潜消也。

【12.4】自古圣贤因时立教，虽若不同，其用功大指，无或少异。《书》谓"惟精惟一"[1]，《易》谓"敬以直内，义以方外"[2]，孔子谓"格致诚正、博文约礼"[3]，曾子谓"忠恕"[4]，子思谓"尊德性而道问学"[5]，孟子谓"集义、养气、求其放心"[6]。虽若人自为说，有不可强同者，而求其要领归宿，合若符契。何者？夫道一而已。道同则心同，心同则学同。其卒不同者，皆邪说也。

后世大患，尤在无志，故今以立志为说。中间字字句句，莫非立志。盖终身问学之功，只是立得志而已。若以是说而合"精一"，

1　惟精惟一：可参看【6.2】条注释。

2　敬以直内，义以方外：以诚敬使内心思想正直，以义德使外在行为方正。出自《周易·坤卦·文言传》。

3　格致诚正、博文约礼："格致诚正"，即格物、致知、诚意、正心，出自《大学》。"博文约礼"，广博地学习知识，再用礼义来加以约束。出自《论语·雍也》："君子博学于文，约之以礼，亦可以弗畔矣夫！。"

4　忠恕：出自《论语·里仁》："子曰：'参乎！吾道一以贯之！'曾子曰：'唯。'子出，门人问曰：'何谓也？'曾子曰：'夫子之道，忠恕而已矣。'"

5　尊德性而道问学：遵从德性，学习事理。出自《中庸》："故君子尊德性而道问学，致广大而尽精微，极高明而道中庸。"可参看附录55.《中庸》【55.32】条。

6　集义、养气、求其放心："集义"，出自《孟子·公孙丑上》："其为气也……是集义所生者，非义袭而取之也。"朱熹《孟子集注》："集义，犹言积善，盖欲事事皆合于义也。""养气"，出自《孟子.公孙丑上》："'敢问夫子恶乎长？'曰：'我知言，我善养吾浩然之气。'""求其放心"，可参看【4.2】条"收放心"注释。

则字字句句皆“精一”之功；以是说而合“敬义”，则字字句句皆“敬义”之功。其诸“格致”“博约”“忠恕”等说，无不吻合。但能实心体之，然后信予言之非妄也。

13. 申谕十家牌法 丁丑（1517 年）

［背景简介］1517 年，正德十二年丁丑，阳明先生四十六岁。正德十一年九月，升都察院左佥都御史，巡抚南（南安）赣（赣州）汀（汀州）漳（漳州）等处。据张廷玉等编《明史·列传第八十三》载："当是时，南中盗贼蜂起。谢志山据横水、左溪、桶冈，池仲容据浰头，皆称王，与大庾陈曰能、乐昌高快马、郴州龚福全等攻剽府县。而福建大帽山贼詹师富等又起。"十二年正月到达赣州之后，阳明先生便责令地方实施十家牌法。十家一牌，互相监督、互为担保，一家犯法，其他九家一同受罪。意在保证长治久安。二月，平漳寇。四月，班师。五月，立兵符。六月，疏请疏通盐法。九月，改授提督南、赣、汀、漳等处军务，给旗牌，得便宜行事。抚谕贼巢。十月，平横水、桶冈诸寇。十二月，班师。

【13.1】本院所行十家牌谕，近来访得各处官吏类多视为虚文，不肯着实奉行查考，据法即当究治，尚恐未悉本院立法之意，故今特述所以，再行申谕：

凡置十家牌，须先将各家门面小牌挨审的实，如人丁若干，必查某丁为某官吏，或生员，或当某差役，习某技艺，作某生理，或过某房出赘，或有某残疾，及户籍田粮等项，俱要逐一查审的实。

十家编排既定，照式造册一本留县，以备查考。及遇勾摄及差调等项，按册处分，更无躲闪脱漏。一县之事，如视诸掌。

每十家各令挨报，甲内平日习为偷窃及喇唬教唆等项不良之人，同具不致隐漏重甘结[1]状。官府为置舍旧图新簿，记其姓名，姑勿追论旧恶，令其自今改行迁善。果能改化者，为除其名。境内或有盗窃，即令此辈自相挨缉。若系甲内漏报，仍并治同甲之罪。又每日各家照依牌式，轮流沿门晓谕觉察。如此，即奸伪无所容，而盗贼亦可息矣。

十家之内，但有争讼等事，同甲即时劝解和释，如有不听劝解，恃强凌弱，及诬告他人者，同甲相率禀官，官府当时量加责治省发，不必收监淹滞。凡遇问理词状，但涉诬告者，仍要查究同甲不行劝禀之罪。又每日各家照牌互相劝谕，务令讲信修睦，息论罢争，日渐开导，如此则小民益知争斗之非，而词讼亦可简矣。

【13.2】凡十家牌式，其法甚约，其治甚广。有司果能着实举行，不但盗贼可息，词讼可简，因是而修之，补其偏而救其弊，则赋役可均；因是而修之，连其伍而制其什，则外侮可御；因是而修之，警其薄而劝其厚，则风俗可淳；因是而修之，导以德而训以学，则礼乐可兴。凡有司之有高才远识者，亦不必更立法制，其于民情土俗，或有未备，但循此而润色修举之，则一邑之治真可以不劳而致。

今特略述所以立法之意，再行申告。言之所不能尽者，其各为我精思熟究而力行之。毋徒纸上空言搪塞，竟成挂之虚文，则庶乎其可矣！

1　甘结：写给官府的保证书。

14. 告谕浰头巢贼[1] 丁丑（1517年）

［背景简介］可参看13.《申谕十家牌法》一文介绍。正德十二年丁丑九月，是时漳寇虽平，而乐昌、龙川诸贼巢尚多啸聚，将用兵剿之，先犒以牛酒银布，阳明先生作此告谕。《王文成公全集》年谱中钱德洪有按语："是谕文蔼然哀怜无辜之情，可以想见虞廷干羽之化[2]矣。故当时酋长若黄金巢、卢珂等，即率众来投，愿效死以报。"

【14.1】本院[3]巡抚是方，专以弭盗安民为职。莅任之始，即闻尔等积年流劫乡村，杀害良善，民之被害来告者，月无虚日。本欲即调大兵剿除尔等，随往福建督征漳寇，意待回军之日剿荡巢穴。后因漳寇即平，纪验斩获功次七千六百有余，审知当时倡恶之贼不过四五十人，党恶之徒不过四千余众，其余多系一时被胁，不觉惨然兴哀。

1　浰头：地名，可参看本书1.《阳明先生年谱》"1518年"条注释。

2　虞廷干羽之化：虞廷，远古圣明之主虞舜的朝廷。干羽，古代舞者所执的舞具。文舞执羽，武舞执干。《尚书·大禹谟》："帝乃诞敷文德，舞干羽于两阶。"比喻以文德教化。

3　本院：阳明先生时任都察院左佥都御史。

因念尔等巢穴之内，亦岂无胁从之人？况闻尔等亦多大家子弟，其间固有识达事势，颇知义理者。自吾至此，未尝遣一人抚谕尔等，岂可遽尔兴师剪灭？是亦近于不教而杀，异日吾终有憾于心。故今特遣人告谕尔等，勿自谓兵力之强，更有兵力强者，勿自谓巢穴之险，更有巢穴险者，今皆悉已诛灭无存。尔等岂不闻见？

【14.2】夫人情之所共耻者，莫过于身被为盗贼之名；人心之所共愤者，莫甚于身遭劫掠之苦。今使有人骂尔等为盗，尔必怫然而怒。尔等岂可心恶其名而身蹈其实？又使有人焚尔室庐，劫尔财货，掠尔妻女，尔必怀恨切骨，宁死必报。尔等以是加人，人其有不怨者乎？人同此心，尔宁独不知？

乃必欲为此，其间想亦有不得已者。或是为官府所迫，或是为大户所侵，一时错起念头，误入其中，后遂不敢出。此等苦情，亦甚可悯，然亦皆由尔等悔悟不切。尔等当初去从贼时，乃是生人寻死路，尚且要去便去，今欲改行从善，乃是死人求生路，乃反不敢，何也？若尔等肯如当初去从贼时，拚死出来，求要改行从善，我官府岂有必要杀汝之理？尔等久习恶毒，忍于杀人，心多猜疑。岂知我上人之心，无故杀一鸡犬，尚且不忍，况于人命关天？若轻易杀之，冥冥之中，断有还报，殃祸及于子孙，何苦而必欲为此？

【14.3】我每为尔等思念及此，辄至于终夜不能安寝，亦无非欲为尔等寻一生路。惟是尔等冥顽不化，然后不得已而兴兵，此则非我杀之，乃天杀之也！今谓我全无杀尔之心，亦是诳尔；若谓我必欲杀尔，又非吾之本心。尔等今虽从恶，其始同是朝廷赤子，譬如一父母同生十子，八人为善，二人背逆，要害八人。父母之心须除去二人，然后八人得以安生。均之为子，父母之心何故必欲偏杀

二子？不得已也。吾于尔等，亦正如此。若此二子者一旦悔恶迁善，号泣投诚，为父母者亦必哀悯而收之。何者？不忍杀其子者，乃父母之本心也。今得遂其本心，何喜何幸如之！吾于尔等，亦正如此。

【14.4】闻尔等辛苦为贼，所得苦亦不多，其间尚有衣食不充者。何不以尔为贼之勤苦精力，而用之于耕农，运之于商贾，可以坐致饶富而安享逸乐，放心纵意，游观城市之中，优游田野之内。岂如今日，担惊受怕，出则畏官避仇，入则防诛惧剿，潜形遁迹，忧苦终身。卒之身灭家破，妻子戮辱，亦有何好？尔等好自思量。

若能听吾言改行从善，吾即视尔为良民，抚尔如赤子，更不追咎尔等既往之罪。如叶芳、梅南春、王受、谢钺辈，吾今只与良民一概看待，尔等岂不闻知？尔等若习性已成，难更改动，亦由尔等任意为之。吾南调两广之狼达[1]，西调湖、湘之土兵，亲率大军围尔巢穴，一年不尽至于两年，两年不尽至于三年。尔之财力有限，吾之兵粮无穷，纵尔等皆为有翼之虎，谅亦不能逃于天地之外。

呜呼！吾岂好杀尔等哉？尔等若必欲害吾良民，使吾民寒无衣，饥无食，居无庐，耕无牛，父母死亡，妻子离散，吾欲使吾民避尔，则田业被尔等所侵夺，已无可避之地；欲使吾民贿尔，则家资为尔等所掳掠，已无可贿之财。就使尔等今为我谋，亦必须尽杀尔等而后可。

【14.5】吾今特遣人抚谕尔等，赐尔等牛、酒、银两、布匹，与尔妻子，其余人多，不能通及，各与晓谕一道，尔等好自为谋。

1　狼达：即狼兵。狼兵制度肇始于明代，是明代军制的重要组成环节。狼兵专指两广出身之战斗人员，此类人不隶军籍，彪悍武勇，于明代“剿贼”“御倭”多有使用，且战绩不俗。

吾言已无不尽，吾心已无不尽。如此而尔等不听，非我负尔，乃尔负我，我则可以无憾矣。

呜呼！民吾同胞，尔等皆吾赤子，吾终不能抚恤尔等而至于杀尔，痛哉！痛哉！兴言至此，不觉泪下。

15. 祭浰头山神文 戊寅（1518 年）

［背景简介］1518 年，正德十有三年戊寅，阳明先生四十七岁，在江西。正月，征讨三浰（注：指上、中、下三浰）。出征前有与薛侃书曰："即日已抵龙南，明日入巢，四路皆如期并进，贼有必破之势矣。向在横水，尝寄书仕德云：'破山中贼易，破心中贼难。'区区剪除鼠窃，何足为异？若诸贤扫荡心腹之寇，以收廓清平定之功，此诚大丈夫不世之伟绩！。"二月，作此篇祭浰头山神文。三月，袭平大帽、浰头诸寇。四月，班师，立社学，颁布教约（见本书 16.《教约》）。五月，奏设和平县。六月，升都察院右副都御史。七月，刻古本《大学》（见本书 17.《大学古本序》），刻《朱子晚年定论》。八月，门人薛侃刻《传习录》。是年徐爱卒，先生哭之恸。九月，修濂溪书院。十月，举乡约（见本书 20.《南赣乡约》）。本书中 18.《寄诸弟书 》、19.《寄闻人邦英、邦正》也写作于此年。

【15.1】维正德十三年戊寅二月十五日甲申，提督军务都御史王某，谨以刚鬣柔毛[1]，昭告于浰头山川之神。

【15.2】惟广谷大川，阜财兴物，以域民畜众。故古者诸侯祭

1　刚鬣柔毛：古代祭祀所用猪和羊的专称。《礼记・曲礼下》："凡祭宗庙之礼，牛曰一元大武，豕曰刚鬣，豚曰腯肥，羊曰柔毛。"

封内山川，亦惟其有功于民。然地灵则人杰，人之无良，亦足以为山川之羞！兹土为盗贼所盘据且数十年，远近之称浰头者，皆曰贼巢，耻莫大焉！是岂山川之罪哉？虽然，清冽之井，粪秽而不除，久则同于厕溷[1]矣；丹凤之穴，鸱狐聚而不去，久则化为妖窟矣。粪秽之所，过者掩鼻；妖孽之窟，人将持刃燔燎，环而攻之。何者？其积聚招致使然也。诚使除其粪秽，刮剜涤荡，将不终朝而复其清冽；鸱狐逐而鸾凤归，妖孽之窟还为孕祥育瑞之所矣。今兹土之山川，亦何以异于是？

【15.3】守仁奉天子明命，来镇四陲。愤浰贼之凶悖，民苦荼毒，无所控吁，故迩者计擒渠魁，提兵捣其巢穴。所向克捷，动获如志。斯固人怨神怒，天人顺应之理，将或兹土山川之神厌恶凶残，思欲洗其积辱，阴有以相协，假手于予？

今驻兵于此弥月余旬，虽巢穴悉已扫荡，擒斩十且八九，然漏殄[2]之徒，尚有潜逃，小民不能无怨于山川之神为之"逋逃主、萃渊薮"[3]也。今予提兵深入，岂独除民之害，亦为山川之神雪其耻。夫安旧染，弃新图，非中人之情，而况于鬼神乎？

今此残徒，势穷力屈，亦方遣人投招。将顺而抚之，则虑其无革心之诚，复遗患于日后；逆而弗受，又恐其或出于诚心，杀之有不忍也。神其阴有以相协，使此残寇而果诚心邪，即阴佑其衷，俾尽携其党类，自缚来投，若水之赴壑，予将堤沿停畜之；如其设诈

1　溷：肮脏，音 hùn 。

2　殄：殄灭，歼灭。音 tiǎn 。

3　逋逃主、萃渊薮：潜逃之人的藏身之所。出自《尚书·武成》："为天下逋逃主，萃渊薮。"成语有"逋逃之薮"。"逋"，逃亡，音 bū 。

怀奸，即阴夺其魄，张我军威，风驰电扫，一鼓而歼之。兹惟下民之福，亦惟神明之休[1]。

【15.4】坛而祀之，神亦永永无怍[2]。惟神实鉴图之！尚飨[3]！

1 休：吉庆。

2 怍：羞愧。怍，音 zuò 。

3 尚飨：旧时用作祭文的结语，表示希望祭祀对象来享用祭品的意思。

16. 教约 戊寅（1518年）

[背景简介]可参看15.《祭浰头山神文》一文介绍。《王文成公全集》年谱载："四月，班师，立社学。先生谓民风不善，由于教化未明。今幸盗贼稍平，民困渐息，一应移风易俗之事，虽未能尽举，姑且就其浅近易行者，开导训诲。即行告谕，发南、赣所属各县父老子弟，互相戒勉，兴立社学，延师教子，歌诗习礼。出入街衢，官长至，俱叉手拱立。先生或赞赏训诱之。久之，市民亦知冠服，朝夕歌声，达于委巷，雍雍然渐成礼让之俗矣。"

【16.1】每日清晨，诸生参揖毕，教读以次。遍询诸生：在家所以爱亲敬长之心，得无懈忽，未能真切否？温凊定省之仪，得无亏缺，未能实践否？往来街衢，步趋礼节，得无放荡，未能谨饰否？一应言行心术，得无欺妄非僻，未能忠信笃敬否？诸童子务要各以实对，有则改之，无则加勉。教读复随时就事，曲加诲谕开发，然后各退，就席肄业。

【16.2】凡歌《诗》，须要整容定气，清朗其声音，均审其节调。毋躁而急，毋荡而嚣，毋馁而慑。久则精神宣畅，心气和平矣。每学量童生多寡，分为四班，每日轮一班歌《诗》，其余皆就席，敛

容肃听。每五日则总四班递歌于本学。每朔望，集各学会歌于书院。

【16.3】凡习礼，需要澄心肃虑，审其仪节，度其容止。毋忽而惰，毋沮而怍，毋径而野。从容而不失之迂缓，修谨而不失之拘局。久则礼貌习熟，德性坚定矣。童生班次，皆如歌诗。每间一日，则轮一班习礼。其余皆就席，敛容肃观。习礼之日，免其课仿。每十日则总四班递习于本学。每朔望，集各学会习于书院。

【16.4】凡授书不在徒多，但贵精熟。量其资禀，能二百字者，止可授以一百字。常使精神力量有馀，则无厌苦之患，而有自得之美。讽诵之际，务令专心一志，口诵心惟，字字句句紬绎反复，抑扬其音节，宽虚其心意。久则义礼浃洽，聪明日开矣。

【16.5】每日工夫，先考德，次背书诵书，次习礼，或作课仿，次复诵书讲书，次歌《诗》。凡习礼歌《诗》之数，皆所以常存童子之心，使其乐习不倦，而无暇及于邪僻。教者如此，则知所施矣。虽然，此其大略也，“神而明之，则存乎其人”[1]。

1　神而明之，则存乎其人：能自如昌明此道者，在于各人的领悟和运用。出自《周易·系辞上》：“纪而裁之，存乎变；推而行之，存乎通；神而明之，存乎其人。”

17. 大学古本序 戊寅（1518年）

［背景简介］可参看15.《祭浰头山神文》一文背景简介。《大学》原是《礼记》第四十二篇，撰成约在战国末期至西汉之间。后人怀疑因错简而导致《大学》原文的篇目次序有误。北宋大儒程颐、程颢先后编撰《大学》原文章节成《大学定本》。南宋时朱熹将《大学》与《论语》《孟子》《中庸》合编为《四书》。他在“二程”定本的基础上，把《大学》原文析为“经”（一章），“传”（十章），并自己在其中补增了“传”一章。阳明先生认为《礼记》中《大学》原文并没有错简或缺漏，讲学悉以旧本为正。《王文成公全书》年谱载：“十有三年戊寅，先生四十七岁，在赣。……七月，刻古本《大学》。……先生在龙场时，疑朱子《大学章句》非圣门本旨，手录古本，伏读精思，始信圣人之学本简易明白。其书止为一篇，原无经传之分。格致本于诚意，原无缺传可补。以诚意为主，而为致知格物之功，故不必增一‘敬’字。以良知指示至善之本体，故不必假于见闻。至是录刻成书，傍为之释，而引以叙。”另可参看附录54.《大学》。

《大学》之要，诚意而已矣。诚意之功，格物而已矣。诚意之极，止至善而已矣。止至善之则，致知而已矣。

正心，复其体也；修身，著其用也。以言乎己，谓之明德；以言乎人，谓之亲民；以言乎天地之间，则备矣。

是故，至善也者，心之本体也。动而后有不善，而本体之知，未尝不知也。意者，其动也。物者，其事也。致其本体之知，而动无不善。然非即其事而格之，则亦无以致其知。

故致知者，诚意之本也。格物者，致知之实也。物格则知致、意诚，而有以复其本体，是之谓止至善。

圣人惧人之求之于外也，而反覆其辞。旧本析而圣人之意亡矣。是故不务于诚意而徒以格物者，谓之支；不事于格物而徒以诚意者，谓之虚；不本于致知而徒以格物诚意者，谓之妄。支与虚与妄，其于至善也远矣。合之以敬而益缀，补之以传而益离。

吾惧学之日远于至善也，去分章而复旧本，傍为之什[1]，以引其义。庶几复见圣人之心，而求之者有其要。噫！乃若致知，则存乎心，悟致知焉，尽矣。

1　什：通“释”，注释。

18. 寄诸弟书[1] 戊寅（1518年）

［背景简介］可参看15.《祭浰头山神文》一文介绍。

施邦曜在《阳明先生集要》一书中就此文有评曰："人能自见其过，必实实能下克己功夫，方能觉得。若只外面虚谈性命，张说名理，未有不自以为是者。所以夫子曰：'吾未见能见其过而内自讼者。'盖难之也。指点克治真切功夫，无逾于此。"

【18.1】屡得弟辈书，皆有悔悟奋发之意，喜慰无尽！但不知弟辈果出于诚心乎？亦谩为之说云尔。

【18.2】本心之明，皎如白日，无有有过而不自知者，但患不能改耳。一念改过，当时即得本心。人孰无过？改之为贵。蘧伯玉，大贤也，惟曰"欲寡其过而未能"[2]。成汤、孔子，大圣也，亦惟曰"改

1　诸弟：阳明先生有弟守俭、守文、守章。另有多位从弟、表弟。

2　欲寡其过而未能：蘧伯玉，名瑗，春秋时期卫国大夫。孔子在卫国时，曾住在他家。出自《论语·宪问》："蘧伯玉使人于孔子。孔子与之坐而问焉，曰：'夫子何为？'对曰：'夫子欲寡其过而未能也。'"《淮南子·原道篇》也说："蘧伯玉年五十而知四十九年非。"

过不吝”[1]、“可以无大过”[2]而已。人皆曰：“人非尧舜，安能无过？”此亦相沿之说，未足以知尧舜之心。若尧舜之心而自以为无过，即非所以为圣人矣。其相授受之言曰：“人心惟危，道心惟微，惟精惟一，允执厥中。[3]”彼其自以为人心之惟危也，则其心亦与人同耳。危即过也，惟其兢兢业业，尝加“精一”[4]之功，是以能“允执厥中”而免于过。古之圣贤时时自见己过而改之，是以能无过，非其心果与人异也。“戒慎不睹，恐惧不闻”者，时时自见己过之功。吾近来实见此学有用力处，但为平日习染深痼，克治欠勇，故切切预为弟辈言之。毋使亦如吾之习染既深，而后克治之难也。

【18.3】人方少时，精神意气既足鼓舞，而身家之累尚未切心，故用力颇易。迨其渐长，世累日深，而精神意气亦日渐以减，然能汲汲奋志于学，则犹尚可有为。至于四十五十，即如下山之日，渐以微灭，不复可挽矣。故孔子云：“四十五十而无闻焉，斯亦不足畏也已。”[5]又曰“及其老也，血气既衰，戒之在得。”[6]吾亦近来实见此病，故亦切切预为弟辈言之。宜及时勉力，毋使过时而徒悔也。

1　改过不吝：改正错误毫不犹豫。出自《尚书·仲虺之诰》：“用人惟己改过不吝。”

2　可以无大过：出自《论语·述而》：“加我数年，五十以学易，可以无大过矣。”

3　人心惟危，道心惟微，惟精惟一，允执厥中：人心高而险，道心幽而妙，应当用心精纯无杂、专一不二，诚心敬意坚持笃行中和之道。出自《尚书·大禹谟》。该十六个字又被称为“尧舜十六字心法”。

4　精一：精纯无杂，专一不二。“精一”一词，是从“尧舜十六字心法”提炼出来的。

5　“四十五十而无闻焉”句：出自《论语·子罕》：“子曰：‘后生可畏，焉知来者之不如今也？四十五十而无闻焉，斯亦不足畏也已！’”

6　“及其老也”句：出自《论语·季氏》：“孔子曰：‘君子有三戒。少之时，血气未定，戒之在色。及其壮也，血气方刚，戒之在斗。及其老也，血气既衰，戒之在得。’”

19. 寄闻人邦英、邦正[1] 戊寅（1518 年）

［背景简介］可参看《15. 祭浰头山神文》一文背景简介。

施邦曜在《阳明先生集要》一书中就此文有评曰："夺志不但举业，即有志学问，其中趋向，有毫厘千里之差，其摇夺甚微。故欲立必为圣贤之志，必大知大勇者能之。"

昆季[2]敏而好学，吾家两弟得以朝夕亲资磨励，闻之甚喜。得书备见向往之诚，尤极浣慰。

家贫亲老，岂可不求禄仕？求禄仕而不工举业，却是不尽人事而徒责天命，无是理矣。但能立志坚定，随事尽道，不以得失动念，则虽勉习举业，亦自无妨圣贤之学。若是原无求为圣贤之志，虽不业举，日谈道德，亦只成就得务外好高之病而已。此昔人所以有"不患妨功，惟患夺志"之说也。夫谓之"夺志"，则已有"志"可夺；

1　闻人邦英、邦正：姓闻人，名铨，字邦正，其兄闻人訚（音 yín），字邦英。曾从学外兄王守仁。浙江余姚人。邦正为嘉靖进士，授宝应知县，迁御史，巡视山海关，后为南京提学御史。曾参与校订《阳明文录》。

2　昆季：兄弟。长为昆，幼为季。

倘若未有可夺之“志”，却又不可以不深思疑省而早图之。

每念贤弟资质之美，未尝不切拳拳。夫美质难得而易坏，至道难闻而易失，盛年难遇而易过，习俗难革而易流。昆玉[1]勉之！

1 昆玉：清代潘永因《宋稗类钞·博识》书中说，“称兄弟为昆玉，言其如昆山之玉也。”

20. 南赣乡约 戊寅（1518 年）

［背景简介］可参看《15. 祭浰头山神文》一文背景简介。

施邦曜在《阳明先生集要》一书中就此文有评曰："化民成俗之方，莫善于此。然必要先有诸己，而后求诸人。无诸己，而后非诸人，若徒借此为绳民之具，民反有持以议上者，无怪近世之行而罔效也。"

【20.1】咨尔民，昔人有言："蓬生麻中，不扶而直；白沙在泥，不染而黑。"民俗之善恶，岂不由于积习使然哉！往者新民[1]盖常弃其宗族，畔[2]其乡里，四出而为暴，岂独其性之异，其人之罪哉？亦由我有司治之无道，教之无方。尔父老子弟所以训诲戒饬于家庭者不早，薰陶渐染于里闬[3]者无素，诱掖奖劝之不行，连属叶和[4]之无具，又或愤怨相激，狡伪相残，故遂使之靡然日流于恶，则我有司与尔父老子弟皆宜分受其责。

1 新民：弃恶从善，自新之民。

2 畔：通"叛"。

3 里闬：指乡里。闬，音 hàn，里巷的大门。

4 叶和：和睦、和合。

鸣呼！往者不可及，来者犹可追。故今特为乡约，以协和尔民，自今凡尔同约之民，皆宜孝尔父母，敬尔兄长，教训尔子孙，和顺尔乡里，死丧相助，患难相恤，善相劝勉，恶相告戒，息讼罢争，讲信修睦，务为良善之民，共成仁厚之俗。

鸣呼！人虽至愚，责人则明；虽有聪明，责己则昏。尔等父老子弟毋念新民之旧恶，而不与其善，彼一念而善，即善人矣；毋自恃为良民而不修其身，尔一念而恶，即恶人矣。人之善恶，由于一念之间，尔等慎思吾言，毋忽！

【20.2】一、同约中推年高有德为众所敬服者一人为约长，二人为约副，又推公直果断者四人为约正，通达明察者四人为约史，精健廉干者四人为知约，礼仪习熟者二人为约赞。置文簿三扇：其一扇备写同约姓名，及日逐出入所为，知约司之，其二扇一书彰善，一书纠过，约长司之。

【20.3】一、同约之人每一会，人出银三分，送知约，具饮食，毋大奢，取免饥渴而已。

【20.4】一、会期以月之望，若有疾病事故不及赴者，许先期遣人告知约。无故不赴者，以过恶书，仍罚银一两公用。

【20.5】一、立约所于道里均平之处，择寺观宽大者为之。

【20.6】一、彰善者，其辞显而决，纠过者，其辞隐而婉，亦忠厚之道也。如有人不弟，毋直曰“不弟”，但云：“闻某于事兄敬长之礼，颇有未尽，某未敢以为信，姑案之以俟。”凡纠过恶皆例此。若有难改之恶，且勿纠使无所容，或激而遂肆其恶矣，约长副等，须先期阴与之言，使当自首，众共诱掖奖劝之，以兴其善念，姑使书之，使其可改。若不能改，然后纠而书之；又不能改，然后

白之官；又不能改，同约之人执送之官，明正其罪；势不能执，戮力协谋官府请兵灭之。

【20.7】一、通约之人，凡有危疑难处之事，皆须约长会同约之人与之裁处区画，必当于理、济于事而后已。不得坐视推托，陷人于恶，罪坐约长、约正诸人。

【20.8】一、寄庄人户，多于纳粮当差之时躲回原籍，往往负累同甲。今后约长等劝令及期完纳应承，如蹈前弊，告官惩治，削去寄庄。

【20.9】一、本地大户，异境客商，放债收息，合依常例，毋得磊算[1]。或有贫难不能偿者，亦宜以理量宽。有等不仁之徒，辄便捉锁磊取，挟写田地，致令穷民无告，去而为之盗。今后有此告，诸约长等与之明白，偿不及数者，劝令宽舍，取已过数者，力与追还。如或恃强不听，率同约之人鸣之官司。

【20.10】一、亲族乡邻，往往有因小忿，投贼复仇，残害良善，酿成大患。今后一应斗殴不平之事，鸣之约长等公论是非。或约长闻之，即与晓谕解释。敢有仍前妄为者，率诸同约呈官诛殄。

【20.11】一、军民人等若有阳为良善，阴通贼情，贩买牛马，走传消息，归利一己，殃及万民者，约长等率同约诸人指实，劝戒不悛[2]，呈官究治。

【20.12】一、吏书、义民、总甲、里老、百长、弓兵、机快人等若揽差下乡，索求赍发[3]者，约长率同呈官追究。

【20.13】一、各寨居民，昔被新民之害，诚不忍言。但今既

1　磊算：利滚利。

2　悛：悔改，音 quān。

3　赍发：赠送钱财，赍，音 jī。

许其自新，所占田产，已令退还，毋得再怀前仇，致扰地方，约长等常宜晓谕，令各守本分，有不听者，呈官治罪。

【20.14】一、投招新民，因尔一念之善，贷尔之罪。当痛自克责，改过自新，勤耕勤织，平买平卖，思同良民，无以前日名目，甘心下流，自取灭绝。约长等各宜时时提撕晓谕，如踵前非者，呈官惩治。

【20.15】一、男女长成，各宜及时嫁娶。往往女家责聘礼不充，男家责嫁妆不丰，遂致愆期。约长等其各省谕诸人，自今其称家之有无，随时婚嫁。

【20.16】一、父母丧葬，衣衾棺椁，但尽诚孝，称家有无而行。此外或大作佛事，或盛设宴乐，倾家费财，俱于死者无益。约长等其各省谕约内之人，一遵礼制。有仍蹈前非者，即与纠恶簿内书以不孝。

【20.17】一、当会前一日，知约预于约所洒扫、张具于堂，设告谕牌及香案南向。当会日，同约毕至，约赞鸣鼓三，众皆诣香案前序立，北面跪，听约正读告谕毕。约长合众扬言曰："自今以后，凡我同约之人，祗奉戒谕，齐心合德，同归于善。若有二三其心，阳善阴恶者，神明诛殛。"众皆曰："若有二三其心，阳善阴恶者，神明诛殛。"皆再拜，兴，以次出会所，分东西立，约正读乡约毕，大声曰："凡我同盟，务遵乡约。"众皆曰："是。"乃东西交拜，兴，各以次就位，少者各酌酒于长者三行。知约起，设彰善位于堂上，南向置笔砚，陈彰善簿。约赞鸣鼓三，众皆起。约赞唱："请举善！"众曰："是在约史。"约史出就彰善位，扬言曰："某有某善，某能改某过，请书之，以为同约劝。"约正遍质于众曰："如何？"众曰："约史举甚当！"约正乃揖善者进彰善位，东西立。约史复谓众曰："某所举止是，请各举所知！"众有所知即举，无

则曰："约史所举是矣！"约长副正皆出就彰善位，约史书簿毕，约长举杯扬言曰："某能为某善，某能改某过，是能修其身也。某能使某族人为某善，改某过，是能齐其家也。使人人若此，风俗焉有不厚？凡我同约，当取以为法！"遂属于其善者。善者亦酌酒酬约长曰："此岂足为善，乃劳长者过奖，某诚惶怍，敢不益加砥砺，期无负长者之教。"皆饮毕，再拜会约长，约长答拜，兴，各就位。知约撤彰善之席，酒复三行，知约起，设纠过位于阶下，北向置笔砚，陈纠过簿。约赞鸣鼓三，众皆起。约赞唱："请纠过！"众曰："是在约史。"约史就纠过位，扬言曰："闻某有某过，未敢以为然，姑书之，以俟后图，如何？"约正遍质于众曰："如何？"众皆曰："约史必有见。"约正乃揖过者出就纠过位，北向立，约史复遍谓众曰："某所闻止是，请各言所闻！"众有闻即言，无则曰："约史所闻是矣！"于是约长副正皆出纠过位，东西立，约史书簿毕，约长谓过者曰："虽然，姑无行罚，惟速改！"过者跪请曰："某敢不服罪！"自起酌酒跪而饮曰："敢不速改，重为长者忧！"约正、副、史皆曰："某等不能早劝谕，使子陷于此，亦安得无罪！"皆酌自罚。过者复跪而请曰："某既知罪，长者又自以为罚，某敢不即就戮，若许其得以自改，则请长者无饮，某之幸也！"趋后酌酒自罚。约正副咸曰："子能勇于受责如此，是能迁于善也，某等亦可免于罪矣！"乃释爵。过者再拜，约长揖之，兴，各就位，知约撤纠过席。酒复二行，遂饭。饭毕，约赞起，鸣鼓三，唱："申戒！"众起，约正中堂立，扬言曰："呜呼！凡我同约之人，明听申戒：人孰无善，亦孰无恶。为善虽人不知，积之既久，自然善积而不可掩；为恶若不知改，积之既久，必至恶积而不可赦。今有善而为人所彰，固可喜，苟遂以为善而自恃，将日入于恶矣！有恶而为人所纠，固可愧，苟能悔其恶而自改，将日进于善矣！然则今日之善者，未可自恃以为善，而今日之恶者，亦岂遂终于恶哉？凡我同约之人，盍共勉之！”众重曰：“敢不勉。”乃出席，以次东西序立，交拜，兴，遂退。

21. 乞宽免税粮急救民困以弥灾变疏

十五年庚辰三月廿五日（1520 年）

[背景简介]1520 年，正德十有五年庚辰，阳明先生四十九岁，在江西。是年三月，上乞宽免税粮急救民困以弥灾变疏，请宽租。江西自己卯（1519 年）三月开始大旱至七月，禾苗枯死，人民饥馑流离。又有 1519 年六月，南昌宁王朱宸濠反叛，传播伪命，优免租税，民心趋利避害，汹汹思乱。阳明先生迅速平息宸濠之乱后，安抚民心，承诺请求朝廷能够宽免粮税。但是各部督征不减，督促日追，先生上疏乞请“将正德十四年分税粮通行优免，以救残伤之民，以防变乱之阶。”这段时间，阳明先生还经历了“张许之变”，佞臣张忠、许泰等人，为了争夺平定宸濠之乱的战功，对阳明先生百般污蔑陷害。详见本书 1.《阳明先生年谱》“1519 年”、“1520 年”条。十五年九月，泰州王银执弟子礼。先生易其名为“艮”，字以“汝止”。

施邦曜在《阳明先生集要》一书中就此文有评曰：“婉转剀切，谈民疾苦处，令人心恻；谈利害处，令人神竦。真是大儒救世文章。”

【21.1】照得[1]正德十四年七月内，节据吉安[2]等一十三府所属庐陵等县，各申为旱灾事，开称本年自三月至于秋七月不雨，禾苗

---

1 照得：查勘而得。旧时公文常用词。

2 吉安：今江西吉安市。明洪武元年（1368），置吉安府。二年（1369），吉安府领庐陵、泰和、吉水、永丰、安福、龙泉、万安、永新、永宁 9 县。

未及发生，尽行枯死，夏税秋粮，无从办纳，人民愁叹，将及流离，申乞转达宽免等因到臣。

节差官吏、老人踏勘前项地方，委自三月以来，雨泽不降，禾苗枯死。续该宁王谋反，乘衅鼓乱，传播伪命，优免租税。小人惟利是趋，汹汹思乱。臣因通行告示，许以奏闻优免税粮。谕以臣子大义，申祖宗休养生息之泽，暴宁王诛求[1]无厌之恶，由是人心稍稍安集，背逆趋顺，老弱居守，丁壮出征，团保馈饷，邑无遗户，家无遗夫。就使雨旸时若[2]，江西之民亦已废耕耘之业，事征战之苦，况军旅旱干，一时并作，虽富室大户，不免饥馑，下户小民，得无转死沟壑，流散四方乎？设或饥寒所迫，征输所苦，人自为乱，将若之何？

如蒙乞敕该部暂将正德十四年分税粮通行优免，以救残伤之民，以防变乱之阶。伏望皇上罢冗员之俸，损不急之赏。止无名之征，节用省费，以足军国之需，天下幸甚。

【21.2】缘由于本年七月三十日具题请旨，未奉明降。

【21.3】随蒙大驾亲征，京边官军前后数万，沓至并临，填城塞郭。百姓戍守锋镝之余，未及息肩弛担，又复救死扶伤，呻吟奔走，以给厮养，一应诛求，妻孥鬻于草料，骨髓竭于征输。当是之时，鸟惊鱼散，贫民老弱流离弃委沟壑，狡健者逃窜山泽，群聚为盗。独遗其稍有家业与良善守死者十之二三，又皆颠顿号呼于梃刃捶挞之下。郡县官吏，咸赴省城与兵马住屯之所奔命听役，不复得亲民事。上下汹汹，如驾漏船于风涛颠沛之中，惟惧覆溺之不暇，岂遑复顾其他，为日后之虑，忧及税赋之不免，征科之未完乎？当是之时，

1　诛求：强征暴敛。

2　雨旸时若：晴雨有时，风调雨顺。旸，天晴，音 yáng 。

虽臣等亦皆奔走道路，危疑仓皇，恐不能为小民请一旦之命，岂遑为岁月之虑，忧及赋税之不免，征课之未完，而暇为之复请乎？

若是者又数月，京边官军始将有旅归之期，而户部岁额之征已下，漕运交兑之文已促，督催之使，切责之檄，已交驰四集矣。流移之民闻官军之将去，稍稍胁息，延望归寻其故业。足未入境，而颈已系于追求者之手矣！夫荒旱极矣，而又因之以变乱；变乱极矣，而又竭之以师旅；师旅极矣，而又竭之以供馈，益之以诛求，亟之以征敛。当是之时，有目者不忍睹，有耳者不忍闻，又从而朘[1]其膏血，有人心者而尚忍为之乎？！

【21.4】今远近军民号呼匍匐，诉告喧腾，求朝廷出帑藏[2]以赈济，久而未获，反有追征之令。哄然兴怨，谓臣等昔日蠲赋[3]之言为绐己[4]。窃相伤嗟，谓宸濠叛逆，独知优免租税以要人心。我辈朝廷赤子，皆尝竭骨髓、出死力以勤国难，今困穷已极，独不蒙少加优恤，又从而追征之，将何以自全。是以令之而益不信，抚之而益愤愤，谕之而益呶呶[5]，甫怀收复之望，又为流徙之图。计穷势迫，匿而为奸，肆而为寇，两月以来，有司之以鼠窃警报者，月无虚日。无怪也，彼无家业衣食之资，无父母妻子之恋，而又旁有追呼之苦，上有捶剥之灾，自非礼义之士，孰肯闭口枵腹[6]，坐以待死乎？

今朝廷亦尝有宽恤之令矣，亦尝有赈济之典矣，然宽恤赈济，内无帑藏之发，外无官府之储，而徒使有司措置。措置者岂能神输

1　朘：剥削。音 juān。

2　帑藏：亦写"帑臧"，国库。帑，音 tǎng。

3　蠲赋：免除赋役。蠲，音 juān。

4　绐己：欺骗自己。"绐"同"诒"，音 dài。

5　呶呶：吵闹，呶，音 náo。

6　枵腹：空腹，饥饿。枵，音 xiāo。

而鬼运？必将取诸富民。今富民则又皆贫民矣！削贫以济贫，犹割心脔肉以啖口，口未饱而身先毙。且又有侵克之弊，又有渔猎之奸，民之赖以生者，不能什一，民之坐而死者，常十九矣。故宽恤之虚文，不若蠲租之实惠；赈济之难及，不若免租之易行。今不免租税，不息诛求，而徒曰宽恤赈济，是“夺其口中之食”，而曰：“吾将疗汝之饥”；“刳其腹肾之肉”，而曰：“吾将救汝之死。”凡有血气，皆将不信之矣。

夫户部以国计为官，漕运以转输为任，今岁额之催，交兑之促，皆其职之使然。但“民者邦之本”[1]，邦本一摇，虽有粟，吾得而食诸？伏望皇上轸念[2]地方涂炭之余，小民困苦已极，思邦本之当固，虑祸变之可忧，乞敕该部速将正德十四、十五年该省钱粮悉行宽免。其南昌、南康、九江等府残破尤甚者，重加宽贷，使得渐回喘息，修复生理。非但解江西一省之倒悬，臣等无地方变乱之祸，得免于诛戮，实天下之大幸，宗社之福也。夫免江西一省之粮税，不过四十万石，今吝四十万石而不肯蠲，异时祸变卒起，即出数百万石，既已无救于难矣。此其形迹已见，事理甚明者。

【21.5】臣等上不能会计征敛以足国用，下不能建谋设策以济民穷，徒痛哭流涕，一言小民疾苦之状，惟陛下速将臣等黜归田里，早赐施行，以纾[3]祸变。

缘系宽免税粮，急救民困，以弭灾变事理，为此具本请旨。

1　民者邦之本：出自《尚书》：“民惟邦本，本固邦宁。”

2　轸念：痛念。“轸”，沉痛，音 zhěn 。

3　纾：缓解、免除。纾，音 shū 。

22. 象山[1]文集序 辛巳（1521年）

[背景简介]1521年，正德十有六年辛巳，阳明先生五十岁，在江西。升南京兵部尚书，十二月封新建伯。《王文成公全集》年谱载："先生以象山得孔、孟正传，其学术久抑而未彰，文庙尚缺配享之典，子孙未沾褒崇之泽，牌行抚州府金溪县官吏，将陆氏嫡派子孙，仿各处圣贤子孙事例，免其差役，有俊秀子弟，具名提学道送学肄业。"钱德洪在年谱中有按语："象山与晦翁同时讲学，自天下崇朱说，而陆学遂泯。先生刻《象山文集》，为序以表彰之。"是年先生始揭"致良知"之教。据钱德洪《年谱》记载，此年阳明先生曾"遗书守益曰：'近来信得致良知三字，真圣门正法眼藏。'"语陈九川曰："此理简易明白若此，乃一经沉埋数百年"，"我此良知二字，实千古圣圣相传一点滴骨血也。"同期语录还可参见本书中【52.4】、【52.5】条。本书中23.《与杨仕鸣》、24.《答伦彦式书》也写作于此年。

【22.1】圣人之学，心学也。尧、舜、禹之相授受曰："人心惟危，道心惟微，惟精惟一，允执厥中。"[2]此心学之源也。"中"也者，

1　象山：陆九渊（1139－1193），号象山，字子静，书斋名"存"，世人称存斋先生，因其曾在贵溪龙虎山建茅舍聚徒讲学，而其山形如象，故自号象山翁，世称象山先生、陆象山。江西抚州市金溪县陆坊镇青田村人。著名的理学家和教育家，与朱熹齐名，史称"朱陆"。

2　"人心惟危"句：可参看【18.2】条注释。

“道心”之谓也；“道心精一”之谓“仁”，所谓“中”也。

【22.2】孔孟之学，惟务“求仁”[1]，盖“精一”[2]之传也。而当时之弊，固已有外求之者，故子贡致疑于多学而识，而以博施济众为仁。夫子告之以“一贯”[3]，而教以“能近取譬”[4]，盖使之求诸其心也。迨于孟氏之时，墨氏之言仁至于摩顶放踵[5]，而告子之徒又有“仁内义外”[6]之说，心学大坏。孟子辟“义外”之说，而曰：“仁，人心也。学问之道无他，求其放心而已矣。”[7]又曰：“仁义礼智，非由外铄我也，我固有之，弗思耳矣。”[8]

【22.3】盖王道息而伯术[9]行，功利之徒外假天理之近似以济其私，而以欺于人，曰“天理固如是”。不知既无其“心”矣，而尚何有所谓“天理”者乎？自是而后，析“心”与“理”而为二，而“精一”之学亡。世儒之支离，外索于刑名器数之末，以求明其所谓“物理”者。而不知吾心即物理，初无假于外也。佛、老之空虚，

1　求仁：见《论语·述而》“求仁而得仁，又何怨”。

2　精一：可参看【18.2】条注释。

3　一贯：出自《论语·里仁》，“子曰：‘参乎！吾道一以贯之！’曾子曰：‘唯’。子出，门人问曰：‘何谓也？’曾子曰：‘夫子之道，忠恕而已矣。’”

4　能近取譬：以自己做比，推己及人。出自《论语·雍也》：“子贡曰：‘如有博施于民而能济众，何如？可谓仁乎？’子曰：‘何事于仁？必也圣乎！尧舜其犹病诸。夫仁者，己欲立而立人，己欲达而达人。能近取譬，可谓仁之方也已。’”

5　摩顶放踵：从头顶到脚跟都磨伤，形容不辞劳苦。出自《孟子·尽心上》：“墨子兼爱，摩顶放踵利天下，为之。”

6　仁内义外：义属于内心之外。出自《孟子·告子篇第六上》：“告子曰：食色，性也。仁，内也，非外也。义，外也，非内也。”但孟子认为“仁、义”，皆属于内，都在人的心中。

7　“仁，人心也”句：可参看【4.2】条“收放心”注释。

8　“仁义礼智，非由外铄我也”句：出自《孟子·告子上》：“仁义礼智，非由外铄我也，我固有之也，弗思耳矣。故曰，‘求则得之，舍则失之。’”

9　伯术：王霸之术。“伯”通“霸”。

遗弃其人伦事物之常，以求明其所谓“吾心”者。而不知物理即吾心，不可得而遗也。

【22.4】至宋周、程二子[1]，始复追寻孔、颜之宗[2]，而有“无极而太极”，“定之以仁义中正而主静”[3]之说，“动亦定，静亦定，无内外，无将迎”[4]之论，庶几“精一”之旨矣。

【22.5】自是而后，有象山陆氏，虽其纯粹和平若不逮于二子，而简易直截，真有以接孟子之传。其议论开阖，时有异者，乃其气质意见之殊，而要其学之必求诸心，则一而已。故吾尝断以“陆氏之学，孟氏之学也”。而世之议者，以其尝与晦翁之有同异，而遂诋以为禅。夫禅之说，弃人伦，遗物理，而要其归极，不可以为天下国家，苟陆氏之学而果若是也，乃所以为禅也。今禅之说与陆氏之说，其书具存，学者苟取而观之，其是非同异，当有不待于辩说者。而顾一倡群和，剿说雷同，如矮人之观场，莫知悲笑之所自，岂非贵耳贱目，“不得于言，而勿求诸心”[5]者之过欤！夫是非同异，每起于人持胜心、便旧习而是己见。故胜心、旧习之为患，贤者不免焉。

【22.6】抚守李茂元氏将重刊象山之文集，而请一言为之序，予何所容言哉？惟读先生之文者，务求诸心而无以旧习、己见先焉，则糠粃精凿之美恶，入口而知之矣。

1　周、程二子：周敦颐、程颢，可参看本书 1.《阳明先生年谱》“1501 年”条“周濂溪”注释和“1488 年”条“明道”注释。

2　孔、颜之宗：孔子和颜渊。

3　“无极而太极”，“定之以仁义中正而主静”两句：出自周敦颐《太极图说》。

4　动亦定，静亦定，无内外，无将迎：出自程颢《明道先生文集·答横渠先生定性书》。

5　不得于言，而勿求诸心：外在道理尚不明了，就不要先求之于内心。不过历来诸家对此句理解不一。出自《孟子·公孙丑上》：“告子曰：‘不得于言，勿求于心；不得于心，勿求于气。’”

23. 与杨仕鸣[1] 辛巳（1521年）

[背景简介]可参看本书22.《象山文集序》一文介绍。

施邦曜在《阳明先生集要》一书中就此文有评曰："议拟仿像是学者通病，'切实用功'四字，真是顶门一针。"

【23.1】差人来，知令兄[2]已于去冬安厝[3]，墓有宿草矣，无由一哭，伤哉！所委志铭，既病且冗，须朋友中相知深者一为之，始能有发耳。

【23.2】谕及"日用讲求功夫，只是各依自家良知所及，自去

1 杨仕鸣：杨鸾，字仕鸣，号复斋，与其兄杨毅斋均为阳明先生弟子。今广东潮州人。阳明弟子薛侃的《薛中离先生全书·卷十一》载《杨复斋传》："复斋，姓杨氏，讳鸾，字仕鸣，一字少默，初号玉林，改复斋，毅斋弟也，长师海涯（陈明德，字思准，号海涯，今汕头澄海人）、改斋，所闻辄弗忘，丙子见甘泉先生于莲塘，归图卒业，庚辰下第，见阳明先生，遂领大意。"

2 令兄：指杨毅斋。薛侃的《薛中离先生全书·卷十一》载《杨毅斋传》："毅斋，姓杨氏，讳骥，字仕德，号毅斋，饶平人也，听讲于甘泉先生，会师入京，遇中离（注：即薛侃），闻阳明先生之教，遂赴赣州，数月后有省也，简示知友云：'古人致知功夫自是直截简易，视后支离，茫无可入，大经庭矣（注：大相径庭之意）'。时潮学未明，先生偕中离归自赣，发明合一之旨，锐浣旧习，直培本根，以为圣人为必可师，万皆吾一体，一时师友翕然，兴起范家立则，崇先睦族，井然改观，其进修恳切，汲引同类，尤非人所易及也。阳明先生致哀词云：'潮有二凤，今失其一。'"

3 安厝：安葬。厝，音cuò。

其障，扩充以尽其本体，不可迁就气习以趋时好。”

幸甚幸甚！果如是，方是致知格物，方是明善诚身。果如是，德安得而不日新？业安得而不富有？谓“每日自检，未有终日浑成片段”者，亦只是致知工夫间断。夫仁，亦在乎熟之而已。

【23.3】又云：“以此磨勘先辈文字同异，工夫不合，常生疑虑。”

又何为其然哉？区区所论“致知”二字，乃是孔门正法眼藏，于此见得真的，直是‘建诸天地而不悖，质诸鬼神而无疑，考诸三王而不谬，百世以俟圣人而不惑！’[1]知此者，方谓之知道；得此者，方谓之有德。异此而学，即谓之异端；离此而说，即谓之邪说；迷此而行，即谓之冥行。虽千魔万怪，眩瞀[2]变幻于前，自当触之而碎，迎之而解，如太阳一出，而鬼魅魍魉自无所逃其形矣。尚何疑虑之有，而何异同之足惑乎！

【23.4】所谓“此学如立在空中，四面皆无倚靠，万事不容染着，色色信他本来，不容一毫增减。若涉些安排，着些意思，便不是合一功夫”，虽言句时有未莹，亦是仕鸣见得处，足可喜矣。但须切实用力，始不落空。若只如此说，未免亦是议拟仿象，已后只做得一个弄精魄的汉，虽与近世格物者症候稍有不同，其为病痛，一而已矣。诗文之习，儒者虽亦不废，孔子所谓“有德者必有言”[3]也。若着意安排组织，未有不起于胜心者，先辈号为有志斯道，而亦复如是，亦只是习心未除耳。仕鸣既知“致知”之说，此等处自当一勘而破，瞒他些子不得也。

---

1 “建诸天地而不悖”句：出自《中庸》。原文为“故君子之道，本诸身，征诸庶民，考诸三王而不缪，建诸天地而不悖，质诸鬼神而无疑，百世以俟圣人而不惑。”见附录 55.《中庸》【55.35】条。

2 眩瞀：迷惑，迷乱。瞀，音 mào。

3 有德者必有言：出自《论语·宪问》：“子曰：‘有德者必有言，有言者不必有德。仁者必有勇，勇者不必有仁。’”

24. 答伦彦式[1]书 辛巳（1521年）

[背景简介]可参看本书《22.象山文集序》一文介绍。

施邦曜在《阳明先生集要》一书中就此文有评曰："未发中，已发和，性命之理，动静原循环无端。君子之学，无间于动静，所以尽性致命，此体用一源，内圣外王合一之学也。舍动而别求静根，便落于空虚矣。君子学问，止须辨理欲，不必过分动静。此颜子之学，尽之克己；曾子之学，尽之省身。盖心之私欲尽净，虽泛应不穷，无不合于天理，所谓止于至善也。止则自定自静，何必求静根。如不问己私之净尽与否，终日言静言动，未见其有得。"

【24.1】往岁仙舟过赣，承不自满足，执礼谦而下问恳，古所谓"敏而好学"，于吾彦式见之。别后连冗，不及以时奉问，极切驰想！近令弟过省，复承惠教，志道之笃，趋向之正，勤惓有加，

1 伦彦式：伦以训（1497－1540），字彦式，别号白山。广东南海人。明正德十二年（1517）舒芬榜进士第二人。授翰林院编修。伦以训的父亲伦文叙是弘治十二年（1499）状元。伦以训少有异质，读书过目不忘，稍长便能通六经、子、史、百家。嘉靖四年（1525），为翰林修撰。曾两次出任会试同考官，所取多名士。官至南京国子监祭酒。后因母亲思念故土，便上疏请假还乡。母亲去世，伦以训哀伤过度而卒，年仅43岁。著有文集四十八卷、诗集三十二卷。

浅薄何以当此？悚息悚息！

【24.2】谕及“学无静根，感物易动，处事多悔”，即是三言，尤是近时用工之实。仆罔所知识，何足以辱贤者之问！大抵三言者，病亦相因。惟学而别求静根，故感物而惧其易动；感物而惧其易动，是故处事而多悔也。

心，无动静者也。其静也者，以言其体也；其动也者，以言其用也。故君子之学，无间于动静。其静也，常觉而未尝无也，故常应；其动也，常定而未尝有也，故常寂；常应常寂，动静皆有事焉，是之谓“集义”[1]。集义故能无祇悔[2]，所谓“动亦定，静亦定”者也。

心一而已。静，其体也，而复求静根焉，是挠其体也；动，其用也，而惧其易动焉，是废其用也。故求静之心即动也，恶动之心非静也，是之谓“动亦动，静亦动”，将迎[3]起伏，相寻于无穷矣。

故循理之谓静，从欲之谓动。欲也者，非必声色货利外诱也，有心之私皆欲也。故循理焉，虽酬酢万变，皆静也。濂溪所谓“主静”[4]，无欲之谓也，是谓集义者也。从欲焉，虽‘心斋坐忘’[5]，

1　集义：可参看【12.4】条注释。

2　祇悔：大悔。出自《易经·复卦》：“不远复，无祇悔。”孔颖达疏：“既能速复，是无大悔”。祇，音 qí 。

3　将迎：送于事之往，迎于事之来。出处可参见【22.4】条注释。

4　主静：圣人之道，安定于仁义中正，无欲故静。出自周敦颐《太极图说》“定之以仁义中正而主静”。

5　心斋坐忘：所谓“心斋”，是指通过特定的训练，让自己心境空明，能像气那样虚静，以相待万物，最终体认“大道”。出自《庄子·人世间》：“若一志，无听之以耳而听之以心；无听之以心而听之以气。听止于耳，心止于符。气也者，虚而待物者也。唯道集虚。虚者，心斋也。”“坐忘”，忘却肢体感受，去掉头脑作意，令虚静之心与大道合一。出自《庄子·大宗师》：“堕肢体，黜聪明，离形去知，同于大通，此谓坐忘。”

亦动也。告子之‘强制’正“助”之谓也，是‘外义’者也。

【24.3】虽然，仆盖从事于此而未之能焉，聊为贤者陈其所见云尔。以为何如？便间示知之。

25. 寄杨邃庵[1]阁老[2]书 其二 癸未（1523 年）

[背景简介]1523 年，嘉靖二年癸未，阳明先生五十二岁，在浙江。上一年二月，先生父亲龙山公去世，于是解职归家居丧，三年期满后才可起复原职。明嘉靖皇帝登基之时，王朝内忧外患。内有“大礼议”（可参看《1. 阳明先生年谱》“1524 年”条“ 大礼议”注释）之争，有天灾人祸不断，外有“小王子”（巴图蒙克，成吉思汗十五世孙）、“俺答”（阿勒坦汗，16 世纪后期蒙古土默特部重要首领）侵犯边疆。杨邃庵擅于处理边疆事务，有“出将入相”之誉。不过他的宦海生涯三起三落，历经挫折。嘉靖即位，宣召年逾七十告老还乡的杨邃庵管理西北边务，但杨邃庵上书谢绝。嘉靖二年，曾受学于杨邃庵门下的阳明先生去书力劝杨邃庵临危受命。嘉靖三年十二月杨邃庵以少傅、太子太傅改兵部尚书、左都御史，总制陕西三边军务。是年，有阳明先生与弟子论乡愿狂者之辨。见本书中【50.49】、【52.1】条。本书 26.《书徐汝佩卷》也作于此年。

【25.1】前日尝奉启，计已上达。

---

1 杨邃庵：可参看本书 1.《阳明先生年谱》“1525 年”条“杨一清”注释。

2 阁老：明清之际，敬称内阁大学士为阁老。根据张廷玉等编《明史》，杨一清曾在正德武宗时，兼武英殿大学士入参机务。

自明公[1]进秉机密，天下士夫忻忻然动颜相庆，皆为太平可立致矣。门下鄙生独切生忧，以为犹甚难也。

亨屯倾否[2]，当今之时，舍明公无可以望者。则明公虽欲逃避乎此，将亦有所不能。然而万斛之舵，操之非一手，则缓急折旋，岂能尽如己意？临事不得专操舟之权而偾事[3]，乃与同覆舟之罪，此鄙生之所谓难也。夫不专其权而漫同其罪，则莫若预逃其任。然在明公亦既不能逃矣。逃之不能，专又不得，则莫若求避其罪，然在明公亦终不得避矣。天下之事，果遂卒无所为欤？

【25.2】夫惟身任天下之祸，然后能操天下之权；操天下之权，然后能济天下之患。当其权之未得也，其致之甚难，而其归之也，则操之甚易。万斛之舵，平时从而争操之者，以利存焉。一旦风涛颠沛，变起不测，众方皇惑震丧，救死不遑，而谁复与争操乎？于是起而专之，众将恃以无恐，而事因以济。苟亦从而委靡焉，固沦胥[4]以溺矣。故曰“其归之也，则操之甚易”者，此也。

【25.3】古之君子，洞物情之向背而握其机，察阴阳之消长以乘其运，是以动必有成而吉无不利。伊、旦之于商、周是矣，其在汉、唐，盖亦庶几乎。此者虽其学术有所不逮，然亦足以定国本而安社稷，则亦断非后世偷生苟免者之所能也。

【25.4】夫权者，天下之大利大害也。小人窃之以成其恶，君子用之以济其善，固君子之不可一日去，小人之不可一日有者也。

1　明公：旧时对有名位者的尊称。

2　亨屯倾否：转危为安。《易经》中有亨卦、屯卦。“亨”字在《易经》中作“通”解释，“屯”字在《易经》中作“难”解释，“亨屯”意为转困厄为通达。“倾否”出自《易经》的否卦：“上九，倾否，先否后喜。”

3　偾事：败事。偾，音 fèn。

4　沦胥：沦陷、沦丧。

欲济天下之难，而不操之以权，是犹“倒持太阿而授人以柄”，希不割矣。故君子之致权也有道：本之至诚，以立其德；植之善类，以多其辅；示之以无不容之量，以安其情；扩之以无所竞之心，以平其气；昭之以不可夺之节，以端其向；神之以不可测之机，以摄其奸；形之以必可赖之智，以收其望。坦然为之，下以上之；退然为之，后以先之。是以功盖天下而莫之嫉[1]，善利万物而莫与争[2]。此皆明公之能事，素所蓄而有者，惟在仓卒之际，身任天下之祸，决起而操之耳。夫身任天下之祸，岂君子之得已哉？既当其任，知天下之祸将终不能免也，则身任之而已。身任之而后，可以免于天下之祸。小人不知祸之不可以幸免，而百诡以求脱，遂致酿成大祸，而已亦卒不能免。故任祸者，惟忠诚忧国之君子能之，而小人不能也。

【25.5】某受知门下，不能效一得之愚以为报，献其芹曝[3]，伏惟鉴其忱悃[4]而悯其所不逮，幸甚！

1　功盖天下而莫之嫉：司马光在《资治通鉴》里评价郭子仪是“天下以其身为安危者殆三十年，功盖天下而主不疑，位极人臣而众不嫉，穷奢极欲而人不非之”。

2　善利万物而莫与争：出自《老子》第八章，“上善若水，水善利万物而不争，处众人之所恶，故几于道。居善地，心善渊，与善仁，言善信，正善治，事善能，动善时。夫唯不争，故无尤”。

3　芹曝：音 qín pù，谦词，谓所献微不足道。

4　忱悃：音 chén kǔn，真诚意。

26. 书徐汝佩卷 癸未（1523年）

[背景简介]可参看25.《寄杨邃庵阁老书》一文介绍。嘉靖二年二月,《王文成公全集》年谱载："南宫策士以心学为问，阴以辟先生。门人徐珊读《策问》，叹曰：'吾恶能昧吾知以幸时好耶！'不答而出。闻者难之，曰：'尹彦明后一人也。'同门欧阳德、王臣、魏良弼等直接发师旨不讳，亦在取列，识者以为进退有命。德洪下第归，深恨时事之乖。见先生，先生喜而相接曰：'圣学从兹大明矣。'德洪曰：'时事如此，何见大明？'先生曰：'吾学恶得遍语天下士？今会试录，虽穷乡深谷无不到矣。吾学既非，天下必有起而求真是者。'"

施邦曜在《阳明先生集要》一书中就此文有评曰："徐汝佩此举，不以荣禄之念易其所志，真豪杰士也。然圭角未融，未免有高自标榜之意，反而为斯道之病。先生嘿而不答，诚是不言之教。"

【26.1】壬午之冬，汝佩[1]别予北上，赴南宫试[2]。已而门下士

1　汝佩：徐珊（1487－1548），字汝佩，号三溪，浙江余姚人。嘉靖壬午浙江亚魁。仕至湖广辰州同知。著有《卯洞集》四卷。

2　南宫试：指礼部会试，即进士考试。

有自京来者，告予以汝佩因南宫策问[1]若阴诋夫子之学者，不对而出，遂浩然东归，行且至矣。予闻之，黯然不乐者久之。

士曰："汝佩斯举，有志之士莫不钦仰歆[2]服，以为自尹彦明[3]之后，至今而始再见者也。夫人离去其骨肉之爱，赍[4]粮束装，走数千里，以赴三日之试，将竭精弊力，惟有司之好是投，以祈一日之得，希终身之荣。斯人之同情也。而汝佩于此独能不为其所不为，不欲其所不欲，斯非其有见得思义、见危授命之勇，其孰能声音笑貌而为此乎？是心也，固'富贵不能淫，贫贱不能移，威武不能屈'[5]者矣。将夫子闻之，跃然而喜，显然而嘉与之也。而顾黯然而不乐也，何居乎？"

予曰："非是之谓也。"

士曰："然则汝佩之为是举也，尚亦有未至欤？岂以汝佩骨肉之养，且旦暮所不给，无亦随时顺应，以少苏其贫困也乎？若是，则汝佩之志荒矣。"

予曰："非是之谓也。"

士曰："然则何居乎？"

予默然不应，士不得问而退。

---

1 策问：以经义或政事设问以试士，汉代被举荐的吏民是经过皇帝"策问"后按底等高下授官，后多用于科举考试。

2 歆：喜爱，羡慕。音 xīn 。

3 尹彦明：尹焞（1071－1142），字彦明，一字德充，今河南洛阳。《宋史·列传第一百八十七》载："少师事程颐，尝应举，发策有诛元祐诸臣议，焞曰：'噫，尚可以干禄乎哉！'不对而出。告颐曰：'焞不复应进士举矣。'颐曰：'子有母在。'焞归告其母陈，母曰：'吾知汝以善养，不知汝以禄养。'颐闻之曰：'贤哉母也！'于是终身不就举。"

4 赍：带着。音 jī 。

5 "富贵不能淫"句：出自《孟子·滕文公下》。

【26.2】他日，汝佩既归，士往问于汝佩。

曰："向吾以子之事问于夫子矣，夫子黯然而不乐。予云云而夫子云云也。子以为奚居？"

汝佩曰："始吾见发策者之阴诋吾夫子之学也，盖怫然而怒，愤然而不平。以为吾夫子之学，则若是其简易广大也；吾夫子之言，则若是其真切著明也；吾夫子之心，则若是其仁恕公普也。夫子悯人心之陷溺，若己之堕于渊壑也，冒天下之非笑诋詈而日谆谆[1]焉，亦岂何求于世乎！而世之人曾不觉其为心，而相嫉媢[2]诋毁之若是，若是而吾尚可与之并立乎？已矣！吾将从夫子而长往于深山穷谷，耳不与之相闻，而目不与之相见，斯已矣。故遂浩然而归。归途无所事事，始复专心致志，沈潜于吾夫子致知之训，心平气和，而良知自发。然后黯然而不乐曰：'嘻吁乎！吾过矣'。"

士曰："然则子之为是也，果尚有所不可欤？"

汝佩曰："非是之谓也。吾之为是也，亦未不可，而所以为是者，则有所不可也。吾语子，始吾未见夫子也，则闻夫子之学而亦尝非笑之矣，诋毁之矣。及见夫子，亲闻良知之诲，恍然而大悟醒，油然而生意融，始自痛悔切责。吾不及夫子之门，则几死矣。今虽知之甚深，而未能实诸己也；信之甚笃，而未能孚诸人也。则犹未免于身谤者也，而遽尔责人若是之峻！且彼盖未尝亲承吾夫子之训也，使得亲承焉，又焉知今之非笑诋毁者，异日不如我之痛悔切责乎？不如我之深知而笃信乎？何忘己之困而责人之速也！夫子冒天下之非笑诋毁，而日谆谆然惟恐人之不入于善，而我则反之，其间

1　惇惇：淳厚貌。惇，音 dūn。

2　媢：嫉妒。音 mào。

不能以寸矣！夫子之黯然而不乐也，盖所以爱珊之至而忧珊之深也。虽然，夫子之心，则又广矣大矣，微矣几矣。不睹不闻之中，吾岂能尽以语子也？”

【26.3】汝佩见，备以其所以告于士者为问，予颔之而弗答，默然者久之。汝佩悚然若有省也。明日，以此卷入请曰：“昨承夫子不言之教，珊倾耳而听，若震惊百里。粗心浮气，一时俱丧矣。请遂书之。”

27. 与陆元静[1]书 其三 甲申（1524年）

［背景简介］1524年，嘉靖三年甲申，阳明先生五十三岁，在浙江。门人日进，正月，郡守南大吉称门生。又辟稽山书院，聚八邑彦士，身率讲习以督之。先生每临，只发《大学》万物同体之旨，使人各求本性，致其良知以至于至善，功夫有得，则因方设教。故人人悦其易从。四月，服阕（三年为父守丧期满，除丧服），朝中屡疏引荐。霍兀涯、席元山、黄宗贤、黄宗明先后皆以大礼问，竟不答。是年有“南大吉与先生论学有悟、八月十五先生宴门人于天泉桥、先生与钱德洪父亲论圣学无妨于举业”等事迹。可参看本书中1.《阳明先生年谱》“1524年”条和【52.23】条。本书中28.《与黄勉之书》、29.《答周道通书》两篇文章也写作于此年。

施邦曜在《阳明先生集要》一书中就此文有评曰：“自私自利，将迎意必，俱是急于求善之念。大贤以下亦不能免。原宪‘克伐怨欲不行，可以为仁’

1　陆元静：陆澄，字原静，又写做元静，又字清伯。今浙江吴兴人。正德九年（1514）就学阳明。正德十二年进士，授刑部主事。可参看本书《44.陆澄录》，系陆元静记录整理的阳明先生语录。黄宗羲《明儒学案・卷十四・浙中王门学案四》有载：“先生以多病，从事于养生，文成（注：阳明先生谥号“文成”）语之以养德、养身只是一事，果能戒慎恐惧，则神住、气住、精住，而长生久视之说，亦在其中矣。有议文成之学者，先生条为六辨，欲上奏，文成闻而止之。《传习录》自曰仁（注：曰仁即徐爱）发端，其次即为先生所记。朋友见之，因此多有省悟，盖数条皆切问，非先生莫肯如此吐露，就吐露亦莫能如此曲折详尽也。故阳明谓：‘曰仁殁，吾道益孤，致望原静者不浅。’”

之问，即受此累。孔子告之曰：‘仁则吾不知也。’只是教他着力于难，何必计较，此是仁，欲其去此累也。若颜子之克复，则无是矣。”

【27.1】来书云：“下手功夫，觉此心无时宁静。妄心固动也，照心亦动也。心既恒动，则无刻暂停也。”

是有意于求宁静，是以愈不宁静耳。夫妄心则动也，照心非动也，恒照则恒动恒静，天地之所以恒久而不已也。照心固照也，妄心亦照也。“其为物不贰，则其生物不息。”[1] 有刻暂停，则息矣，非‘至诚无息之学’[2] 矣。

【27.2】来书云：“良知亦有起处”云云。

此或听之未审。良知者，心之本体，即前所谓恒照者也。心之本体无起无不起。虽妄念之发，而良知未尝不在，但人不知存，则有时而或放耳。虽昏塞之极，而良知未尝不明，但人不知察，则有时而或蔽耳。虽有时而或放，其体实未尝不在也，存之而已耳。虽有时而或蔽，其体实未尝不明也，察之而已耳。若谓良知亦有起处，则是有时而不在也，非其本体之谓矣。

【27.3】来书云：“前日‘精一’[3] 之论，即作圣之功否？”

“精一”之“精”以理言，“精神”之“精”以气言。理者气之条理，气者理之运用。无条理则不能运用，无运用则亦无以见其所谓条理者矣。精则精，精则明，精则一，精则神，精则诚；一则

---

1 “其为物不贰，则其生物不息”句：天道精纯唯一，化生万物却无以数计。出自《中庸》：“天地之道可壹言而尽也。其为物不贰，则其生物不测。”可参看附录55.《中庸》【55.31】条。

2 至诚无息之学：指《中庸》所说：“故至诚无息。不息则久，久则征，征则悠远，悠远则博厚，博厚则高明。”可参看附录55.《中庸》【55.30】条。

3 精一：可参看【18.2】条注释。

精，一则明，一则神，一则诚，原非有二事也。但后世儒者之说与养生之说各滞于一偏，是以不相为用。前日“精一”之论，虽为原静爱养精神而发，然而作圣之功，实亦不外是矣。

【27.4】来书云：“元神、元气、元精，必各有寄藏发生之处。又有真阴之精，真阳之气。”云云。

夫良知一也，以其妙用而言谓之神，以其流行而言谓之气，以其凝聚而言谓之精，安可以形象方所求哉？真阴之精，即真阳之气之母；真阳之气，即真阴之精之父。阴根阳，阳根阴，亦非有二也。苟吾良知之说明，即凡若此类，皆可以不言而喻。不然，则如来书所云‘三关、七返、九还’之属，尚有无穷可疑者也。

【27.5】来书云：“良知，心之本体，即所谓性善也，‘未发之中’[1]也，‘寂然不动之体’[2]也，‘廓然大公’[3]也，何常人皆不能而必待于学邪？中也、寂也、公也，既以属心之体，则良知是矣。今验之于心，知无不良，而中、寂、大公实未有也，岂良知复超然于体用之外乎？”

性无不善，故知无不良。良知即是未发之中，即是廓然大公，寂然不动之本体，人人之所同具者也。但不能不昏蔽于物欲，故须学以去其昏蔽。然于良知之本体，初不能有加损于毫末也。知无不良，而中、寂、大公未能全者，是昏蔽之未尽去，而存之未纯耳。体，即良知之体，用，即良知之用，宁复有超然于体用之外者乎？

1　未发之中：见《中庸》“喜怒哀乐之未发谓之中”。可参看附录55.《中庸》【55.1】条。

2　寂然不动之体：出自《周易·系辞下》“《易》无思也，无为也，寂然不动，感而遂通天下之故”。

3　廓然大公：出自程颢《明道先生文集·卷三·答横渠先生定性书》：“君子之学，莫若廓然而大公，物来而顺应。”

【27.6】来书云："周子曰'主静'[1]，程子曰'动亦定，静亦定'[2]，先生曰'定者，心之本体，是静定也，决非不睹不闻，无思无为之谓，必常知、常存、常主于理之谓也。'夫常知、常存、常主于理，明是动也，已发也，何以谓之静？何以谓之本体？岂是静定也，又有以贯乎心之动静者邪？"

理无动者也。"常知、常存、常主于理"，即"不睹不闻，无思无为"之谓也。'不睹不闻，无思无为'，非槁木死灰之谓也。睹、闻、思、为一于理，而未尝有所睹、闻、思、为，即是动而未尝动也。所谓'动亦定，静亦定'，体用一原者也。

【27.7】来书云："此心未发之体，其在已发之前乎？其在已发之中而为之主乎？其无前后、内外而浑然之体者乎？今谓心之动、静者，其主有事、无事而言乎？其主寂然、感通而言乎？其主循理、从欲而言乎？若以循理为静，从欲为动，则于所谓'动中有静，静中有动，动极而静，静极而动'者，不可通矣。若以有事而感通为动，无事而寂然为静[3]，则于所谓'动而无动，静而无静'者，不可通矣。若谓未发在已发之先，静而生动，是至诚有息也，圣人有复[4]也，又不可矣。若谓未发在已发之中，则不知未发已发俱当主静乎？抑未发为静而已发为动乎？抑未发已发俱无动无静乎？俱有动有静乎？幸教。"

"未发之中"，即良知也，无前后内外，而浑然一体者也。有事、无事可以言动、静，而良知无分于有事、无事也；寂然、感通

1 主静：可参看【24.2】条"主静"注释。

2 动亦定，静亦定：出自程颢《明道先生文集·答横渠先生定性书》。

3 有事而感通为动，无事而寂然为静：可参看【27.5】条注释。

4 圣人有复：见周敦颐《通书·诚几德》"性焉安焉之谓圣，复焉执焉之谓贤"。圣人本有自然天性，不需要"复"，复还天命的是贤人。

可以言动、静，而良知无分于寂然、感通也。动、静者，所遇之时，心之本体，固无分于动、静也。理无动者也，动即为欲。循理，则虽酬酢万变，而未尝动也；从欲，则虽槁心一念，而未尝静也。‘动中有静，静中有动’，又何疑乎？有事而感通，固可以言动，然而寂然者未尝有增也；无事而寂然，固可以言静，然而感通者未尝有减也。‘动而无动，静而无静’，又何疑乎？无前后内外而浑然一体，则至诚有息之疑，不待解矣。未发在已发之中，而已发之中未尝别有未发者在；已发在未发之中，而未发之中未尝别有已发者存；是未尝无动、静，而不可以动、静分者也。

凡观古人言语，在以意逆志[1]而得其大旨，若必拘滞于文义，则‘靡有孑遗’[2]者，是周果无遗民也。周子‘静极而动’之说，苟不善观，亦未免有病。盖其意从‘太极动而生阳，静而生阴’说来。太极生生之理，妙用无息，而常体不易。太极之生生，即阴阳之生生。就其生生之中，指其妙用无息者而谓之动，谓之阳之生，非谓动而后生阳也。就其生生之中，指其常体不易者而谓之静，谓之阴之生，非谓静而后生阴也。若果静而后生阴，动而后生阳，则是阴阳、动静，截然各自为一物矣。阴阳一气也，一气屈伸而为阴阳；动静一理也，一理隐显而为动静。春夏可以为阳、为动，而未尝无阴与静也；秋冬可以为阴、为静，而未尝无阳与动也。春夏此不息，秋冬此不息，皆可谓之阳，谓之动也；春夏此常体，秋冬此常体，皆可谓之阴，谓之静也。自元、会、运、世、岁、月、日、时以至刻、杪、忽、

1　以意逆志：出自《孟子·万章上》：“故说《诗》者，不以文害辞，不以辞害志；以意逆志，是为得之。”

2　靡有孑遗：出自《诗经·大雅·云汉》“兢兢业业，如霆如雷。周余黎民，靡有孑遗”。

微[1]，莫不皆然。所谓‘动静无端，阴阳无始’，在知道者默而识之，非可以言语穷也。若只牵文泥句，比拟仿像，则所谓‘心从《法华》转，非是转《法华》’[2]矣。

【27.8】来书云：“尝试于心，喜、怒、忧、惧之感发也，虽动气之极，而吾心良知一觉，即罔然消沮，或遏于初，或制于中，或悔于后。然则良知常若居优闲无事之地而为之主，于喜、怒、忧、惧若不与焉者，何欤？”

知此，则知“未发之中”，“寂然不动”之体，而有“发而中节”之和、“感而遂通”之妙矣。然谓“良知常若居于优闲无事之地”，语尚有病。盖良知虽不滞于喜、怒、忧、惧，而喜、怒、忧、惧亦不外于良知也。

【27.9】来书云：“夫子昨以良知为照心。窃谓良知，心之本体也；照心，人所用功，乃戒慎恐惧之心也，犹思也。而遂以戒慎恐惧为良知，何欤？”

能戒慎恐惧者，是良知也。

【27.10】来书云：“先生又曰‘照心非动也’，岂以其循理而谓之静欤？‘妄心亦照也’，岂以其良知未常不在于其中，未常不明于其中，而视听言动之不过则者皆天理欤？且既曰妄心，则在妄心可谓之照，而在照心则谓之妄矣。妄与息何异？今假妄之照以续至诚之无息，窃所未明，幸再启蒙。”

“照心非动”者，以其发于本体明觉之自然，而未尝有所动也，有所动即妄矣。“妄心亦照”者，以其本体明觉之自然者，未尝不

1　“元会运世”句：中国古代的计时单位。一世是三十岁，一运是十二世，一会是三十运，一元是十二会。“刻、杪、忽、微”是相对“时”越来越小的单位。

2　“心从法华转”句：出自《六祖坛经》“心迷法华转，心悟转法华”。

在于其中，但有所动耳，无所动即照矣。无妄、无照，非以妄为照，以照为妄也。照心为照，妄心为妄，是犹有妄、有照也。有妄、有照，则犹二也，二则息矣。无妄、无照则不二，不二则不息矣。

【27.11】来书云："养生以清心寡欲为要。夫清心寡欲，作圣之功毕矣。然欲寡则心自清，清心非舍弃人事而独居求静之谓也，盖欲使此心纯乎天理，而无一毫人欲之私耳。今欲为此之功，而随人欲生而克之，则病根常在，未免灭于东而生于西。若欲刊剥洗荡于众欲未萌之先，则又无所用其力，徒使此心之不清。且欲未萌而搜剔以求去之，是犹引犬上堂而逐之也，愈不可矣。"

必欲此心纯乎天理，而无一毫人欲之私，此作圣之功也。必欲此心纯乎天理，而无一毫人欲之私，非防于未萌之先，而克于方萌之际不能也。防于未萌之先，而克于方萌之际，此正《中庸》"戒慎恐惧"、《大学》"致知格物"之功。舍此之外，无别功矣。夫谓"灭于东而生于西、引犬上堂而逐之者"，是自私自利、将迎[1]意必[2]之为累，而非克治洗荡之为患也。今曰"养生以清心寡欲为要"，只"养生"二字，便是自私自利、将迎意必之根。有此病根潜伏于中，宜其有"灭于东而生于西、引犬上堂而逐之"之患也。

【27.12】来书云："佛氏于'不思善，不思恶时，认本来面目'，与吾儒'随物而格'之功不同。吾若于不思善、不思恶时，用致知之功，则已涉于思善矣。欲善恶不思，而心之良知清静自在，惟有寐而方醒之时耳。斯正孟子'夜气'之说。但于斯光景不能久，倏忽之际，思虑已生。不知用功久者，其常寐初醒而思未起之时否乎？

1　将迎：可参看【24.2】条注释。

2　意必：出自《论语·子罕》："子绝四：毋意、毋必、毋固、毋我。""意"，悬空臆测。"必"，绝对肯定。"固"，拘泥固执。"我"，唯我独是。

今澄欲求宁静，愈不宁静，欲念无生，则念愈生，如之何而能使此心前念易灭，后念不生，良知独显，而与造物者游乎？”

“不思善、不思恶时，认本来面目”，此佛氏为未识本来面目者设此方便。本来面目即吾圣门所谓真知。今既认得真知明白，即已不消如此说矣。“随物而格”，是致知之功，即佛氏之“常惺惺”，亦是常存他本来面目耳。体段工夫大略相似，但佛氏有个自私自利之心，所以便有不同耳。今欲善恶不思，而心之良知清静自在，此便有自私自利、将迎意必之心，所以有“不思善、不思恶时，用致知之功，则已涉于思善”之患。孟子说“夜气”，亦只是为失其良心之人指出个良心萌动处，使他从此培养将去。今已知得良知明白，常用致知之功，即已不消说“夜气”。却是得兔后不知守兔，而仍去守株，兔将复失之矣。欲求宁静，欲念无生，此正是自私自利、将迎意必之病，是以念愈生而愈不宁静。良知只是一个良知，而善恶自辨，更有何善何恶可思？良知之体本自宁静，今却又添一个求宁静；本自生生，今却又添一个欲无生，非独圣门致知之功不如此，虽佛氏之学亦未如此将迎意必也。只是一念良知，彻头彻尾，无始无终，即是前念不灭，后念不生。今却欲前念易灭，而后念不生，是佛氏所谓“断灭种性，入于槁木死灰”之谓矣。

【27.13】来书云：“佛氏又有‘常提念头’之说，其犹孟子所谓‘必有事’[1]，夫子所谓‘致良知’之说乎？其即‘常惺惺、常记得、常知得、常存得’者乎？于此念头提在之时，而事至物来，应之必有其道。但恐此念头提起时少，放下时多，则工夫间断耳。

1　必有事：出自《孟子·公孙丑上》“必有事焉而勿正，心勿忘，勿助长也”。《孟子》文中，“事”指“集义”以养浩然之气。朱熹解释“正”的含义为预期，预设。

且念头放失，多因私欲、客气[1]之动而始，忽然惊醒而后提，其放而未提之间，心之昏杂多不自觉。今欲日精日明，常提不放，以何道乎？只此常提不放，即全功乎？抑于常提不放之中，更宜加省克之功乎？虽曰常提不放，而不加戒惧克治之功，恐私欲不去；若加戒惧克治之功焉，又为'思善'之事，而于'本来面目'又未达一间也。如之何则可？"

"戒惧克治"即是"常提不放"之功，即是"必有事焉"，岂有两事邪！此节所问，前一段已自说得分晓，末后却是自生迷惑，说得支离，及有"'本来面目'未达一间"之疑，都是自私自利、将迎意必之为病，去此病，自无此疑矣。

【27.14】来书云："质美者明得尽，渣滓便浑化。如何谓'明得尽'？如何而能'便浑化'？"

良知本来自明。气质不美者，渣滓多，障蔽厚，不易开明。质美者，渣滓原少，无多障蔽，略加致知之功，此良知便自莹彻，些少渣滓，如汤中浮雪，如何作能障蔽？此本不甚难晓，原静所以致疑于此，想是因一"明"字不明白，亦是稍有欲速之心。向曾面论"明善"之义，明则诚矣，非若后儒所谓明善之浅也。

【27.15】来书云："聪明睿知果质乎？仁义礼智果性乎？喜怒哀乐果情乎？私欲、客气果一物乎？二物乎？古之英才若子房、仲舒、叔度、孔明、文中、韩、范诸公[2]，德业表著，皆良知中所发也，而不得谓之闻道者，果何在乎？苟曰此特生质之美耳，则生知安行

1　客气：可参看【12.3】条注释。

2　"古之英才"句：子房即汉代刘邦谋士张良，仲舒即西汉经学家董仲舒，叔度即东汉贤人黄宪，孔明即三国时期诸葛亮，文仲即隋朝人王通，又称文中子，韩、范即北宋名臣韩琦和范仲淹。

者，不愈于学知困勉者乎？愚意窃云，谓诸公见道偏则可，谓全无闻，则恐后儒崇尚记诵训诂之过也。然乎？否乎？”

性一而已。仁、义、礼、智，性之性也；聪、明、睿、知，性之质也；喜、怒、哀、乐，性之情也；私欲、客气，性之蔽也。质有清浊，故情有过、不及，而蔽有浅、深也。私欲、客气，一病两痛，非二物也。张、黄、诸葛及韩、范诸公，皆天质之美，自多暗合道妙，虽未可尽谓之知学，尽谓之闻道，然亦自其有学，违道不远者也。使其闻学知道，即伊、傅、周、召[1]矣。若文中子则又不可谓之不知学者，其书虽多出于其徒，亦多有未是处，然其大略则亦居然可见，但今相去辽远，无有的然凭证，不可悬断其所至矣。

夫良知即是道，良知之在人心，不但圣贤，虽常人亦无不如此。若无有物欲牵蔽，但循着良知发用流行将去，即无不是道。但在常人多为物欲牵蔽，不能循得良知。如数公者，天质既自清明，自少物欲为之牵蔽，则其良知之发用流行处，自然是多，自然违道不远。学者学循此良知而已，谓之知学，只是知得专在学循良知。数公虽未知专在良知上用功，而或泛滥于多歧，疑迷于影响，是以或离或合而未纯。若知得时，便是圣人矣。后儒尝以数子者尚皆是气质用事[2]，未免于“行不著，习不察”[3]。此亦未为过论。但后儒之所谓“著、察”者，亦是狃于闻见之狭，蔽于沿习之非，而依拟仿像于影响形迹之间，尚非圣门之所谓“著、察”者也。则亦安得以己之昏昏，

1 伊、傅、周、召：指商朝名臣伊尹，商朝贤相傅说，周朝周公旦，周文王儿子召公。

2 后儒尝以数子者尚皆是气质用事：后世儒者曾认为这几个人之所以功名卓著，皆源于他们天生良质。

3 行不著、习不察：出自《孟子·尽心上》“行之而不著焉，习矣而不察焉，终身由之而不知其道者，众也”。

而求人之昭昭也乎？所谓“生知安行”，“知”、“行”二字，亦是就用功上说；若是知、行本体即是良知、良能，虽在困勉之人，亦皆可谓之“生知安行”矣。“知”、“行”二字更宜精察。

【27.16】来书云：“昔周茂叔每令伯淳寻仲尼、颜子乐处。敢问是乐也，与七情之乐同乎？否乎？若同，则常人之一遂所欲，皆能乐矣，何必圣贤？若别有真乐，则圣贤之遇大忧、大怒、大惊、大惧之事，此乐亦在否乎？且君子之心常存戒惧，是盖终身之忧也，恶得乐？澄平生多闷，未尝见真乐之趣，今切愿寻之。”

乐是心之本体，虽不同于七情之乐，而亦不外于七情之乐。虽则圣贤别有真乐，而亦常人之所同有。但常人有之而不自知，反自求许多忧苦，自加迷弃。虽在忧苦迷弃之中，而此乐又未尝不存，但一念开明，反身而诚，则即此而在矣。每与原静论，无非此意，而原静尚有“何道可得”之问，是犹未免于“骑驴觅驴”之蔽也。

【27.17】来书云：“《大学》以‘心有好乐、忿懥、忧患、恐惧’为‘不得其正’，而程子亦谓‘圣人情顺万事而无情’。所谓‘有’[1]者，《传习录》中以病疟譬之[2]，极精切矣。若程子之言，则是圣人之情不生于心而生于物也，何谓耶？且事感而情应，则是是非非可以就格；事或未感时，谓之有则未形也，谓之无则病根在，有无之间，何以致吾知乎？学务无情，累虽轻，而出儒入佛矣，可乎？”

圣人致知之功，至诚无息。其良知之体，皦如明镜，略无纤翳，妍媸之来，随物见形，而明镜曾无留染，所谓“情顺万事而无情”也。“无所住而生其心”，佛氏曾有是言，未为非也。明镜之应物，

1　有：有私心、私欲。

2　以病疟譬之：可参看【44.62】条。

妍者妍，媸者媸，一照而皆真，即是“生其心”处。妍者妍，媸者媸，一过而不留，即是“无所住”处。病疟之喻，既已见其精切，则此节所问可以释然。病疟之人，疟虽未发，而病根自在，则亦安可以其疟之未发而遂忘其服药调理之功乎？若必待疟发而后服药调理，则既晚矣。致知之功，无间于有事、无事，而岂论于病之已发、未发邪？大抵原静所疑，前后虽若不一，然皆起于自私自利、将迎意必之为祟。此根一去，则前后所疑，自将冰消雾释，有不待于问辨者矣。

28. 与黄勉之[1]书 其二 甲申（1524年）

［背景简介］可参看本书中27.《与陆元静书》一文介绍。

施邦曜在《阳明先生集要》一书中就此文有评曰："人只是知有所蔽，无境不逐物而移，学问到致知之后，自动与道合。时习，此道也；朋来，此道也；人不知，此道也；仁爱万物，好恶思虑，此道也。知致致知，是一了百当也。"

【28.1】勉之别去后，家人病益狼狈，贱躯亦咳逆泄泻相仍，曾无间日，人事纷沓未论也。用是《大学》古本曾无下笔处，有辜勤勤之意。然此亦自可徐徐图之。但古本白文之在吾心者，未能时时发明，却有可忧耳。来问数条，实亦无暇作答，缔观简末恳恳之诚，又自不容已于言也。

【28.2】来书云："以良知之教涵泳之，觉其彻动彻静，彻昼

1　黄勉之：黄省曾（1490 — 1540），字勉之，号五岳山人，明代吴县（今江苏苏州）人。嘉靖辛卯（1531）乡试中举，名列榜首，后进士累试不第，遂弃之。阳明先生在浙江讲学时，前往从学。黄宗羲《明儒学案·卷二十五·南中王门学案一》载："时四方从学者众，每晨班坐，次第请疑，问至即答，无不圆中。先生（注：黄省曾）一日彻领，汗洽重襟。"一生著述颇丰，内容涉及经学、史学、地理、农学等多方面。

彻夜，彻古彻今，彻生彻死，无非此物。不假纤毫思索，不得纤毫助长，亭亭当当，灵灵明明，触而应，感而通，无所不照，无所不觉，无所不达，千圣同途，万贤合辙。无他如神[1]，此即为神；无他希天，此即为天；无他顺帝，此即为帝[2]。本无不中，本无不公。终日酬酢，不见其有动；终日闲居，不见其有静。真乾坤之灵体，吾人之妙用也。窃又以为《中庸》“诚者之明”，即此良知为明；诚之者之戒慎恐惧，即此良知为戒慎恐惧。当与恻隐羞恶一般，俱是良知条件。知戒慎恐惧，知恻隐，知羞恶，通是良知，亦即是明”云云。

此节论得已甚分晓。知此，则知致知之外无余功矣。知此，则知所谓“建诸天地而不悖，质诸鬼神而无疑，百世以俟圣人而不惑”[3]者，非虚语矣。诚明戒惧，效验功夫，本非两义。既知彻动彻静，彻死彻生，无非此物，则诚明戒惧与恻隐羞恶，又安得别有一物为之欤？

【28.3】来书云：“阴阳之气，欣合和畅而生万物。物之有生，皆得此和畅之气。故人之生理，本自和畅，本无不乐。观之鸢飞鱼跃，鸟鸣兽舞，草木欣欣向荣，皆同此乐。但为客气[4]、物欲搅此和畅之气，始有间断不乐。孔子曰‘学而时习之’，便立个无间断功夫，悦则乐之萌矣。朋来则学成，而吾性本体之乐复矣。故曰‘不亦乐乎’。在人虽不我知，吾无一毫愠怒以间断吾性之乐，圣人恐学者乐之有息也，故又言此。所谓‘不怨不尤’，与夫‘乐在其中’，

1　如神：出自《中庸》：“至诚如神。”可参看 55.《中庸》【55.28】条。

2　希天、顺帝：希天，仰慕上天。周敦颐《通书·志学》：“圣希天，贤希圣，士希贤。”顺帝，顺应帝则。

3　“建诸天地而不悖”句：出自《中庸》，可参看附录 55.《中庸》【55.35】条。

4　客气：可参看【12.3】条注释。

‘不改其乐’，皆是乐无间断否？”云云。

乐是心之本体。仁人之心，以天地万物为一体，欣合和畅，厚无间隔。来书谓“人之生理，本自和畅，本无不乐，但为客气、物欲搅此和畅之气，始有间断不乐”是也。时习者，求复此心之本体也。悦则本体渐复矣。朋来则本体之欣合和畅，充周无间。本体之欣合和畅，本来如是，初未尝有所增也。就使无朋来而天下莫我知焉，亦未尝有所减也。来书云“无间断”意思亦是。圣人亦只是至诚无息而已，其工夫只是时习。时习之要，只是谨独。谨独即是致良知。良知即是乐之本体。此节论得大意亦皆是，但不宜便有所执着。

【28.4】来书云“韩昌黎‘博爱之谓仁’一句，看来大段不错，不知宋儒何故非之？以为爱自是情，仁自是性，岂可以爱为仁？愚意则曰：性即未发之情，情即已发之性，仁即未发之爱，爱即已发之仁。如何唤爱作仁不得？言爱则仁在其中矣。孟子曰：‘恻隐之心，仁也。’周子曰：‘爱曰仁。’昌黎此言，与孟、周之旨无甚差别。不可以其文人而忽之也”云云。

博爱之说，本与周子之旨无大相远。樊迟问“仁”[1]，子曰：“爱人。”“爱”字何尝不可谓之“仁”欤？昔儒看古人言语，亦多有因人重轻之病，正是此等处耳。然爱之本体固可谓之仁，但亦有爱得是与不是者，须爱得是方是爱之本体，方可谓之仁。若只知博爱而不论是与不是，亦便有差处。吾尝谓“博”字不若“公”字为尽。大抵训释字义，亦只是得其大概，若其精微奥蕴，在人思而自得，非言语所能喻。后人多有泥文着相，专在字眼上穿求，却是“心从法华转”也。

1 樊迟问仁：出自《论语·颜渊》。

【28.5】来书云："《大学》云：'如好好色，如恶恶臭。'[1]所谓恶之云者，凡见恶臭，无处不恶，固无妨碍。至于好色，无处不好，则将凡美色之经于目也，亦尽好之乎？《大学》之训，当是借流俗好恶之常情，以喻圣贤好善恶恶之诚耳。抑将好色亦为圣贤之所同，好经于目，虽知其姣，而思则无邪，未尝少累其心体否乎？《诗》云：'有女如云'，未尝不知其姣也；其姣也，'匪我思存'[2]，言匪我见存，则思无邪而不累其心体矣。如见轩冕金玉，亦知其为轩冕金玉也，但无歆羡希觊之心，则可矣。如此看，不知通否"云云。

人于寻常好恶，或亦有不真切处，惟是好好色，恶恶臭，则皆是发于真心，自求快足，曾无纤假者。《大学》是就人人好恶真切易见处，指示人以好善恶恶之诚当如是耳，亦只是形容一"诚"字。今若又于好色字上生如许意见，却未免有"执指为月"之病。昔人多有为一字一句所牵蔽，遂致错解圣经者，正是此症候耳，不可不察也。中间云"无处不恶，固无妨碍"，亦便有受病处，更详之。

【28.6】来书云："有人因薛文清[3]'过思亦是暴气[4]'之说，乃欲截然不思者。窃以孔子曰：'吾尝终日不食，终夜不寝以思'亦将谓孔子过而暴其气乎？以愚推之，惟思而外于良知，乃谓之过。若念念在良知上体认，即如孔子终日终夜以思，亦不为过。不外良

1　如好好色，如恶恶臭：可参看附录54.《大学》【54.4】条。

2　"有女如云"句：出自《诗·郑风·出其东门》"出其东门，有女如云。虽则如云，匪我思存"。

3　薛文清：薛瑄（1389－1464），字德温，号敬轩，谥文清。山西河津县平原村（今属万荣县）人。明代著名的理学大师，河东学派的缔造者。

4　暴气：滥用其气。见《孟子·公孙丑上》："夫志，气之帅也；气，体之充也。夫志至焉，气次焉。故曰：持其志，无暴其气。"

知，即是‘何思何虑’[1]，尚何过哉”云云。

“过思亦是暴气”，此语说得亦是。若遂欲截然不思，却是因噎而废食者也。来书谓“思而外于良知，乃谓之过，若念念在良知上体认，即终日终夜以思，亦不为过。不外良知，即是何思何虑”，此语甚得鄙意。孔子所谓“吾尝终日不食，终夜不寝以思，无益，不如学也”者，圣人未必然，乃是指出徒思而不学之病以诲人耳。若徒思而不学，安得不谓之“过思”与！

1　何思何虑：出自《易经·系辞》：“天下何思何虑？天下同归而殊途，一致而百虑。天下何思何虑！”

29. 答周道通[1]书 其一 甲申（1524年）

[背景简介]可参看本书中27.《与陆元静书》一文介绍。

施邦曜在《阳明先生集要》一书中就此文有评曰："此书开口说自家痛痒、自家知得，次说千思万虑，只要求复本体，又次言实致其良知，当弗牵于毁誉得丧，又何用向圣人求气象，又何暇辨朱、陆是非。俱是鞭辟入里，有志学问者其知之。"

【29.1】吴、曾两生至，备道道通恳切为道之意，殊慰相念！若道通真可谓笃信好学者矣。忧病中会，不能与两生细论，然两生亦自有志向肯用功者，每见辄觉有进，在区区诚不能无负于两生之远来，在两生则亦庶几无负其远来之意矣。临别以此册致道通意，请书数语。荒愦无可言者，辄以道通来书中所问数节，略下转语奉

1　周道通：名冲，字道通，号静庵，江苏宜兴人。黄宗羲《明儒学案·卷二十五·南中王门学案一》载："正德庚午（1510）年乡举。授万安训导，知应城县，以耳疾改邵武教授，升唐府纪善，进长史而卒，年四十七。阳明讲道于虔，先生往受业。继又从于甘泉，谓'湛师之体认天理，即王师之致良知也。'与蒋道林集师说，为《新泉问辨录》。暇则行乡射投壶礼（注：投壶是古代士大夫宴饮时做的一种投掷游戏，是一种从容安详、讲究礼节的活动），士皆敛衽推让。吕泾野、邹东廓咸称其有淳雅气象。当时王、湛二家门人弟子，未免互相短长，先生独疏通其旨。故先生死而甘泉叹曰：'道通真心听受，以求实益，其异于死守门户以相訾而不悟者远矣！'"

酬。草草殊不详细，两生当亦自能口悉也。

【29.2】来书云：“日用工夫只是‘立志’。近来于先生每诲言时时体验，念益明白。然于朋友不能一时相离。若得朋友讲习，则此志才精健阔大，才有生意。若三五日不得朋友相讲，便觉微弱，遇事便会困，亦时会忘。乃今无朋友相讲之日，还只静坐，或看书，或游衍经行，凡寓目措身，悉取以培养此志，颇觉意思和适。然终不如朋友讲聚，精神流动，生意更多也。离群索居之人，尝更有何法以处之？”

此段足验道通日用工夫所得。工夫大略亦只是如此用，只要无间断，到得纯熟后，意思又自不同矣。大抵吾人为学紧要大头脑，只是“立志”，所谓“困、忘”之病，亦只是志欠真切。今好色之人，未尝病于困、忘，只是一真切耳。自家痛痒，自家须会知得，自家须会搔摩得，既自知得痛痒，自家须不能不搔摩得。佛家谓之“方便法门”，须是自家调停斟酌，他人总难与力，亦更无别法可设也。

【29.3】来书云：“上蔡[1]尝问：‘天下何思何虑？’[2]伊川[3]云：‘有此理，只是发得太早。’在学者工夫，固是‘必有事焉而勿忘’[4]，然亦须识得‘何思何虑’底气象，一并看为是。若不识得这气象，便有‘正’与‘助长’之病；若认得‘何思何虑’，而忘‘必有事焉’

1 上蔡：谢良佐（1050－1103），北宋官员、学者。字显道，蔡州上蔡（今河南上蔡）人，人称上蔡先生或谢上蔡。师从程颢、程颐学，与游酢、吕大临、杨时号称“程门四先生”。

2 天下何思何虑：可参看【28.6】条注释。

3 伊川：程颐（1033－1107），字正叔，北宋洛阳伊川（今属河南省）人，世称伊川先生，北宋理学家，教育家，历官汝州团练推官、西京国子监教授。与其胞兄程颢共创“洛学”，人称“二程”，为理学奠定了基础。后追封洛国公，配祀孔庙。

4 必有事焉而勿忘：可参看【27.13】条“必有事”注释。

工夫，恐人堕于无也。须是不滞于有，不堕于无。然乎否也？”

所论亦相去不远矣，只是契悟未尽。上蔡之问，与伊川之答，亦只是上蔡、伊川之意，与孔子《系辞》原旨稍有不同。《系》言“何思何虑”，是言所思所虑只是一个天理，更无别思别虑耳，非谓无思无虑也。故曰：“同归而殊途，一致而百虑，天下何思何虑。”云“殊途”，云“百虑”，则岂谓无思无虑邪？心之本体即是天理，天理只是一个，更有何可思虑得？天理原自寂然不动，原自感而遂通，学者用功，虽千思万虑，只是要复他本来体用而已，不是以私意去安排思索出来。故明道云：“君子之学，莫若廓然而大公，物来而顺应。”[1]若以私意去安排思索便是用智自私矣。“何思何虑”正是工夫。在圣人分上，便是自然的，在学者分上，便是勉然的。伊川却是把作效验看了，所以有“发得太早”之说。既而云：“却好用功”，则已自觉其前言之有未尽矣。濂溪“主静”之论[2]亦是此意。今道通之言，虽已不为无见，然亦未免尚有两事也。

【29.4】来书云：“凡学者才晓得做工夫，便要识认得圣人气象。盖认得圣人气象，把做准的，乃就实地做工夫去，才不会差，才是作圣工夫。未知是否？”

“先认圣人气象”，昔人尝有是言矣，然亦欠有头脑。圣人气象自是圣人的，我从何处识认？若不就自己良知上真切体认，如以无星之称而权轻重，未开之镜而照妍媸，真所谓“以小人之腹，而度君子之心”矣，圣人气象何由认得？自己良知原与圣人一般，若体认得自己良知明白，即圣人气象不在圣人而在我矣。程子尝云：“觑着尧学他行事，无他许多聪明睿智，安能如彼之动容周旋中礼？”

1　“故明道云”句：可参看【27.5】条“廓然大公”注释。

2　濂溪主静之论：可参看【24.2】条“主静”注释。

又云："心通于道，然后能辨是非。"今且说通于道在何处？聪明睿智从何处出来？

【29.5】来书云："事上磨练。一日之内，不管有事无事，只一意培养本原。若遇事来感，或自己有感，心上既有觉，安可谓无事？但因事凝心一会，大段觉得事理当如此，只如无事处之，尽吾心而已。然仍有处得善与未善，何也？又或事来得多，须要次第与处，每因才力不足，辄为所困，虽极力扶起，而精神已觉衰弱。遇此未免要十分退省，宁不了事，不可不加培养。如何？"

所说工夫，就道通分上也只是如此用，然未免有出入在。凡人为学，终身只为这一事。自少至老，自朝至暮，不论有事无事，只是做得这一件，所谓"必有事焉"者也。若说"宁不了事，不可不加培养"，却是尚为两事也。"必有事焉而勿忘勿助"，事物之来，但尽吾心之良知以应之，所谓"忠恕违道不远"[1]矣。凡处得有善、有未善及有困顿失次之患者，皆是牵于毁誉得丧，不能实致其良知耳。若能实致其良知，然后见得平日所谓善者未必是善，所谓未善者，却恐正是牵于毁誉得丧，自贼其真知者也。

【29.6】来书云："致知之说，春间再承诲益，已颇知用力，觉得比旧尤为简易。但鄙心则谓与初学言之，还须带'格物'意思，使之知下手处。本来'致知'、'格物'一并下，但在初学未知下手用功，还说与'格物'，方晓得'致知'云云。"

"格物"是"致知"功夫，知得"致知"便已知得"格物"。若是未知"格物"，则是"致知"工夫亦未尝知也。近有一书与友人论此颇悉，今往一通，细观之，当自见矣。

1　忠恕违道不远：出自《中庸》"忠恕违道不远，施诸己而不愿，亦勿施于人"。可参看附录55.《中庸》【55.12】条。

【29.7】来书云："今之为朱、陆之辨者尚未已，每对朋友言正学不明已久，且不须枉费心力为朱、陆争是非，只依先生'立志'二字点化人。若其人果能辨得此志来，决意要知此学，已是大段明白了。朱、陆虽不辨，彼自能觉得。又尝见朋友中见有人议先生之言者，辄为动气。昔在朱、陆二先生所以遗后世纷纷之议者，亦见二先生工夫有未纯熟，分明亦有动气之病，若明道[1]则无此矣。观其与吴涉礼论介甫[2]之学云：'为我尽达诸介甫，不有益于他，必有益于我也。'气象何等从容！常见先生与人书中亦引此言，愿朋友皆如此，如何？"

此节议论得极是极是，愿道通遍以告于同志，各自且论自己是非，莫论朱、陆是非也。以言语谤人，其谤浅。若自己不能身体实践，而徒入耳出口，呶呶 度日，是以身谤也，其谤深矣。凡今天下之论议我者，苟能取以为善，皆是砥砺切磋我也，则在我无非警惕、修省、进德之地矣。昔人谓"攻吾之短者是吾师"，师又可恶乎？

【29.8】来书云:"有引程子'人生而静以上不容说，才说性，便已不是性。'何故不容说？何故不是性？晦庵[3]答云：'不容说者，未有性之可言；不是性者，已不能无气质之杂矣。'二先生之言皆未能晓，每看书至此，辄为一惑，请问。"

"生之谓性"[4]，"生"字即是"气"字，犹言"气即是性"也。

1　明道：可参看本书 1.《阳明先生年谱》"1488 年"条"明道"注释。

2　吴涉礼、介甫：陈荣捷先生认为，吴涉礼为吴师礼之误，字安仲，杭州人。介甫，王安石，字介甫，号半山。封为舒国公，后又改封荆国公。世人又称"王荆公"。北宋临川盐阜岭人（今江西省抚州市临川区）。

3　晦庵：朱熹，可参看本书 1.《阳明先生年谱》"1489 年"条"考亭"注释。

4　生之谓性：出自《孟子·告子上》："告子曰：'生之谓性。'"《荀子·正名篇》云："生之所以然者谓之性。"

气即是性，“人生而静以上不容说”，才说“气即是性”，即已落在一边，不是性之本原矣。孟子“性善”，是从本原上说。然性善之端，须在气上始见得，若无气亦无可见矣。恻隐、羞恶、辞让、是非即是气。程子谓：“论性不论气，不备；论气不论性，不明。”[1]亦是为学者各认一边，只得如此说。若见得自性明白时，气即是性，性即是气，原无性、气之可分也。

1　论性不论气，不备；论气不论性，不明：“不备”，不完备。“不明”，不清晰。出自《二程遗书·卷六·二先生语六》。

30. 答刘内重书 乙酉（1525 年）

［背景简介］1525 年，嘉靖四年乙酉，先生五十四岁，在浙江。正月，夫人诸氏卒。四月，祔葬于徐山。六月，先生除丧服，理应官复原职，礼部尚书席书、御史石金等特荐未果。《王文成公全集》年谱载：“九月，归姚省墓。先生归，定会于龙泉寺之中天阁，每月以朔、望、初八、廿三为期。书壁以勉诸生曰：‘……故予切望诸君勿以予之去留为聚散，或五六日，八九日，虽有俗事相妨，亦须破冗一会于此。务在诱掖奖劝，砥砺切磋，使道德仁义之习日亲日近，则势利纷华之染亦日远日疏：所谓相观而善，百工居肆以成其事者也。相会之时，尤须虚心逊志，相亲相敬。大抵朋友之交，以相下为益，或议论未合，要在从容涵育，相感以成；不得动气求胜，长傲遂非，务在默而成之，不言而信。其或矜己之长，攻人之短，粗心浮气，矫以沽名，讦以为道，挟胜心而行愤嫉，以圮族败群为志，则虽日讲时习于此，亦无益矣。’”本书中 31.《书正宪扇》、32.《答顾东桥书》也写作于此年。

施邦曜在《阳明先生集要》一书中就此文有评曰曰：“隘不能容物，亦只是好胜。盖好为高标榜门户以自高，便止见己是而人非，去大公无我之量远矣。与《答邹谦之书》是一意。”

【30.1】书来警发良多，知感知感！腹疾，不欲作答，但内重

为学工夫尚有可商量者，不可以虚来意之辱，辄复书此耳。

【30.2】程子云："所见所期，不可不远且大。然而为之亦须量力有渐，志大心劳，力小任重，恐终败事。"夫学者既立有必为圣人之志，只消就自己良知明觉处，朴实头致了去，自然循循日有所至，原无许多门面折数也。外面是非毁誉，亦好资之以为警切砥砺之地，却不得以此稍动其心，便将流于心劳日拙而不自知矣。

【30.3】内重强刚笃实，自是任道之器，然于此等处尚须与谦之[1]从容一商量，又当有见也。眼前路迳须放开阔，才好容人来往，若太拘窄，恐自己亦无展足之地矣。圣人之行，初不远于人情。'鲁人猎较，孔子亦猎较'[2]，'乡人傩，朝服而立于阼阶'[3]，'难言之互乡，亦与进其童子'[4]。在当时固不能无惑之者矣。子见南子，子路且有不悦[5]。夫子到此如何更与子路说得是非？只好矢之而已。何也？若要说见南子是，得多少气力来说？且若依着子路认个不是，则子路终身不识圣人之心，此学终将不明矣。此等苦心处，惟颜子便能识得，故曰"于吾言无所不悦"[6]。此正是大头脑处，区区举

1　谦之：邹谦之。可参看本书36.《寄邹谦之书・其三》"邹谦之"条注释。

2　"鲁人猎较"句：表示孔子和众随俗。出自《孟子・万章下》："孔子之仕于鲁也，鲁人猎较，孔子亦猎较。"赵岐注："猎较者，田猎相较夺禽兽，得之以祭，时俗所尚，以为吉祥。孔子不违而从之，所以小同于世也。"

3　"乡人傩"句：乡人迎神驱鬼，（孔子作为主人）穿着朝服，站在东边的台阶上。出自《论语・乡党》。

4　"难言之互乡"句：互乡这个地方的人很难打交道，孔子却接见了这个地方的一个小孩子。出自《论语・述而》："互乡难与言，童子见，门人惑。子曰：'与其进也，不与其退也，唯何甚？人洁己以进，与其洁也，不保其往也。'"

5　"子见南子"句：孔子去见了被认为名声不好的卫灵公夫人南子，学生子路很不高兴。出自《论语・雍也》："子见南子，子路不悦，夫子矢之曰：'予所否者，天厌之！天厌之！'""矢"通"誓"。

6　于吾言无所不悦：出自《论语・先进》"回也非助我者也，于吾言无所不说"。

似内重，亦欲内重谦虚其心，宏大其量，去人我之见，绝意必[1]之私，则此大头脑处，自将卓尔有见，当有“虽欲从之，末由也已”[2]之叹矣！

【30.4】大抵奇特斩绝之行，多后世希高慕大者之所喜，圣贤不以是为贵也。故索隐行怪，则后世有述焉，依乎中庸，固有遁世不见知者矣。学绝道丧之余，苟有以讲学来者，所谓空谷之足音，得似人者可矣。必如内重所云，则今之可讲学者，止可如内重辈二三人而止矣。然如内重者，亦不能时时来讲也，则“法堂前草深一丈”[3]矣。内重有进道之资，而微失之于隘。吾固不敢避饰非自是之嫌，而叨叨至此，内重宜悉此意，弗徒求之言语之间可也。

1　意必：可参看【27.11】条注释。

2　虽欲从之，末由也已：出自《论语·子罕》：“颜渊喟然叹曰：‘仰之弥高，钻之弥坚，瞻之在前，忽焉在后。夫子循循然善诱人，博我以文，约我以礼。欲罢不能，既竭吾才，如有所立卓尔。虽欲从之，末由也已。’”

3　法堂前草深一丈：比喻前来讲学的人非常少。此句话出自宋代释道元撰《景德传灯录》卷十：“湖南长沙景岑，号招贤大师……上堂曰：‘我若一向举扬宗教。法堂里须草深一丈。’”

31. 书正宪[1]扇 乙酉（1525年）

［背景简介］可参看30.《答刘内重书》一文介绍。

施邦曜在《阳明先生集要》一书中就此文有评曰："人宜书一通于座右，以为克己之助。"

今人病痛，大段只是傲。千罪百恶，皆从傲上来。傲则自高自是，不肯屈下人。故为子而傲，必不能孝；为弟而傲，必不能弟；为臣而傲，必不能忠。象[2]之不仁，丹朱[3]之不肖，皆只是一"傲"字，便结果了一生，做个极恶大罪的人，更无解救得处。汝曹为学，先要除此病根，方才有地步可进。

"傲"之反为"谦"。"谦"字便是对症之药。非但是外貌卑逊，须是中心恭敬，撙节[4]退让，常见自己不是，真能虚己受人。

1　正宪：阳明先生长子。见本书1.《阳明先生年谱》："十年乙亥，先生四十四岁。立从弟守信子正宪为后。时先生与诸弟守俭、守文、守章，皆未举子故也。"

2　象：传说中的中国上古人物，舜的异母弟，常与母亲和父亲瞽叟策划杀舜。

3　丹朱：传说中上古时期唐尧的儿子，因其"心既顽嚚，又好争讼"，视其为不肖，所以尧没有传位于他，而让位于舜。

4　撙节：出自《礼记·曲礼上》"是以君子恭敬、撙节、退让以明礼"。孙希旦《礼记集解》："有所抑而不敢肆谓之撙，有所制而不敢过谓之节。"

故为子而谦，斯能孝；为弟而谦，斯能弟；为臣而谦，斯能忠。尧舜之圣，只是谦到至诚处，便是“允恭克让，温恭允塞”[1]也。

汝曹勉之敬之，其毋若伯鲁之简[2]哉！

1 允恭克让，温恭允塞：“允恭克让”，诚实、恭敬又能够谦让。出自《尚书·尧典》：“允恭克让，光被四表，格于上下。”“温恭允塞”，温良、谦恭、诚实、笃实。出自《尚书·舜典》：“浚哲文明，温恭允塞。”

2 伯鲁之简：出自《资治通鉴·周纪》：“赵简子之子，长曰伯鲁，幼曰无恤。将置后，不知所立。乃书训诫之词于二简，以授二子，曰：‘谨识之。’三年而问之，伯鲁不能举其词。问其简，已失之矣。问无恤，诵其词甚习固。问其简，出诸袖中而奏之。于是简子以无恤为贤，立以为后，是为赵襄子，而果昌赵。”

32. 答顾东桥书[1] 乙酉（1525年）

[背景简介]可参看30.《答刘内重书》一文介绍。本文【32.13】至【32.16】的部分，亦有选家以之为独立成篇者，称为“拔本塞源论”，是阳明心学的重要组成部分。《王文成公全集》年谱载：“四年乙酉，先生五十四岁，在越。九月，归姚省墓。答顾东桥。”不过，学者陈荣捷先生在《王阳明传习录详注集评》一书中指出，《续刻传习录》中已收录此文，而年谱记载南大吉续刻时间是上一年的嘉靖三年甲申十月，因此怀疑或是续刻时间记录有误，或是该书“乙酉”年标注有误。

施邦曜在《阳明先生集要》一书中就此文有评曰：“此书前悉知行合一之论，广譬博说，旁引曲喻，不啻开云见月。后拔本塞源之论，阐明古今学术升降之因，真是将五藏八宝，悉倾以示人。读之，即昏愚亦恍然有觉。此正是先生万物一体之心，不惮详言以启后学也。当详玩勿忽。”

【32.1】来书云：“近时学者，务外遗内，博而寡要。故先生

1 顾东桥：顾璘（1476－1545），明代官员、文学家。字华玉，号东桥居士，长洲（今江苏省苏州市吴中区）人。弘治九年（1496）二十一岁中进士，授广平（今河北省广平县）知县。正德四年（1509）知开封府，忤太监廖堂，谪知全州。后迁吏部右侍郎，累官至南京刑部尚书。晚年致仕归里，筑息园，大治亭舍，好宾客，座无虚席。世称东桥先生。钱谦益称之：“处承平全盛之世，享园林钟鼓之乐，江左风流，迄今犹称为领袖也。”卒于嘉靖二十四年（1545）。著有《浮湘集》《山中集》《息园诗文稿》等。

特倡‘诚意’一义，针砭膏肓，诚大惠也！”

吾子洞见时弊如此矣，亦将何以救之乎？然则鄙人之心，吾子固已一句道尽，复何言哉？复何言哉！若“诚意”之说，自是圣门教人用功第一义，但近世学者乃作第二义看，故稍与提掇紧要出来，非鄙人所能特倡也。

【32.2】来书云：“但恐立说太高，用功太捷，后生师传，影响谬误，未免坠于佛氏‘明心见性’、‘定慧顿悟’之机，无怪闻者见疑。”

区区“格、致、诚、正”之说，是就学者本心日用事为间，体究践履，实地用功，是多少次第、多少积累在，正与空虚顿悟之说相反。闻者本无求为圣人之志，又未尝讲究其详，遂以见疑，亦无足怪。若吾子之高明，自当一语之下便了然矣。乃亦谓“立说太高，用功太捷”，何邪？

【32.3】来书云：“所喻知行并进，不宜分别前后，即《中庸》‘尊德性而道问学’之功交养互发，内外本末‘一以贯之’之道。然功夫次第，不能无先后之差，如知食乃食，知汤乃饮，知衣乃服，知路乃行。未有不见是物先有是事。此亦毫厘倏忽之间，非谓截然有等，今日知之而明日乃行也。”

既云“交养互发，内外本末一以贯之”，则知行并进之说无复可疑矣。又云“功夫次第，不能无先后之差”，无乃自相矛盾已乎？“知食乃食”等说，此尤明白易见。但吾子为近闻障蔽，自不察耳。

夫人必有欲食之心，然后知食。欲食之心即是意，即是行之始矣。食味之美恶，必待入口而后知。岂有不待入口，而已先知食味之美恶者邪？必有欲行之心，然后知路，欲行之心即是意，即是行之始矣。路岐之险夷，必待身亲履历而后知。岂有不待身亲履历，而已先知路岐之险夷者邪？“知汤乃饮，知衣乃服”，以此例之，皆无可疑。若如吾子之喻，是乃所谓“不见是物而先有是事”者矣。

吾子又谓“此亦毫厘倏忽之间，非谓截然有等，今日知之而明日乃行也”，是亦察之尚有未精。然就如吾子之说，则知行之为合一并进，亦自断无可疑矣。

【32.4】来书云：“真知即所以为行，不行不足谓之知。此为学者吃紧立教，俾务躬行则可。若真谓行即是知，恐其专求本心，遂遗物理，必有暗而不达之处，抑岂圣门知行并进之成法哉？”

知之真切笃实处即是行，行之明觉精察处即是知。知行功夫本不可离，只为后世学者分作两截用功，失却知行本体，故有合一并进之说。真知即所以为行，不行不足谓之知。即如来书所云“知食乃食”等说可见，前已略言之矣。此虽吃紧救弊而发，然知行之体本来如是，非以己意抑扬其间，姑为是说，以苟一时之效者也。

专求本心，遂遗物理，此盖失其本心者也。夫物理不外于吾心，外吾心而求物理，无物理矣；遗物理而求吾心，吾心又何物邪？心之体，性也，性即理也。故有孝亲之心即有孝之理，无孝亲之心即无孝之理矣。有忠君之心，即有忠之理，无忠君之心，即无忠之理矣。理岂外于吾心邪？晦庵谓“人之所以为学者，心与理而已，心虽主乎一身而实管乎天下之理，理虽散在万事而实不外乎一人之心”，是其一分一合之间，而未免已启学者心、理为二之弊。此后世所以有“专求本心，遂遗物理”之患。正由不知心即理耳。夫外心以求物理，是以有暗而不达之处，此告子‘义外’之说，孟子所以谓之不知义也。心一而已，以其全体恻怛而言谓之“仁”，以其得宜而言谓之“义”，以其条理而言谓之“理”。不可外心以求仁，不可外心以求义，独可外心以求理乎？外心以求理，此知、行之所以二也。求理于吾心，此圣门知行合一之教，吾子又何疑乎？

【32.5】来书云：“所释《大学》古本，谓致其本体之知。此固孟子‘尽心’之旨，朱子亦以‘虚灵知觉’为此心之量。然尽心由于知性，致知在于格物。”

“尽心由于知性，致知在于格物”，此语然矣。然而推本吾子之意，则其所以为是语者，尚有未明也。朱子以“尽心、知性、知天”为格物、致知。以“存心、养性、事天”为诚意、正心、修身，以“夭寿不贰，修身以俟”为知至、仁尽，圣人之事。若鄙人之见，则与朱子正相反矣。夫“尽心、知性、知天”者，“生知安行”，圣人之事也；“存心、养性、事天”者，“学知利行”，贤人之事也；“夭寿不贰，修身以俟”者，“困知勉行”，学者之事也。岂可专以“尽心知性”为知，“存心养性”为行乎？吾子骤闻此言，必又以为大骇矣。然其间实无可疑者，一为吾子言之。

夫心之体，性也；性之原，天也。能尽其心，是能尽其性矣。《中庸》云：“惟天下至诚。为能尽其性。”又云：“知天地之化育，质诸鬼神而无疑，知天也。”此惟圣人而后能然。故曰：此“生知安行”，圣人之事也。存其心者，未能尽其心者也，故须加存之之功。必存之既久，不待于存而自无不存，然后可以进而言尽。盖“知天”之“知”，如“知州”、“知县”之知。知州则一州之事皆己事也，知县则一县之事皆己事也，是与天为一者也。“事天”则如子之事父，臣之事君，犹与天为二也。天之所以命于我者，心也，性也，吾但存之而不敢失，养之而不敢害，如“父母全而生之，子全而归之”[1]者也。故曰：此“学知利行”，贤人之事也。至于“夭寿不贰”，

1　父母全而生之，子全而归之：出自《礼记·祭仪》，意为父母把儿女完好地生下来，儿女要保护身体发肤完好如初，等到死时完好地归还给父母。

则与存其心者又有间矣。存其心者虽未能尽其心，固已一心于为善，时有不存则存之而已。今使之“夭寿不贰”，是犹以夭寿二其心者也。犹以夭寿二其心，是其为善之心犹未能一也，存之尚有所未可，而何尽之可云乎？今且使之不以夭寿二其为善之心，若曰死生夭寿皆有定命，吾但一心于为善，修吾之身以俟天命而已，是其平日尚未知有天命也。事天虽与天为二，然已真知天命之所在，但惟恭敬奉承之而已耳。若俟之云者，则尚未能真知天命之所在，犹有所俟者也，故曰：所以立命。立者“创立”之“立”，如“立德”、“立言”、“立功”、“立名”之类。凡言“立”者，皆是昔未尝有，而今始建立之谓，孔子所谓“不知命，无以为君子”者也。故日：此“困知勉行”，学者之事也。

今以“尽心、知性、知天”为格物致知，使初学之士尚未能不二其心者，而遽责之以圣人生知安行之事，如捕风捉影，茫然莫知所措其心，几何而不至于“率天下而路”[1]也？今世致知格物之弊，亦居然可见矣。吾子所谓“务外遗内，博而寡要”者，无乃亦是过欤？此学问最紧要处，于此而差，将无往而不差矣。此鄙人之所以冒天下之非笑，忘其身之陷于罪戮，呶呶其言，其不容已者也。

【32.6】来书云：“闻语学者，乃谓‘即物穷理之说亦是玩物丧志’，又取其‘厌繁就约’、‘涵养本原’数说标示学者，指为‘晚年定论’[2]，此亦恐非。”

朱子所谓格物云者，在即物而穷其理也。即物穷理是就事事物物上求其所谓定理者也，是以吾心而求理于事事物物之中，析心与

1　率天下而路：率领天下的人疲于奔命。出自《孟子·滕文公上》：“且一人之身，而百功之所为备。如必自为而后用之，是率天下而路也。”

2　晚年定论：指阳明先生所作《朱子晚年定论》，认为朱熹晚年的时候，改变了自己的学术观点。

理为二矣。夫求理于事事物物者，如求孝之理于其亲之谓也。求孝之理于其亲，则孝之理其果在于吾之心邪？抑果在于亲之身邪？假而果在于亲之身，则亲没之后，吾心遂无孝之理欤？见孺子之入井，必有恻隐之理，是恻隐之理果在于孺子之身欤？抑在于吾心之良知欤？其或不可以“从之于井”[1]欤？其或可以手而援之欤？是皆所谓理也。是果在于孺子之身欤？抑果出于吾心之良知欤？以是例之，万事万物之理莫不皆然，是可以知析心与理为二之非矣。夫析心与理而为二，此告子“义外”之说，孟子之所深辟也。“务外遗内，博而寡要”，吾子既已知之矣，是果何谓而然哉？谓之“玩物丧志”，尚犹以为不可欤？

若鄙人所谓致知格物者，致吾心之良知于事事物物也。吾心之良知即所谓天理也，致吾心良知之天理于事事物物，则事事物物皆得其理矣。致吾心之良知者，致知也。事事物物皆得其理者，格物也。是合心与理而为一者也。合心与理而为一，则凡区区前之所云，与朱子晚年之论，皆可以不言而喻矣。

【32.7】来书云：“人之心体，本无不明，而气拘物蔽，鲜有不昏。非学、问、思、辨以明天下之理，则善恶之机、真妄之辨不能自觉，任情恣意，其害有不可胜言者矣。”

此段大略似是而非。盖承沿旧说之弊，不可以不辨也。夫学、问、思、辨、行皆所以为学，末有学而不行者也。如言学孝，则必服劳奉养，躬行孝道，然后谓之学。岂徒悬空口耳讲说，而遂可以谓之学孝乎？学射则必张弓挟矢，引满中的；学书则必伸纸执笔，

1　从之于井：跟随者跳到井中。该词从《论语》中借用，非原文本义。《论语·雍也》：“宰我问曰：‘仁者，虽告之曰井有仁焉，其可从之也？’”

操觚染翰[1]。尽天下之学，无有不行而可以言学者，则学之始固已即是行矣。笃者，敦实笃厚之意，已行矣，而敦笃其行，不息其功之谓尔。盖学之不能以无疑，则有问，问即学也，即行也；又不能无疑，则有思，思即学也，即行也；又不能无疑，则有辨，辨即学也，即行也。辨既明矣，思既慎矣，问既审矣，学既能矣，又从而不息其功焉，斯之谓笃行，非谓学问思辨之后而始措之于行也。是故以求能其事而言谓之学，以求解其惑而言谓之问，以求通其说而言谓之思，以求精其察而言谓之辨，以求履其实而言谓之行。盖析其功而言则有五，合其事而言则一而已。此区区心、理合一之体，知、行并进之功，所以异于后世之说者，正在于是。

今吾子特举学、问、思、辨以穷天下之理，而不及笃行，是专以学、问、思、辨为知，而谓穷理为无行也已。天下岂有不行而学者邪？岂有不行而遂可谓之穷理者邪？明道云："只穷理，便尽性至命"，故必"仁极仁"，而后谓之能穷仁之理，"义极义"，而后谓之能穷义之理。"仁极仁"则尽仁之性矣，"义极义"则尽义之性矣。学至于穷理至矣，而尚未措之于行，天下宁有是邪？是故知不行之不可以为学，则知不行之不可以为穷理矣；知不行之不可以为穷理，则知知行之合一并进，而不可以分为两节事矣。

夫万事万物之理不外于吾心，而必曰"穷天下之理"，是殆以吾心之良知为未足，而必外求于天下之广，以裨补增益之。是犹析心与理而为二也。夫学、问、思、辨、笃行之功，虽其困勉至于"人一己百"[2]，而扩充之极，至于尽性知天，亦不过致吾心之良知而已。

1　操觚染翰：以笔沾墨，执简书写。觚，木简，音 gū。翰，长而硬的鸟羽。

2　人一己百：与圣贤相比，普通人求学需要付出超常的努力。出自《中庸》，"人一能之，己百之；人十能之，己千之。果能此道矣，虽愚必明，虽柔必强。"见附录 55.《中庸》【55.24】条。

良知之外，岂复有加于毫末乎？今必曰“穷天下之理”，而不知反求诸其心，则凡所谓善恶之机、真妄之辨者，舍吾心之良知，亦将何所致其体察乎？吾子所谓“气拘物蔽”者，拘此、蔽此而已。今欲去此之蔽，不知致力于此，而欲以外求，是犹目之不明者，不务服药调理以治其目，而徒伥伥然求明于其外，明岂可以自外而得哉？任情恣意之害，亦以不能精察天理于此心之良知而已。此诚毫厘千里之谬者，不容于不辨。吾子毋谓其论之太刻也。

【32.8】来书云：“教人以致知、明德，而戒其即物穷理，试使昏暗之士深居端坐，不闻教告，遂能至于知致而德明乎？纵令静而有觉，稍悟本性，则亦定慧无用之见，果能知古今、达事变而致用于天下国家之实否乎？其曰：‘知者意之体，物者意之用’，‘格物如格君心之非之格’。语虽超悟独得，不踵陈见，抑恐于道未相吻合。”

区区论致知格物，正所以穷理，未尝“戒人穷理，使之深居端坐而一无所事”也。若谓“即物穷理”，如前所云“务外而遗内”者，则有所不可耳。昏暗之士，果能随事随物精察此心之天理，以致其本然之良知，则“虽愚必明，虽柔必强”[1]。大本立而达道行，九经[2]之属可一以贯之而无遗矣，尚何患其无致用之实乎？彼顽空虚静之徒，正惟不能随事随物精察此心之天理，以致其本然之良知，而遗弃伦理，寂灭虚无以为常，是以“要之不可以治家国天下”。孰谓圣人穷理尽性之学，而亦有是弊哉？

1　虽愚必明，虽柔必强：出自【32.8】“人一己百”条注释。

2　九经：出自《中庸》：“凡为天下国家有九经：曰修身也，尊贤也，亲亲也，敬大臣也，体群臣也，子庶民也，来百功也，柔远人也，怀诸侯也。”见附录55.《中庸》【55.20】条。

心者，身之主也，而心之虚灵明觉，即所谓本然之良知也。其虚灵明觉之良知应感而动者，谓之意。有知而后有意，无知则无意矣。知非意之体乎？意之所用必有其物，物即事也。如意用于事亲，即事亲为一物；意用于治民，即治民为一物；意用于读书，即读书为一物；意用于听讼，即听讼为一物。凡意之所用，无有无物者。有是意即有是物，无是意即无是物矣，物非意之用乎？

“格”字之义，有以“至”字之训者，如“格于文祖”[1]、“有苗来格”[2]，是以“至”训得也。然“格于文祖”，必纯孝诚敬，幽明之间无一不得其理，而后谓之“格”。有苗之顽，实以文德诞敷而后“格”，则亦兼有“正”字之义在其间，未可专以“至”字尽之也。如“格其非心”[3]、“大臣格君心之非”[4]之类，是则一皆“正其不正以归于正”之义，而不可以“至”字为训矣。且《大学》“格物”之训，又安知其不以“正”字为训，而必以“至”字为义乎？如以“至”字为义者，必曰“穷至事物之理”，而后其说始通。是其用功之要全在一“穷”字，用力之地全在一“理”字也。若上去一“穷”、下去一“理”字，而直曰“致知在至物”，其可通乎？夫“穷理尽性”，圣人之成训，见于《系辞》者也。苟格物之说而果即穷理之义，则圣人何不直曰“致知在穷理”，而必为此转折不完之语，以启后世之弊邪？

盖《大学》“格物”之说，自与《系辞》“穷理”大旨虽同，

1 格于文祖：出自《尚书·舜典》“月正元日，舜格于文祖，询于四岳，辟四门，明四目，达四聪”。“文祖”，指尧的太庙。

2 有苗来格：出自《尚书·大禹谟》“帝乃诞敷文德，舞干羽于两阶，七旬有苗格”。

3 格其非心：出自《尚书·冏命》“绳愆纠缪，格其非心，俾克绍先烈”。

4 大臣格君心之非：出自《孟子·离娄上》：“人不足以适也，政不足与间也，唯大人为能格君心之非。”

而微有分辨。穷理者，兼格、致、诚、正而为功也。故言穷理则格、致、诚、正之功皆在其中，言格物则必兼举致知、诚意、正心，而后其功始备而密。今偏举格物而遂谓之穷理，此所以专以穷理属知，而谓格物未常有行，非惟不得格物之旨，并穷理之义而失之矣。此后世之学所以析知、行为先后两截，日以支离决裂，而圣学益以残晦者，其端实始于此。吾子盖亦未免承沿积习，则见以为于道未相吻合，不为过矣。

【32.9】来书云："谓致知之功，将如何为温凊、如何为奉养即是诚意，非别有所谓格物，此亦恐非。"

此乃吾子自以己意揣度鄙见而为是说，非鄙人之所以告吾子者矣。若果如吾子之言，宁复有可通乎？盖鄙人之见，则谓意欲温凊、意欲奉养者，所谓意也，而未可谓之诚意；必实行其温凊奉养之意，务求自慊而无自欺，然后谓之诚意。知如何而为温凊之节、知如何而为奉养之宜者，所谓知也，而未可谓之致知；必致其知如何为温凊之节者之知，而实以之温凊，致其知如何为奉养之宜者之知，而实以之奉养，然后谓之致知。温凊之事，奉养之事，所谓物也，而未可谓之格物；必其于温凊之事也，一如其良知之所知，当如何为温凊之节者而为之，无一毫之不尽；于奉养之事也，一如其良知之所知，当如何为奉养之宜者而为之，无一毫之不尽，然后谓之格物。温凊之物格，然后知温凊之良知始致；奉养之物格，然后知奉养之良知始致。

故曰："物格而后知至"致其知温凊之良知，而后温凊之意始诚；致其知奉养之良知，而后奉养之意始诚。故曰"知至而后意诚"。此区区诚意、致知、格物之说盖如此。吾子更熟思之，将亦无可疑者矣。

【32.10】来书云："道之大端易于明白，所谓'良知良能，

愚夫愚妇可与及者’。至于节目时变[1]之详，毫厘千里之谬，必待学而后知。今语孝于温凊定省，孰不知之？至于‘舜之不告而娶’[2]，‘武之不葬而兴师’[3]，‘养志、养口’[4]，‘小杖、大杖’[5]，‘割股’[6]、‘庐墓’[7]等事，处常处变、过与不及之间，必须讨论是非，以为制事之本。然后心体无蔽，临事无失。”

“道之大端易于明白”，此语诚然。顾后之学者忽其易于明白者而弗由，而求其难于明白者以为学，此其所以“道在迩而求诸远，事在易而求诸难”[8]也。孟子云：“夫道若大路然，岂难知哉？人病不由耳。”[9]良知良能，愚夫愚妇与圣人同。但惟圣人能致其良知，而愚夫愚妇不能致，此圣愚之所由分也。

“节目时变”，圣人夫岂不知，但不专以此为学。而其所谓学

1　节目时变：事情的条目因时世不同而发生的变化。

2　舜之不告而娶：出自《孟子·离娄上》：“不孝有三，无后为大。舜不告而娶，为无后也。君子以为犹告也。”

3　武之不葬而兴师：指周武王未葬其父周文王，就兴兵讨伐殷纣王。见《史记卷六十一·伯夷列传第一》。

4　养志、养口：出自《孟子·离娄上》：“曾子养曾皙，必有酒肉；将彻，必请所与，问有余，必曰，‘有’。曾皙死，曾元养曾子，必有酒肉；将彻，不请所与，问有余，曰，‘亡矣。’将以复进也。此所谓养口体者也。若曾子，则可谓养志也，事亲若曾子者，可也。”曾元，曾参之子，曾皙之孙。

5　小杖、大杖：出自《孔子家语·六本》：“曾子耘瓜，误斩其根。曾皙怒，建大仗以击其背。曾子仆地。久之，退而就房援琴而歌。欲令曾皙闻之，知其体康也。孔子闻之而怒曰；‘舜之事瞽叟，小仗则待过，大仗则逃走，姑瞽叟不犯不父之罪，而舜不失烝烝之孝。今参事父委身以待暴怒，殪而不避，既身死而陷父于不义，不孝孰大焉？”

6　割股：古代大孝的一种表现。孝子割舍自己腿上的肉来治疗父母的疾病。

7　庐墓：古人在父母过世后，服丧期间在墓旁搭盖小屋居住，守护坟墓，称之为庐墓。

8　道在迩而求诸远，事在易而求诸难：出自《孟子·离娄上》。

9　夫道若大路然，岂难知哉？人病不由耳：出自《孟子·告子下》。

者，正惟致其真知，以精审此心之天理，而与后世之学不同耳。吾子未暇真知之致，而汲汲焉顾是之忧，此正求其难于明白者以为学之蔽也。夫良知之于节目时变，犹规矩尺度之于方圆长短也。节目时变之不可预定，犹方圆长短之不可胜穷也。故规矩诚立，则不可欺以方圆，而天下之方圆不可胜用矣；尺度诚陈，则不可欺以长短，而天下之长短不可胜用矣；良知诚致，则不可欺以节目时变，而天下之节目时变不可胜应矣。毫厘千里之谬，不于吾心真知一念之微而察之，亦将何所用其学乎？是不以规矩而欲定天下之方圆，不以尺度而欲尽天下之长短。吾见其乖张谬戾，日劳而无成也已。

吾子谓"语孝于温凊定省，孰不知之"，然而能致其知者鲜矣。若谓粗知温凊定省之仪节，而遂谓之能致其知，则凡知君之当仁者，皆可谓之能致其仁之知；知臣之当忠者，皆可谓之能致其忠之知，则天下孰非致知者邪？以是而言可以知，"致知"之必在于行，而不行之不可以为"致知"也，明矣。知行合一之体，不益较然矣乎？

夫舜之不告而娶，岂舜之前已有不告而娶者为之准则，故舜得以考之何典、问诸何人而为此邪？抑亦求诸其心一念之良知，权轻重之宜，不得已而为此邪？武之不葬而兴师，岂武之前已有不葬而兴师者为之准则，故武得以考之何典、问诸何人，而为此邪？抑亦求诸其心一念之良知，权轻重之宜，不得已而为此邪？使舜之心而非诚于为无后，武之心而非诚于为救民，则其不告而娶与不葬而兴师，乃不孝不忠之大者。而后之人不务致其良知，以精察义理于此心感应酬酢之间，顾欲悬空讨论此等变常之事，执之以为制事之本，以求临事之无失，其亦远矣。其余数端，皆可类推，则古人致知之学从可知矣。

【32.11】来书云："谓《大学》格物之说，专求本心，犹可牵合。

至于《六经》、《四书》所载‘多闻多见’[1]、‘前言往行’[2]、‘好古敏求’[3]、‘博学审问’[4]、‘温故知新’[5]、‘博学详说’[6]、‘好问好察’[7]，是皆明白求于事为之际，资于论说之间者，用功节目固不容紊矣。”

格物之义，前已详悉，牵合之疑，想已不俟复解矣。至于“多闻多见”，乃孔子因子张之务外好高，徒欲以多闻多见为学，而不能求诸其心，以阙疑殆，此其言行所以不免于尤、悔，而所谓见闻者，适以资其务外好高而已。盖所以救子张多闻多见之病，而非以是教之为学也。夫子尝曰：“盖有不知而作之者，我无是也。”[8]是犹孟子“是非之心人皆有之”之义也。此言正所以明德性之良知，非由于闻见耳。若曰“多闻，择其善者而从之，多见而识之”，则是专求诸见闻之末，而已落在第二义矣，故曰“知之次也”。夫以见闻之知为次，则所谓“知之上”者果安所指乎？是可以窥圣门致知用力之地矣。夫子谓子贡曰：“赐也，汝以予为多学而识之者欤？非也，予一以贯之。”使诚在于多学而识，则夫子胡乃谬为是说以欺子贡者邪？一以贯之，非致其良知而何？《易》曰：“君子多识

1 多闻多见：出自《论语·为政》：“多闻阙疑，慎言其余，则寡尤。多见阙殆，慎行其余，则寡悔。”

2 前言往行：出自《易·大畜》：“君子多识前言往行，以畜其德。”

3 好古敏求：出自《论语·述而》：“我非生而知之者，好古，敏以求之者也。”

4 博学审问：出自《中庸》：“博学之，审问之，慎思之，明辨之，笃行之。”

5 温故知新：出自《论语·为政》：“温故而知新，可以为师矣。”

6 博学详说：出自《孟子·离娄下》：“博学而详说之，将以反说约也。”

7 好问好察：出自《中庸》：“舜其大知也与！舜好问而好察迩言，隐恶而扬善，执其两端，用其中于民。”

8 盖有不知而作之者，我无是也：出自《论语·述而》：“盖有不知而作之者，我无是也。多闻，择其善者而从之，多见而识之，知之次也。”

前言往行以畜其德。”夫以畜其德为心，则凡多识前言往行者，孰非畜德之事？此正知行合一之功矣。

“好古敏求”者，好古人之学，而敏求此心之理耳。心即理也，学者学此心也，求者求此心也。孟子云：“学问之道无他，求其放心而已矣。”非若后世广记博诵古人之言词以为好古，而汲汲然惟以求功名利达之具于外者也。“博学审问”，前言已尽。“温故知新”，朱子亦以温故属之“尊德性”矣。德性岂可以外求哉？惟夫知新必由于温故，而温故乃所以知新，则亦可以验知行之非两节矣。“博学而详说之”者，将“以反说约也”。若无反约之云，则“博学详说”者果何事邪？舜之“好问好察”，惟以用中而致其精一于道心耳。道心者，良知之谓也。君子之学，何尝离去事为而废论说？但其从事于事为论说者，要皆知行合一之功，正所以致其本心之良知，而非若世之徒事口耳谈说以为知者，分知行为两事，而果有节目先后之可言也。

【32.12】来书云：“杨、墨[1]之为仁义，乡原[2]之辞忠信，尧、舜、子之[3]之禅让，汤、武、楚项之放伐[4]，周公、莽、操之摄辅[5]，谩无

1　杨、墨：战国时杨朱与墨翟的并称，杨朱主张为我，墨翟主张兼爱、非攻等。

2　乡原：指貌似谨厚，实际是不讲原则，与流俗合污的伪善者。出自《论语·阳货》：“乡愿，德之贼也。”又写作“乡愿”。

3　子之：战国时燕王哙的相。公元前 318 年，哙让出国君位给子之。

4　汤、武、楚项之放伐：汤在灭夏之后，流放夏桀，建立商朝。西周王朝开国君主周武王兴兵灭商纣，建立周朝。项羽随叔父项梁举兵反秦，秦亡后自立为西楚霸王。

5　周公、莽、操之摄辅：周公是周文王姬昌第四子，周武王弟弟。武王死，成王继位，周公在周成王年幼时摄政，待成王成年后还政于成王。莽指王莽，汉元帝皇后侄。以外戚身份掌握政权，平帝时为大司马。后称帝，改国号为新。操指曹操，曹操讨伐董卓，迎立汉献帝，自任丞相，挟天子以令诸侯，其子曹丕废献帝，建魏国。

印证，又焉适从？且于古今事变、礼乐名物未常考识，使国家欲兴明堂[1]，建辟雍[2]，制历律[3]，草封禅[4]，又将何所致其用乎？故《论语》曰‘生而知之’者，义理耳。若夫礼乐名物，古今事变，亦必待学而后有以验其行事之实’。此则可谓定论矣。”

所喻杨、墨、乡愿、尧、舜、子之、汤、武、楚项、周公、莽、操之辨，与前舜、武之论，大略可以类推。古今事变之疑，前于良知之说已有规矩尺度之喻，当亦无俟多赘矣。

至于明堂、辟雍诸事，似尚未容于无言者。然其说甚长，姑就吾子之言而取正焉，则吾子之惑将亦可以少释矣。夫明堂、辟雍之制，始见于《吕氏》之《月令》[5]、汉儒之训疏。《六经》、《四书》之中，未尝详及也。岂吕氏、汉儒之知，乃贤于三代之贤圣乎？齐宣之时，明堂尚有未毁，则幽、厉之世，周之明堂皆无恙也。尧、舜茅茨土阶，明堂之制未必备，而不害其为治。幽、厉之明堂，固犹文、武、成、康之旧，而无救于其乱。何邪？岂能以“不忍人之心，而行不忍人之政”[6]，则虽茅茨土阶，固亦明堂也；以幽、厉之心，而行幽、厉之政，则虽明堂，亦暴政所自出之地邪？武帝肇讲于汉，而武后

1 明堂：天子理政，百官朝拜之所，举凡朝会、祭祀、庆典、选士诸大典，都在此举行。

2 辟雍：亦作“璧雍”，本为周天子为教育贵族子弟设立的大学。后期也有与明堂配套，称为明堂辟雍。明堂居中，环水为雍（圆满无缺），圆形像辟（辟即璧，皇帝专用的玉制礼器），象征王道教化圆满不绝。

3 历律：历法。

4 封禅：古代帝王祭天地的典礼。在泰山上筑圆坛祭天为“封”，在泰山旁的梁父山辟方坛祭地为“禅”。

5 《吕氏》之《月令》：吕氏，指吕不韦，曾为秦国丞相，命门客编著《吕氏春秋》。《月令》出自《吕氏春秋》，记述夏历十二个月的时令及其相关事物及当行之政。

6 不忍人之心，而行不忍人之政：出自《孟子.公孙丑上》：“孟子曰：‘人皆有不忍人之心。先王有不忍人之心，斯有不忍人之政矣。以不忍人之心，行不忍人之政，治天下可运之掌上。’”

盛作于唐[1]，其治乱何如邪？天子之学曰辟雍，诸侯之学曰泮宫[2]，皆象地形而为之名耳。然三代之学，其要皆所以明人伦，非以辟不辟，泮不泮为重轻也。

孔子云："人而不仁，如礼何？人而不仁，如乐何？"制礼作乐，必具中和之德，声为律而身为度[3]者，然后可以语此。若夫器数之末，乐功之事，祝史[4]之守。故曾子曰："君子所贵乎道者三……笾豆之事，则有司存"[5]也。尧"命羲、和，钦若昊天，历象日月星辰"，其重在于"敬授人时"[6]也。舜"在璇玑玉衡"，其重在于"以齐七政"[7]也。是皆汲汲然以仁民之心而行其养民之政。治历明时之本，固在于此也。羲和历数之学，皋、契未必能之也，禹、稷未必能之也；"尧、舜之知而不遍物"，虽尧、舜亦未必能之也。然至于今，循羲和之法而世修之，虽曲知小慧之人，星术浅陋之士，亦能推步占候[8]而无所忒。则是后世曲知小慧之人反贤于禹、稷、尧、舜者邪？

封禅之说，尤为不经，是乃后世佞人谀士所以求媚于其上，倡

---

1 武帝肇讲于汉，而武后盛作于唐：汉武帝时曾与大臣们议论立明堂之事，武则天曾毁乾元殿而立明堂。

2 泮宫：西周诸侯所设大学。泮宫等级逊于辟雍，仅有三面环水。泮，音 pàn。

3 声为律而身为度：古人称大禹的声音是音律的标准，身高是尺度的准则。见《史记·夏本纪》。

4 祝史：古代掌管祭祀的人。

5 "君子所贵乎道者三"句：出自《论语·泰伯》。"笾"为竹制器皿，"豆"为木制器皿，"笾豆之事"指祭祀礼仪中的细节小事。

6 "尧'命羲、和'"句：出自《尚书·尧典》"乃命羲和，钦若昊天，历象日月星辰，敬授人时"。羲和，指羲氏、和氏，相传都是重黎的后代，世掌天地四时之官。意为：尧命令羲氏、和氏，谨慎遵循天道，推算日月星辰运行规律，制定历法，把天时节令告诉人民。

7 "舜'在璇玑玉衡'"句：出自《舜典》："正月上日，受终于文祖。在璇玑玉衡，以齐七政。"意为：舜观察北斗七星，然后列出七项政事。

8 推步占候：推算历法，以天象占卜自然与人事吉凶。

为夸侈以荡君心而靡国费。盖欺天罔人，无耻之大者，君子之所不道，司马相如之所以见讥于天下后世也。吾子乃以是为儒者所宜学，殆亦未之思邪？

夫圣人之所以为圣者，以其生而知之也。而释《论语》者曰："生而知之者，义理耳。若夫礼乐名物、古今事变，亦必待学而后有以验其行事之实。"夫礼乐名物之类，果有关于作圣之功也，而圣人亦必待学而后能知焉，则是圣人亦不可以谓之生知矣。谓圣人为生知者，专指义理而言，而不以礼乐名物之类。则是礼乐名物之类无关于作圣之功矣。圣人之所以谓之生知者，专指义理而不以礼乐名物之类，则是学而知之者亦惟当学知此义理而已，困而知之者亦惟当困知此义理而已。今学者之学圣人，于圣人之所能知者，未能学而知之，而顾汲汲焉，求知圣人之所不能知者以为学，无乃失其所以希圣之方欤？凡此皆就吾子之听惑者而稍为之分释，未及乎拔本塞源[1]之论也。

【32.13】夫拔本塞源之论不明于天下，则天下之学圣人者，将日繁日难，斯人沦于禽兽夷狄，而犹自以为圣人之学。吾之说虽或暂明于一时，终将冻解于西而冰坚于东，雾释于前而云滃[2]于后，呶呶焉危困以死，而卒无救于天下之分毫也已。

【32.14】夫圣人之心，以天地万物为一体，其视天下之人，无外内远近。凡有血气，皆其昆弟赤子之亲，莫不欲安全而教养之，以遂其万物一体之念。天下之人心，其始亦非有异于圣人也，特其

1　拔本塞源：拔掉树根，塞住水的源头，比喻从根本上杜绝不正之见，以达到正本清源之效。此处用意，与北宋大儒程颐在《河南程氏遗书》中所说"夫辟邪说以明先王之道，非拔本塞源不能也"相同。

2　滃：云气涌起貌。音 wěng 。

间于有我之私，隔于物欲之蔽，大者以小，通者以塞，人各有心，至有视其父、子、兄、弟如仇雠者。圣人有忧之，是以推其天地万物一体之仁以教天下，使之皆有以克其私、去其蔽，以复其心体之同然。其教之大端，则尧、舜、禹之相授受，所谓“道心惟微，惟精惟一，允执厥中”[1]。而其节目[2]，则舜之命契，所谓“父子有亲，君臣有义，夫妇有别，长幼有序，朋友有信”[3]五者而已。唐、虞、三代[4]之世，教者惟以此为教，而学者惟以此为学。当是之时，人无异见，家无异习，安此者谓之圣，勉此者谓之贤，而背此者，虽其启明如朱[5]，亦谓之不肖。下至闾井田野，农、工、商、贾之贱，莫不皆有是学，而惟以成其德行为务。何者？无有闻见之杂，记诵之烦，辞章之靡滥，功利之驰逐，而但使孝其亲，弟其长，信其朋友，以复其心体之同然。是盖性分之所固有，而非有假于外者，则人亦孰不能之乎？

学校之中，惟以成德为事。而才能之异，或有长于礼乐，长于政教，长于水土播植者，则就其成德，而因使益精其能于学校之中。迨夫举德而任，则使之终身居其职而不易。用之者，惟知同心一德，以共安天下之民，视才之称否，而不以崇卑为轻重，劳逸为美恶。效用者，亦惟知同心一德，以共安天下之民，苟当其能，则终身处于烦剧而不以为劳，安于卑琐而不以为贱。当是之时，天下之人熙熙皞皞，皆相视如一家之亲。其才质之下者，则安其农、工、商、

1　道心惟微，惟精惟一，允执厥中：可参看【18.2】条注释。

2　节目：条目、项目。

3　“父子有亲”句：可参看【43.2】条“敬敷五教”注释。

4　唐、虞、三代：唐、虞指唐尧、虞舜，三代是夏、商、周三代。

5　启明如朱：启明，聪明。朱，丹朱，可参看 31.《书正宪扇》“丹朱”注释。

贾之分，各勤其业，以相生相养，而无有乎希高慕外之心。其才能之异，若皋、夔、稷、契[1]者，则出而各效其能。若一家之务，或营其衣食，或通其有无，或备其器用，集谋并力，以求遂其仰事俯育[2]之愿，惟恐当其事者之或怠而重己之累也。故稷勤其稼，而不耻其不知教，视契之善教，即己之善教也；夔司其乐，而不耻于不明礼，视夷之通礼[3]，即己之通礼也。盖其心学纯明，而有以全其万物一体之仁。故其精神流贯，志气通达，而无有乎人己之分、物我之间。譬之一人之身，目视、耳听、手持、足行，以济一身之用。目不耻其无聪，而耳之所涉，目必营焉。足不耻其无执，而手之所探，足必前焉。盖其元气充周，血脉条畅，是以痒疴呼吸，感触神应，有不言而喻之妙。此圣人之学所以至易至简，易知易从，学易能而才易成者，正以大端惟在复心体之同然，而知识技能非所与论也[4]。

【32.15】三代之衰，王道熄而霸术昌，孔孟既没，圣学晦而邪说横。教者不复以此为教，而学者不复以此为学。霸者之徒，窃取先王之近似者，假之于外，以内济其私己之欲，天下靡然而宗之，圣人之道遂以芜塞。相仿相效，日求所以富强之说、倾诈之谋、攻

1 皋、夔、稷、契：皋，即皋陶（音 gāo yáo），传说曾被舜任命为掌管刑法的“理官”。夔，音 kuí，相传为尧、舜时乐官。稷，音 jì，被尧举为“农师”。契，音 xiè，传说是舜的臣，被任命为司徒，掌管教化百姓的事务，并封给他商地。可参看《尚书·舜典》。

2 仰事俯育：出自《孟子·梁惠王上》：“是故明君制民之产，必使仰足以事父母，俯足以畜妻子。”

3 夷之通礼：“夷”指伯夷。伯夷通晓天、地、人“三礼”，被舜任命为“秩宗”，管理祀典。可参看《尚书·舜典》。

4 “此圣人之学所以至易至简，易知易从”句：恢复心体之大同，若乾元资始，则自然学易能而才易成，若坤之随顺相从。出自《周易·系辞上》：“乾以易知，坤以简能；易则易知，简则简从；易知则有亲，易从则有功：有亲则可久，有功则可大。”

伐之计，一切欺天罔人。苟一时之得，以猎取声利之术，若管、商、苏、张[1]之属者，至不可名数。既其久也，斗争劫夺，不胜其祸，斯人沦于禽兽夷狄，而霸术亦有所不能行矣。

世之儒者慨然悲伤，蒐猎[2]先圣王之典章法制，而掇拾修补于煨烬之余，盖其为心，良亦欲以挽回先王之道。圣学既远，霸术之传，积渍已深，虽在贤知，皆不免于习染，其所以讲明修饰，以求宣畅光复于世者，仅足以增霸者之藩篱，而圣学之门墙，遂不复可睹。于是乎有训诂之学，而传之以为名；有记诵之学，而言之以为博；有词章之学，而侈之以为丽。若是者，纷纷籍籍，群起角立于天下，又不知其几家，万径千蹊，莫知所适。世之学者如入百戏之场，戏谑跳踉、骋奇斗巧、献笑争妍者，四面而竞出，前瞻后盼，应接不遑，而耳目眩瞀，精神恍惑，日夜遨游淹息其间，如病狂丧心之人，莫自知其家业之所归。时君世主亦皆昏迷颠倒于其说，而终身从事于无用之虚文，莫自知其所谓。间有觉其空疏谬妄，支离牵滞，而卓然自奋，欲以见诸行事之实者，极其所抵，亦不过为富强功利五霸之事业而止。

圣人之学日远日晦，而功利之习愈趋愈下。其间虽尝瞽惑于佛老，而佛老之说卒亦未能有以胜其功利之心。虽又尝折衷于群儒，而群儒之论终亦未能有以破其功利之见。盖至于今，功利之毒沦浃于人之心髓，而习以成性也，几千年矣。相矜以知，相轧以势，相争以利，相高以技能，相取以声誉。其出而仕也，理钱谷者则欲兼

1　管、商、苏、张：指管仲、商鞅、苏秦、张仪。

2　蒐猎：搜求。“蒐”同“搜”。

夫兵刑，典礼乐者又欲与于铨轴[1]，处郡县则思藩臬[2]之高，居台谏[3]则望宰执[4]之要。故不能其事则不得以兼其官，不通其说则不可以要其誉。记诵之广，适以长其敖也；知识之多，适以行其恶也；闻见之博，适以肆其辨也；辞章之富，适以饰其伪也。是以皋、夔、稷、契所不能兼之事，而今之初学小生皆欲通其说，究其术。其称名僭号，未尝不曰"吾欲以共成天下之务"，而其诚心实意之所在，以为不如是，则无以济其私而满其欲也。

【32.16】呜呼！以若是之积染，以若是之心志，而又讲之以若是之学术，宜其闻吾圣人之教，而视之以为赘疣枘凿[5]，则其以良知为未足，而谓圣人之学为无所用，亦其势有所必至矣！呜呼！士生斯世，而尚何以求圣人之学乎？尚何以论圣人之学乎？士生斯世，而欲以为学者，不亦劳苦而繁难乎？不亦拘滞而险艰乎？呜呼，可悲也已！

所幸天理之在人心，终有所不可泯，而良知之明，万古一日，则其闻吾拔本塞源之论，必有恻然而悲，戚然而痛，愤然而起，沛然若决江河，而有所不可御者矣！非夫豪杰之士，无所待而兴起者，吾谁与望乎？

---

1 铨轴：吏部核心部门。音 quánzhóu 。

2 藩臬：省级职务，藩司管理人事和财政，臬司管理司法。音 fānniè 。

3 台谏：御史掌管纠察、弹劾，称为台官，谏议大夫负责规谏，称为谏官。

4 宰执：宰相一级的官位。

5 枘凿：枘，榫头。凿，榫眼。"方枘圆凿"的缩略语。方榫头，圆榫眼，二者合不到一起，比喻两不相容。枘，音 ruì 。

33. 答友人问书 丙戌（1526年）

[背景简介]1526年，嘉靖五年丙戌，先生五十五岁，在浙江。是年，阳明先生有多篇与诸生论学文章。四月，复南大吉书（见本书中34.《答南元善》），答欧阳德书（见本书中35.《答欧阳崇一书》）。八月，答聂豹书（见本书中38.《答聂文蔚书·其一》）。本书中36.《寄邹谦之书·其三》、37.《寄邹谦之书·其五》也作于是年，还可参看语录【50.51】条。《王文成公全集》年谱载：“四月……德洪与王畿并举南宫，俱不廷对，偕黄弘纲、张元冲同舟归越。先生喜，凡初及门者，必令引导，俟志定有入，方请见。每临坐，默对焚香，无语。”此时，钱德洪和王畿已担任起“教授师”之职。

【33.1】问：“自来先儒皆以‘学问思辨’属‘知’，而以‘笃行’属‘行’，分明是两截事。今先生独谓‘知行合一’，不能无疑。”

曰：此事吾已言之屡屡。凡谓之“行”者，只是着实去做这件事。若着实做学问思辨的工夫，则学问思辨亦便是行矣。学是学做这件事，问是问做这件事，思辨是思辨做这件事，则行亦便是学问思辨矣。若谓学问思辨之，然后去行，却如何悬空先去学问思辨得？行时又如何去得做学问思辨的事？“行”之明觉精察处，便是“知”；

“知”之真切笃实处，便是“行”。若行而不能精察明觉，便是冥行，便是“学而不思则罔”，所以必须说个“知”；知而不能真切笃实，便是妄想，便是“思而不学则殆”，所以必须说个“行”。元来只是一个工夫。凡古人说知行，皆是就一个工夫上补偏救弊说，不似今人截然分作两件事做。某今说“知行合一”，虽亦是就今时补偏救弊说，然“知、行”体段亦本来如是。吾契但着实就身心上体履，当下便自知得。今却只从言语文义上窥测，所以牵制支离，转说转糊涂，正是不能“知行合一”之弊耳。

【33.2】“象山[1]论学与晦庵[2]大有同异，先生尝称象山‘于学问头脑处见得直截分明’。今观象山之论，却有谓‘学有讲明，有践履’，及‘以致知格物为讲明’[3]之事，乃与晦庵之说无异，而与先生知行合一之说，反有不同。何也？”

曰：君子之学，岂有心于同异？惟其是而已。吾于象山之学有同者，非是苟同；其异者，自不掩其为异也。吾于晦庵之论有异者，非是求异；其同者，自不害其为同也。假使伯夷、柳下惠与孔、孟同处一堂之上，就其所见之偏全，其议论断亦不能皆合，然要之不害其同为圣贤也。若后世论学之士，则全是党同伐异，私心浮气所使，将圣贤事业作一场儿戏看了也。

【33.3】又问：“知行合一之说，是先生论学最要紧处。今既与象山之说异矣，敢问其所以同。”

1　象山：可参看22.《象山文集序》“象山”注释。

2　晦庵：即朱熹，可参看本书1.《阳明先生年谱》“1489年”条“考亭”注释。

3　“学有讲明，有践履”句：“讲明”指学问思辨，“践履”指修身正心。出自《陆九渊·卷十二》：“学有讲明，有践履。《大学》‘致知、格物’，《中庸》‘博学、审问、慎思、明辨’，《孟子》‘始条理者智之事’，此讲明也。《大学》‘修身、正心’，《中庸》‘笃行之’，《孟子》‘终条理者圣之事’，此践履也。”

曰："知、行"原是两个字说一个工夫，这一个工夫须着此两个字，方说得完全无弊病。若头脑处见得分明，见得原是一个头脑，则虽把"知、行"分作两个说，毕竟将来做那一个工夫，则始或未便融会，终所谓"百虑而一致"矣。若头脑见得不分明，原看做两个了，则虽把"知、行"合作一个说，亦恐终未有凑泊处。况又分作两截去做，则是从头至尾更没讨下落处也。

【33.4】又问："致良知之说，真是'百世以俟圣人而不惑'者。象山已于头脑上见得分明，如何于此尚有不同？"

曰："致知格物"，自来儒者皆相沿如此说，故象山亦遂相沿得来，不复致疑耳。然此毕竟亦是象山见得未精一处，不可掩也。

又曰："知"之真切笃实处，便是"行"；"行"之明觉精察处，便是"知"。若知时，其心不能真切笃实，则其知便不能明觉精察；不是知之时只要明觉精察，更不要真切笃实也。行之时，其心不能明觉精察，则其行便不能真切笃实；不是行之时只要真切笃实，更不要明觉精察也。知天地之化育，心体原是如此。乾知大始[1]，心体亦原是如此。

1　乾知大始：乾天的作为是主管万物的开始。出自《周易·系辞上》："乾知大始，坤作成物（注：坤地的作为是养成万物）。"

34. 答南元善[1] 丙戌（1526年）

［背景简介］可参看33.《答友人问书 》一文介绍。《王文成公全集》年谱载："大吉入觐，见黜于时，致书先生，千数百言，勤勤恳恳，惟以得闻道为喜，急问学为事，恐卒不得为圣人为忧，略无一字及于得丧荣辱之间。先生读之叹曰：'此非真有朝闻夕死之志者，未易以涉斯境也！'"于是回复本篇书信。阳明先生与南大吉的对话还可参看本书【52.23】条。

施邦曜在《阳明先生集要》一书中就此文有评曰："君子学问，只是个自得，一物不着，无物不有，便是如天如渊境界。若有待于物，将得丧欣戚，爱憎取舍，役役纷起，以夺吾心。即高抗自异，终不足与闻道。此学内外之辨也。"

【34.1】别去忽逾三月，居尝思念，辄与诸生私相慨叹。计归程之所及，此时当到家久矣。太夫人康强，贵眷无恙，渭南风景，当与柴桑无异，而元善之识见兴趣，则又有出于元亮之上者矣。近得中途寄来书，读之恍然如接颜色。勤勤恳恳，惟以得闻道为喜，

1 南元善：黄宗羲《明儒学案·卷二十九·北方王门学案》载："南大吉，字元善，号瑞泉，陕西渭南人。正德辛未进士。授户部主事，历员外郎、郎中，出守绍兴府，致仕。嘉靖辛丑卒，年五十五。先生幼颖敏绝伦，稍长读书为文，即知求圣贤之学，然犹豪旷不拘小节。及知绍兴府，文成方倡道东南，四方负笈来学者，至于寺观不容。"

急问学为事，恐卒不得为圣人为忧，亹亹千数百言，略无一字及于得丧荣辱之间，此非真有朝闻夕死之志者，未易以涉斯境也。浣慰何如！诸生递观传诵，相与叹仰歆服，因而兴起者多矣。

【34.2】世之高抗通脱之士，捐富贵，轻利害，弃爵禄，决然长往而不顾者，亦皆有之。彼其或从好于外道诡异之说，投情于诗酒山水技艺之乐，又或奋发于意气，感激于愤悱，牵溺于嗜好，有待于物以相胜，是以去彼取此而后能。及其所之既倦，意衡心郁，情随事移，则忧愁悲苦随之而作。果能捐富贵，轻利害，弃爵禄，快然终身，无入而不自得已乎？

【34.3】夫惟有道之士，真有以见其良知之昭明灵觉，圆融洞澈，廓然与太虚而同体。太虚之中，何物不有？而无一物能为太虚之障碍。盖吾良知之体，本自聪明睿知，本自宽裕温柔，本自发强刚毅，本自斋庄中正、文理密察，本自溥博渊泉[1]而时出之，本无富贵之可慕，本无贫贱之可忧，本无得丧之可欣戚、爱憎之可取舍。盖吾之耳而非良知，则不能以听矣，又何有于聪？目而非良知，则不能以视矣，又何有于明？心而非良知，则不能以思与觉矣，又何有于睿知？然则，又何有于宽裕温柔乎？又何有于发强刚毅乎？又何有于斋庄中正、文理密察乎？又何有于溥博渊泉而时出之乎？

【34.4】故凡慕富贵、忧贫贱、欣戚得丧、爱憎取舍之类，皆足以蔽吾聪明睿知之体，而窒吾渊泉时出之用。若此者，如明目之中而翳之以尘沙，聪耳之中而塞之以木楔也。其疾痛郁逆，将必速去之为快，而何能忍于时刻乎？故凡有道之士，其于慕富贵、忧贫

1　溥博渊泉：像天空一样广博，如渊泉一样深沉。溥，音 pǔ 。出自《中庸》：“唯天下至圣，为能聪明睿知足以有临也，宽裕温柔足以有容也，发强刚毅足以有执也，齐庄中正足以有敬也，文理密察足以有别也。溥博渊泉而时出之，溥博如天，渊泉如渊。”可参看附录 55.《中庸》【55.37】条。

贱、欣戚得丧而取舍爱憎也，若洗目中之尘而拔耳中之楔。其于富贵、贫贱、得丧、爱憎之相值，若飘风浮霭之往来变化于太虚，而太虚之体，固常廓然其无碍也。元善今日之所造，其殆庶几于是矣乎！是岂有待于物以相胜，而去彼取此？激昂于一时之意气者所能强，而声音笑貌以为之乎？元善自爱！元善自爱！

【34.5】关中自古多豪杰。其忠信沈毅之质，明达英伟之器，四方之士吾见亦多矣，未有如关中之盛者也。然自横渠[1]之后，此学不讲，或亦与四方无异矣。自此关中之士有所振发兴起，进其文艺于道德之归，变其气节为圣贤之学，将必自吾元善昆季始也。今日之归，谓天为无意乎？谓天为无意乎？

【34.6】元贞以病，不及别简，盖心同道同而学同，吾所以告之亦不能有他说也。亮之亮之！

1　横渠：张载（1020－1077），字子厚，北宋哲学家，理学创始人之一，程颢、程颐的表叔，理学支脉——关学创始人。祖籍大梁（今开封），徙家凤翔郿县（今宝鸡眉县）横渠镇，人称“横渠先生”。“为天地立心，为生民立命，为往圣继绝学，为万世开太平”为其名言。当代哲学家冯友兰将其称为“横渠四句”。

35. 答欧阳崇一[1]书 丙戌（1526年）

［背景简介］可参看33.《答友人问书 》一文介绍。《王文成公全集》年谱载："德（注：欧阳德）初见先生于虔，最年少，时已领乡荐[2]。先生恒以'小秀才'呼之。故遣服役，德欣欣恭命，虽劳不怠。先生深器之。嘉靖癸未第进士，出守六安州。数月，奉书以为初政倥偬，后稍次第，始得于诸生讲学。先生曰：'吾所讲学，正在政务倥偬中。岂必聚徒而后为讲学耶？'"其后，复又有此书以论学。

施邦曜在《阳明先生集要》一书中就此文有评曰："此书首段说良心不滞见闻，亦不离见闻，所以要博学审问。二段说人心之思有是非邪正，所以要慎思明辨。三段言君子之学，终身只是集义，便是笃行之。末段则明而诚矣，体贴之自得。"

---

1 欧阳崇一：黄宗羲《明儒学案·卷十七·江右王门学案二》载："欧阳德，字崇一，号南野，江西泰和人。甫冠举乡试，从学王文成于虔台，不赴春宫者二科，文成呼为'小秀才'。登嘉靖二年进士第，知六安州，迁刑部员外郎，改翰林院编修。踰年，迁南京国子司业，南京尚宝司卿，转太仆寺少卿，寻出为南京鸿胪寺卿。丁父忧，除服起原官，疏乞终养，不许。迁南京太常寺卿。寻召为太常卿，掌祭酒事。陞礼部左侍郎，改吏部兼翰林院学士，掌詹事府事。母卒，庐墓服未阕，召拜礼部尚书兼翰林院学士，直无逸殿。三十三年三月二十一日卒于官，年五十九。赠太子少保，谥文庄。"

2 领乡荐：乡试中举。

【35.1】崇一来书云："师云：'德性之良知，非由于闻见。若曰多闻，择其善者而从之，多见而识之[1]，则是专求之见闻之末，而已落在第二义。'窃意良知虽不由见闻而有，然学者之知未常不因见闻而发；滞于见闻固非，而见闻亦良知之用也。今曰'落在第二义'，恐为专以见闻为学者而言。若致其良知而求之见闻，似亦知行合一之功矣。如何？"

良知不由见闻而有，而见闻莫非良知之用，故良知不滞于见闻，而亦不离于见闻。孔子云："吾有知乎哉？无知也。"[2]良知之外，别无知矣。故"致良知"是学问大头脑，是圣人教人第一义。今云"专求之见闻之末"，则是失却头脑，而已落在第二义矣。近时同志中，盖已莫不知有"致良知"之说，然其功夫尚多鹘突者，正是欠此一问。大抵学问功夫只要主意头脑是当，若主意头脑专以"致良知"为事，则凡多闻、多见，莫非"致良知"之功。盖日用之间，见闻酬酢，虽千头万绪，莫非良知之发用流行，除却见闻酬酢，亦无良知可致矣，故只是一事。若曰"致其良知而求之见闻"，则语意之间未免为二。此与"专求之见闻之末者"虽稍不同，其为未得"精一"之旨，则一而已。"多闻，择其善者而从之，多见而识之。"既云"择"，又云"识"，其良知亦未尝不行于其间。但其用意乃专在多闻多见上去择、识，则已失却头脑矣。崇一于此等处见得当已分晓，今日之问，正为发明此学，于同志中极有益。但语意未莹，则毫厘千里，亦不容不精察之也。

【35.2】来书云："师云：'《系》言何思何虑，是言所思所

1　多闻，择其善者而从之，多见而识之：出自《论语·述而》。

2　吾有知乎哉？无知也：出自《论语·子罕》。

虑只是天理，更无别思别虑耳，非谓无思无虑也。心之本体即是天理，有何可思虑得！学者用功，虽千思万虑，只是要复他本体，不是以私意去安排思索出来。若安排思索，便是自私用智矣。学者之蔽，大率非沉空守寂，则安排思索。’[1]德[2]辛壬之岁着前一病，近又着后一病。但思索亦是良知发用，其与私意安排者何所取别？恐认贼作子，惑而不知也。”

“思曰睿，睿作圣”[3]。“心之官则思，思则得之”[4]。思其可少乎？沉空守寂与安排思索，正是自私用智，其为丧失良知一也。良知是天理之昭明灵觉处，故良知即是天理。思是良知之发用。若是良知发用之思，则所思莫非天理矣。良知发用之思，自然明白简易，良知亦自能知得。若是私意安排之思，自是纷纭劳扰，良知亦自会分别得。盖思之是非邪正，良知无有不自知者。所以认贼作子，正为致知之学不明，不知在良知上体认之耳。

【35.3】来书又云：“师云：‘为学终身只是一事，不论有事无事，只是这一件。若说宁不了事，不可不加培养，却是分为两事也。’[5]窃意觉精力衰弱，不足以终事者，良知也。宁不了事，且加休养，致知也。如何却为两事？若事变之来，有事势不容不了，而精力虽衰，稍鼓舞亦能支持，则持志以帅气可矣。然言动终无气力，毕事则困惫已甚，不几于暴其气已乎？此其轻重缓急，良知固未尝不知，然

---

1 “师云”一段：见 29.《答周道通书》第【29.3】条。

2 德：欧阳崇一，名德。

3 思曰睿，睿作圣：出自《尚书·洪范》：“五事：一曰貌，二曰言，三曰视，四曰听，五曰思。貌曰恭，言曰从，视曰明，听曰聪，思曰睿。恭作肃，从作乂，明作哲，聪作谋，睿作圣。”

4 心之官则思，思则得之：出自《孟子·告子上》。

5 “师云”一段，见 29.《答周道通书》第【29.5】条。

或迫于事势，安能顾精力？或困于精力，安能顾事势？如之何则可？”

“宁不了事，不可不加培养”之意，且与初学如此说，亦不为无益。但作两事看了，便有病痛。在孟子言“必有事焉”[1]，则君子之学终身只是“集义”[2]一事。义者，宜也，心得其宜之谓义。能致良知，则心得其宜矣，故“集义”亦只是致良知。君子之酬酢万变，当行则行，当止则止，当生则生，当死则死，斟酌调停，无非是致其良知，以求自慊[3]而已。故“君子素其位而行”，“思不出其位”[4]，凡谋其力之所不及，而强其知之所不能者，皆不得为致良知；而凡“劳其筋骨，饿其体肤，空乏其身，行拂乱其所为，动心忍性以增益其所不能”者，皆所以致其良知也。若云“宁不了事，不可不加培养”者，亦是先有功利之心，计较成败利钝而爱憎取舍于其间，是以将“了事”自作一事，而“培养”又别作一事，此便有是内、非外之意，便是自私用智，便是“义外”[5]，便有“不得于心，勿求于气”[6]之病，便不是致良知以求自慊之功矣。所云“鼓舞支持，毕事则困惫已甚”，又云“迫于事势，困于精力”，皆是把作两事做了，所以有此。凡学问之功，一则诚，二则伪。凡此皆是致良知之意欠诚一真切之故。《大学》言“诚其意者，如恶恶臭，如好好

1　必有事焉：可参看【27.13】条注释。

2　集义：可参看【12.4】条注释。

3　自慊：自己心安理得。慊，音 qiè 。

4　思不出其位：考虑事情不超过自己的身份范畴。出自《周易·艮卦》：“《象》曰：兼山，艮。君子以思不出其位。”又见《论语·宪问》：“子曰：‘不在其位，不谋其政。’曾子曰：‘君子思不出其位。’”

5　义外：可参看【22.2】条“仁内义外”注释。

6　不得于心，勿求于气：不得理于心，就不要用意气去寻求。出自《孟子·公孙丑上》第二章。

色，此之谓自慊。”[1]曾见有恶恶臭，好好色，而须鼓舞支持者乎？曾见毕事则困惫已甚者乎？曾有迫于事势，困于精力者乎？此可以知其受病之所从来矣。

【35.4】来书又有云：“人情机诈百出，御之以不疑，往往为所欺，觉则自入于逆、臆[2]。夫逆诈，即诈也，臆不信，即非信也，为人欺，又非觉也。不逆不臆而常先觉，其惟良知莹彻乎？然而出入毫忽之间，背觉合诈[3]者多矣。”

“不逆不臆而先觉”，此孔子因当时人专以逆诈、臆不信为心，而自陷于诈与不信。又有不逆、不臆者，然不知致良知之功，而往往又为人所欺诈，故有是言。非教人以是存心，而专欲先觉人之诈与不信也。以是存心，即是后世猜忌险薄者之事，而只此一念，已不可与入尧、舜之道矣。不逆、不臆而为人所欺者，尚亦不失为善，但不如能致其良知，而自然先觉者之尤为贤耳。崇一谓“其惟良知莹彻”者，盖已得其旨矣。然亦颖悟所及，恐未实际也。盖良知之在人心，亘万古、塞宇宙而无不同。“不虑而知”[4]，“恒易以知险”[5]，“不学而能”[6]，“恒简以知阻”[7]，“先天而天不违”，“天且不违，

1　诚其意者，如恶恶臭，如好好色，此之谓自慊：可参看54.《大学》【54.4】条。

2　逆、臆：出自《论语·宪问》：“子曰：不逆诈，不亿不信，抑亦先觉者，是贤乎。”“不逆诈”，不事先怀疑别人欺诈，“不亿不信”，不臆测别人不诚信。“亿”繁体字写作“億”，通“臆”。

3　背觉合诈：背离事先觉察之念，合于猜疑他人欺诈之想。

4　不虑而知：出自《孟子·尽心上》：“人之所不学而能者，其良能也；所不虑而知者，其良知也”。

5　恒易以知险：乾天的德行永恒平易，因而自然能知危险。出自《易经·系辞下》：“夫乾！天下之至健也，德行恒易以知险。夫坤！天下之至顺也，德行恒简以知阻。”

6　不学而能：出自《孟子·尽心上》。

7　恒简以知阻：坤地的德行永恒简易，因而自然能知阻碍。出自《易经·系辞下》。

而况于人乎？况于鬼神乎？”[1] 夫谓“背觉合诈”者，是虽不逆人，而或未能无自欺也；虽不臆人，而或未能果自信也。是或常有先觉之心，而未能常自觉也。常有求先觉之心，即已流于逆、臆，而足以自蔽其良知矣。此“背觉合诈”之所以未免也。

君子学以为己，未尝虞人之欺己也，恒不自欺其良知而已；未尝虞人之不信己也，恒自信其良知而已；未尝求先觉人之诈与不信也，恒务自觉其良知而已。是故不欺则良知无所伪而诚，诚则明矣；自信则良知无所惑而明，明则诚矣。明、诚相生，是故良知常觉、常照。常觉、常照则如明镜之悬，而物之来者自不能遁其妍媸矣。何者？不欺而诚，则无所容其欺，苟有欺焉而觉矣；自信而明，则无所容其不信，苟不信焉而觉矣。是谓“易以知险，简以知阻”，子思所谓“至诚如神，可以前知”[2] 者也，然子思谓“如神”，谓“可以前知”，犹二而言之，是盖推言思诚者之功效，是犹为不能先觉者说也。若就至诚而言，则至诚之妙用，即谓之“神”，不必言“如神”，至诚则“无知而无不知”，不必言“可以前知”矣。

---

1 “先天而天不违”句：出自《易经·乾·文言》：“夫大人者，与天地合其德，与日月合其明，与四时合其序，与鬼神合其吉凶。先天而天弗违，后天而奉天时。天且弗违，而况于人乎？况于鬼神乎？”

2 至诚如神，可以前知：可参看 55.《中庸》【55.28】条。

36. 寄邹谦之[1]书 其三 丙戌（1526年）

［背景简介］可参看33.《答友人问书 》一文介绍。邹谦之是阳明心学的重要传承人之一，他与阳明先生的交往经历，在黄宗羲《明儒学案·卷十七·江右王门学案一》有载："初见文成于虔台，求表父墓，殊无意于学也。文成顾日夕谈学，先生忽有省曰：'往吾疑程、朱补《大学》，先格物穷理，而《中庸》首慎独，两不相蒙，今释然，格致之即慎独也。'遂称弟子。又见文成于越，留月余，既别而文成念之曰：'以能问于不能，谦之近之矣。'又自广德至越，文成叹其不以迁谪为意，先生曰：'一官应迹优人，随遇为故事耳。'文成默然，良久曰：'《书》称允恭克让，谦之信恭让矣。自省允克如何？'先生欿然，始悟平日之恭让，不免于玩世也。"本书中语录部分还有多处提及邹谦之，可参看【46.7】、【50.49】、【50.52】、【52.1】、【53.3】等。

1 邹谦之：黄宗羲《明儒学案·卷十七·江右王门学案一》载："邹守益，字谦之，号东廓，江西安福人。九岁从父官于南都，罗文庄钦顺见而奇之。正德六年会试第一，廷试第三，授翰林编修。踰年丁忧。宸濠反，从文成建义。嘉靖改元，起用。大礼议起，上疏忤旨，下诏狱，谪判广德州（注：今安徽省宣城市广德县）。毁淫祠，建'复初书院'讲学。擢南京主客郎中，任满告归。起南考功，寻还翰林，司经局洗马，上《圣功图》。世宗犹以议礼前疏弗悦也，下礼部参勘而止。迁太常少卿，兼侍读学士，掌南院。陞南京国子祭酒。九庙灾，有旨大臣自陈，大臣皆惶恐引罪，先生上疏独言君臣交儆之义，遂落职闲住。四十一年卒，年七十二。隆庆元年，赠礼部右侍郎，谥文庄。"

施邦曜在《阳明先生集要》一书中就此文有评曰："人只是未尝实见得是，为己为人，俱要铺张增益，究至人己两受其害。还淳返朴，此是救时大学问。"

【36.1】教札时及，足慰离索。兼示《论语讲章》，明白痛快，足以发朱注之所未及。诸生听之，当有油然而兴者矣。后世人心陷溺，祸乱相寻，皆由此学不明之故。只将此"学"字头脑处指掇得透彻，使人洞然知得是自己生身立命之原，不假外求，如木之有根，畅茂条达，自有所不容已，则所谓悦乐不愠者，皆不待言而喻。书院记文，整严精确，迥尔不群，皆是直写胸中实见，一洗近儒影响雕饰之习，不徒作矣。

【36.2】某近来却见得"良知"两字日益真切简易。朝夕与朋辈讲习，只是发挥此两字不出。缘此两字，人人所自有，故虽至愚下品，一提便省觉。若致其极，虽圣人天地不能无憾，故说此两字穷劫不能尽。世儒尚有致疑于此，谓未足以尽道者，只是未尝实见得耳。近有乡大夫请某讲学者云："除却良知，还有什么说得？"某答云："除却良知，还有什么说得！"不审迩来谦之于此两字，见得比旧又如何矣？无因一面扣之，以快倾渴。正之[1]去，当能略尽鄙怀，不能一一。

【36.3】后世大患，全是士夫以虚文相诳，略不知有诚心实意。流积成风，虽有忠信之质，亦且迷溺其间，不自知觉。是故以之为子，则非孝；以之为臣，则非忠。流毒扇祸，生民之乱，尚未知所抵极。今欲救之，惟有返朴还淳是对症之剂。故吾侪今日用工，务在鞭辟

1　正之：黄弘纲，字正之，号洛村，江西粤都（今于都）人。

近里，删削繁文始得。然鞭辟近里，删削繁文，亦非草率可能，必须讲明致良知之学。每以言于同志，不识谦之亦以为何如也？讲学之后，望时及之。

37. 寄邹谦之书 其五 丙戌（1526年）

[背景简介]可参看33.《答友人问书》和36.《寄邹谦之书·其三》之介绍。

施邦曜在《阳明先生集要》一书中就此文有评曰："人惟胜心最难驱除，其危害最大。故原宪以四者之不行为仁，而首之以克。学者能去其胜心，便是廓然大公，'毋意、毋必、毋固、毋我'之田地了。存一胜心，则是己非人，争门角户，无所不至，党锢诸闲，亦多罹此患。其关于学术人心不小，慎之哉！"

【37.1】张、陈二生来，适归余姚祭扫，遂不及相见，殊负深情也。

【37.2】"随事体认天理[1]，即戒慎恐惧"功夫，以为尚隔一尘，为世之所谓"事事物物皆有定理"[2]而求之于外者言之耳。若"致良知"之功明，则此语亦自无害，不然，即犹未免于毫厘千里也。来喻以为恐主于事者，盖已深烛其弊矣。

---

1 随事体认天理：湛若水主讲"随处体认天理"，是他的立言宗旨。

2 事事物物皆有定理：出自朱熹《大学或问》"能知所止，则方寸之间，事事物物皆有定理矣"。

【37.3】寄示甘泉[1]《尊经阁记》，甚善甚善！其间大意亦与区区《稽山书院》[2]之作相同。《稽山》之作，向尝以寄甘泉，自谓于此学颇有分毫发明。今甘泉乃谓“今之谓聪明知觉，不必外求诸经者，不必呼而能觉”之类，则似急于立言，而未暇细察鄙人之意矣。

后世学术之不明，非为后人聪明识见之不及古人，大抵多由胜心为患，不能取善相下。明明其说之已是矣，而又务为一说以高之，是以其说愈多而惑人愈甚。凡今学术之不明，使后学无所适从，徒以致人之多言者，皆吾党自相求胜之罪也。

今良知之说，已将学问头脑说得十分下落，只是各去胜心，务在共明此学，随人分限，以此循循善诱之，自当各有所至。若只要自立门户，外假卫道之名，而内行求胜之实，不顾正学之因此而益荒，人心之因此而愈惑，党同伐异，覆短争长，而惟以成其自私自利之谋，仁者之心有所不忍也！

甘泉之意，未必由此，因事感触，辄漫及之。盖今时讲学者，大抵多犯此症，在鄙人亦或有所未免，然不敢不痛自克治也。如何？如何？

1　甘泉：湛若水。可参看本书 1.《阳明先生年谱》“1505 年”条“湛甘泉若水”注释。

2　《稽山书院》：指阳明先生嘉靖乙酉（1525）所作《稽山书院尊经阁记》。宋代范仲淹在越州（今绍兴）为官，于州治创建稽山书院，后朱熹曾于此讲学数政。明正德间，山阴知县张焕移建故址之西。嘉靖三年 (1524) 知府 南大吉及山阴县令吴瀛拓书院，增建“明德堂”“尊经阁”。阳明先生于此阐述“致良知”之学，并撰《稽山书院尊经阁记》，阐述何谓尊经。其中有道：“经，常道也，其在于天谓之命，其赋于人谓之性，其主于身谓之心……故六经者，吾心之记籍也；而六经之实，则具于吾心，犹之产业库藏之实积，种种色色，具存于其家；其记籍者，特名状数目而已。”

38. 答聂文蔚[1]书 其一 丙戌（1526年）

［背景简介］可参看33.《答友人问书》一文介绍。《王文成公全集》年谱载："八月，答聂豹书。是年夏，豹以御史巡按福建，渡钱塘来见先生。别后致书，谓：'思、孟、周、程无意相遭于千载之下，与其尽信于天下，不若真信于一人。道固自在，学亦自在。'"于是有此答书。

施邦曜在《阳明先生集要》一书中就此文有评曰："圣人以天下为身，视人之喑哑聋聩，犹之身疚。故曰：'尧舜犹病诸。'非尧舜之至仁，不能有是病，病正是尧舜之大仁也。孔子周流，孟子好辩，俱是视天下病犹身病，欲一日安坐、一日无言不可得，真有大不得已者存乎其间。先生当喑哑聋聩之世，效谈笑于坠溺之旁，是谓不仁。其干冒病狂丧心之讥，求

1　聂文蔚：黄宗羲《明儒学案·卷十七·江右王门学案二》有载"聂豹，字文蔚，号双江，永丰人也。正德十二年进士。知华亭县。清乾没一万八千金，以补逋赋，修水利，兴学校。识徐存斋于诸生中。召入为御史，劾奏大奄及柄臣，有能谏名。出为苏州知府。丁内外艰，家居十年。以荐起，知平阳府，修关练卒，先事以待，寇至不敢入。世宗闻之，顾谓侍臣曰：'豹何状乃能尔？'陞陕西按察司副使，为辅臣夏贵溪所恶，罢归。寻复逮之，先生方与学人讲《中庸》，校突至，械系之。先生系毕，复与学人终前说而去。既入诏狱，而贵溪亦至，先生无怨色。贵溪大惭。踰年得出。嘉靖二十九年，京师戒严，存斋为宗伯，因荐先生。召为巡抚蓟州右佥都御史，转兵部侍郎，协理京营戎政。仇鸾请调宣、大兵入卫，先生不可而止。寻陞尚书，累以边功加至太子少傅。东南倭乱，赵文华请视师，朱龙禧请差田赋开市舶，辅臣严嵩主之，先生皆以为不可，降俸二级。遂以老疾致仕。四十二年十一月四日卒，年七十七。隆庆元年，赠少保，谥贞襄"。另可参看本书1.《阳明先生年谱》"1526年"条。

申其不得已之意，真是圣贤之存心。”

【38.1】夏间远劳迂途枉顾，问证惓惓，此情何可当也！已期二三同志，更处静地，扳留旬日，少效其鄙见，以求切劘之益，而公期俗绊，势有不能，别去极怏怏，如有所失。忽承笺惠，反复千余言，读之无甚浣慰。中间推许太过，盖亦奖掖之盛心，而规砺真切，思欲纳之于贤圣之域；又托诸崇一[1]以致其勤勤恳恳之怀，此非深交笃爱，何以及是！知感知愧，且惧其无以堪之也。虽然，仆亦何敢不自鞭勉，而徒以感愧辞让为乎哉？其谓“思、孟、周、程无意相遭于千载之下，与其尽信于天下，不若真信于一人。道固自在，学亦自在，天下信之不为多，一人信之不为少者，斯固君子‘不见是而无闷’[2]之心，岂世之谫谫屑屑者知足以及之乎？”乃仆之情则有大不得已者存乎其间，而非以计人之信与不信也。

【38.2】夫人者，天地之心。天地万物，本吾一体者也，生民之困苦荼毒，孰非疾痛之切于吾身者乎？不知吾身之疾痛，无是非之心者也。是非之心，不虑而知，不学而能，所谓良知也。良知之在人心，无间于圣愚，天下古今之所同也。世之君子惟务致其良知，则自能公是非，同好恶，视人犹己，视国犹家，而以天地万物为一体，求天下无治，不可得矣。古之人所以能见善不啻若己出，见恶不啻若己入，视民之饥溺犹己之饥溺[3]，而一夫不获[4]，若己推而纳诸沟

1　崇一：可参看本书35.《答欧阳崇一书》中“欧阳崇一”条注释。

2　不见是而无闷：不被认可也没有烦恼。出自《易经·乾卦》：“遁世无闷，不见是而无闷；乐则行之，忧则违之；确乎其不可拔，潜龙也。”

3　“视民之饥溺”句：出自《孟子·离娄下》“禹思天下有溺者，由己溺之也；稷思天下有饥者，由己饥之也。是以如是其急也”。

4　“一夫不获”句：一人不得其所。出自《尚书·说命》：“一夫不获，则曰‘时予之辜。’”

中者，非故为是而以祈天下之信己也，务致其良知，求自慊而已矣。尧、舜、三王之圣，言而民莫不信者，致其良知而言之也；行而民莫不说者，致其良知而行之也。是以其民‘熙熙皞皞，杀之不怨，利之不庸’[1]，施及蛮貊，而凡有血气者莫不尊亲，为其良知之同也。呜呼！圣人之治天下，何其简且易[2]哉！

【38.3】后世良知之学不明，天下之人用其私智以相比轧，是以人各有心，而偏琐僻陋之见，狡伪阴邪之术，至于不可胜说。外假仁义之名，而内以行其自私自利之实；诡辞以阿俗，矫行以干誉；掩人之善，而袭以为己长；讦人之私，而窃以为己直；忿以相胜，而犹谓之徇义；险以相倾，而犹谓之疾恶；妒贤忌能，而犹自以为公是非；恣情纵欲，而犹自以为同好恶。相陵相贼，自其一家骨肉之亲，已不能无尔我胜负之意、彼此藩篱之形，而况于天下之大，民物之众，又何能一体而视之？则无怪于纷纷籍籍，而祸乱相寻于无穷矣！

【38.4】仆诚赖天之灵，偶有见于良知之学，以为必由此，而后天下可得而治。是以每念斯民之陷溺，则为戚然痛心，忘其身之不肖，而思以此救之，亦不自知其量者。天下之人见其若是，遂相与非笑而诋斥之，以为是病狂丧心之人耳。呜呼！是奚足恤哉？吾方疾痛之切体，而暇计人之非笑乎！

人固有见其父子兄弟之坠溺于深渊者，呼号匍匐，裸跣颠顿，扳悬崖壁而下拯之。士之见者，方相与揖让谈笑于其傍，以为是弃

1　熙熙皞皞，杀之不怨，利之不庸：“熙熙”，温和欢乐貌，“皞皞”广大自得貌，音 hàohào 。“庸”，酬谢意。出自《孟子·尽心上》：“王者之民皞皞如也。杀之而不怨，利之而不庸，民日迁善而不知为之者。”

2　简且易：可参看【15.4】条“恒易以知险”和“恒简以知阻”注释。

其礼貌衣冠而呼号颠顿若此，是病狂丧心者也。故夫揖让谈笑于溺人之傍而不知救，此惟行路之人，无亲戚骨肉之情者能之，然已谓之“无恻隐之心，非人矣”[1]。若夫在父子兄弟之爱者，则固未有不痛心疾首，狂奔尽气，匍匐而拯之。彼将陷溺之祸有不顾，而况于病狂丧心之讥乎？而又况于祈人之信与不信乎？呜呼！今之人虽谓仆为病狂丧心之人，亦无不可矣。天下之人心皆吾之心也，天下之人犹有病狂者矣，吾安得而非病狂乎？犹有丧心者矣，吾安得而非丧心乎？

【38.5】昔者孔子之在当时，有议其为谄[2]者，有讥其为佞[3]者，有毁其未贤[4]，诋其为不知礼[5]，而侮之以为‘东家丘’[6]者，有嫉而沮之[7]者，有恶而欲杀之[8]者。晨门、荷蒉之徒，皆当时之贤士，且曰“是

1 无恻隐之心，非人矣：《孟子·公孙丑上》：“所以谓人皆有不忍人之心者，今人乍见孺子将入于井，皆有怵惕恻隐之心——非所以内交于孺子之父母也，非所以要誉于乡党朋友也，非恶其声而然也。由是观之，无恻隐之心，非人也；无羞恶之心，非人也；无辞让之心，非人也；无是非之心，非人也。”

2 议其为谄：见《论语·八佾》：“子曰：‘事君尽礼，人以为谄也。’”

3 讥其为佞：见《论语·宪问》：“微生亩谓孔子曰：‘丘何为是栖栖者与？无乃为佞乎？’孔子曰：‘非敢为佞也，疾固也。”

4 毁其未贤：见《论语·子张》：“叔孙武叔毁仲尼。子贡曰：‘无以为也。仲尼，不可毁也。他人之贤者，丘陵也，犹可逾也。仲尼，日月也，无得而逾焉。人虽欲自绝，其何伤于日月乎？多见其不知量也。’”

5 诋其为不知礼：出自《论语·八佾》：“子入太庙，每事问。或曰：‘孰谓鄹人之子知礼乎？入太庙，每事问。’子闻之，曰：‘是礼也。’”

6 东家丘：传说孔子西邻愚人不知孔子为圣人，称孔子为“东家丘”。如唐代李白在《送薛九被谗去鲁》诗中就有：“宋人不辨玉，鲁贱东家丘。”多称该词出自《孔子家语》，但今本《孔子家语》无此语。

7 嫉而沮之：孔子曾摄行鲁国相事。齐国怕鲁国强大对本国不利，于是给季桓子馈赠美女，果然他三天不问政事。孔子见此失望，遂弃官离鲁。见《论语·微子》：“齐人归女乐，季桓子受之，三日不朝，孔子行。”“归”，通“馈”。

8 恶而欲杀之：见《论语·述而》：“子曰：‘天生德于予，桓魋其如予何？’”孔子路过宋国的时候，桓魋（音 tuí）想杀掉孔子。

知其不可而为之者欤？”[1]“鄙哉！硁硁乎！莫己知也，斯已而已也”[2]。虽子路在升堂之列，尚不能无疑于其所见，不悦于其所欲往[3]，而且以之为迂[4]，则当时之不信夫子者，岂特十之二三而已乎？然而夫子汲汲遑遑，若求亡子于道路，而不暇于暖席者，宁以祈人之知我、信我而已哉？盖其天地万物一体之仁疾痛迫切，虽欲已之而自有所不容已，故其言曰：“吾非斯人之徒与而谁与？”[5]“欲洁其身而乱大伦。”[6]“果哉，末之难矣！”[7]呜呼！此非诚以天地万物为一体者，孰能以知夫子之心乎？若其“遁世无闷”，“乐天知命”者，则固“无入而不自得”，“道并行而不相悖”[8]也。

【38.6】仆之不肖，何敢以夫子之道为己任？顾其心亦已稍知疾痛之在身，是以彷徨四顾，将求其有助于我者，相与讲去其病耳。

---

1 是知其不可而为之者欤：出自《论语·宪问》：“子路宿于石门。晨门曰：‘奚自？’子路曰：‘自孔氏。’曰：‘是知其不可而为之者与？’”“晨门”，掌管城门早晚开闭的人。

2 “鄙哉！硁硁乎！”句：大意为：可鄙啊！把磬敲得硁硁的，好像说无人明白自己似的。没人懂就没人懂吧，世道如此，该怎么样就怎么样吧。出自《论语·宪问》：“子击磬于卫，有荷蒉而过孔氏之门者，曰：‘有心哉，击磬乎！’既而曰：‘鄙哉！硁硁乎！莫己知也，斯已而已矣。深则厉，浅则揭。’子曰：‘果哉！末之难矣。’”“荷蒉”挑着草筐。硁，音 kēng。蒉，音 kuì。

3 不悦于其所欲往：见《论语·雍也》：“子见南子，子路不悦。”可参看【30.3】条注释。

4 以之为迂：见《论语·子路》：“子路曰：‘卫君待子而为政，子将奚先？’子曰：‘必也正名乎！’子路曰：‘有是哉，子之迂也！奚其正？’”

5 吾非斯人之徒与而谁与：出自《论语·微子》：“夫子怃然曰：‘鸟兽不可与同群，吾非斯人之徒与而谁与？天下有道，丘不与易也。’”

6 欲洁其身而乱大伦：见《论语·微子》：“子路曰：‘不仕无义。长幼之节，不可废也；，君臣之义，如之何其废之？欲洁其身，而乱大伦。君子之仕也，行其义也。道之不行，已知之矣。’”

7 果哉，末之难矣：“果”，坚决意。“末之难”，没办法说服他。出自本条“鄙哉！硁硁乎！”句注释。

8 “无入而不自得”、“道并行而不相悖”：无论何种境遇都能自得于心，各循其道而不相抵触。两句皆出自《中庸》，可参看55.《中庸》【55.13】和【55.36】条。

今诚得豪杰同志之士扶持匡翼，共明良知之学于天下，使天下之人皆知自致其良知，以相安相养，去其自私自利之蔽，一洗谗妒胜忿之习，以济于大同，则仆之狂病，固将脱然以愈，而终免于丧心之患矣，岂不快哉！

嗟乎！今诚欲求豪杰同志之士于天下，非如吾文蔚者而谁望之乎？如吾文蔚才与志，诚足以援天下之溺者，今又既知其具之在我而无假于外求矣，循是而充，若决河注海，孰得而御哉？文蔚所谓"一人信之不为少"，其又能逊以委之何人乎？

【38.7】会稽素号山水之区，深林长谷，信步皆是，寒暑晦明，无时不宜，安居饱食，尘嚣无扰，良朋四集，道义日新，优哉游哉，天地之间宁复有乐于是者！孔子云："不怨天，不尤人，下学而上达。"[1] 仆与二三同志，方将请事斯语，奚暇外慕？独其切肤之痛，乃有未能恝然[2]者，辄复云云尔。

咳疾暑毒，书札绝懒。盛使远来，迟留经月，临岐执笔，又不觉累纸。盖于相知之深，虽已缕缕至此，殊觉有所未能尽也。

---

1 不怨天，不尤人，下学而上达：出自《论语·宪问》。可参看【44.10】"问上达工夫"。

2 恝然：淡然、漠然。恝，音 jiá。

39. 与黄宗贤[1] 丁亥（1527年）

［背景简介］1527年，嘉靖六年丁亥，阳明先生五十六岁。正月，先生与宗贤书。五月，任都察院左都御史，征思、田。《王文成公全集》年谱载：“是月初八日，德洪与畿访张元冲舟中，因论为学宗旨。畿曰：‘先生说知善知恶是良知，为善去恶是格物，此恐未是究竟话头。’德洪曰：‘何如？’畿曰：‘心体既是无善无恶，意亦是无善无恶，知亦是无善无恶，物亦是无善无恶。若说意有善有恶，毕竟心亦未是无善无恶。’德洪曰：‘心体原来无善无恶，今习染既久，觉心体上见有善恶在，为善去恶，正是复那本体功夫。若见得本体如此，只说无功夫可用，恐只是见耳。’畿曰：

1　黄宗贤：黄绾，字宗贤，又作叔贤，号久庵、石龙。浙江温岭人。黄宗羲《明儒学案・卷十三・浙中王门学案三》载：“以祖荫入官，授后军都事。告病归，家居十年。以荐起南京都察院经历。同张璁、桂萼上疏主大礼，升南京工部员外郎，累疏乞休。尚书席书纂修《明伦大典》，荐先生与之同事。起光禄寺少卿，转大理寺，改少詹事兼侍讲学士，充讲官。《大典》成，升詹事，兼侍读学士。出为南京礼部右侍郎，转礼部左侍郎。云中之变，往抚平之。知乙未贡举，丁忧服阕，起礼部尚书，兼翰林院学士，充安南正使，以迟缓不行。闲住，迁家翠屏山中。寒署未尝释卷，享年七十有五。先生初师谢文肃，及官都事，闻阳明讲学，请见。阳明曰：‘作何功夫？’对曰：‘初有志，工夫全未。’阳明曰：‘人患无志，不患无工夫可用。’复见甘泉，相与矢志于学。阳明归越，先生过之，闻致良知之教，曰：‘简易直截，圣学无疑。先生真吾师也，尚可自处于友乎？’乃称门弟子。阳明既殁，桂萼龂龁之。先生上疏言：‘昔议大礼，臣与萼合，臣遂直友以忠君。今萼毁臣师，臣不敢阿友以背师。’又以女妻阳明之子正亿，携之金陵，销其外侮。”

‘明日先生启行，晚可同进请问。’是日夜分，客始散，先生将入内，闻洪与畿候立庭下，先生复出，使移席天泉桥上。德洪举与畿论辩请问。先生喜曰：‘正要二君有此一问！我今将行，朋友中更无有论证及此者，二君之见正好相取，不可相病。汝中须用德洪功夫，德洪须透汝中本体。二君相取为益，吾学更无遗念矣。’（此便是著名的天泉论道，详见本书语录【50.53】条）。十月，徐樾请见（见本书1.《阳明先生年谱》“1527年”条）。十一月，至梧州。十有二月，命暂兼理巡抚两广。本书中40.《与马子莘》、41.《答魏师说书》也作于此年。

【39.1】人在仕途，比之退处山林时，其工夫之难十倍，非得良友时时警发砥砺，则其平日之所志向，鲜有不潜移默夺，驰然日就于颓靡者。近与诚甫[1]言，在京师相与者少，二君必须预先相约定，彼此但见微有动气处，即须提起致良知话头，互相规切。凡人言语正到快意时，便截然能忍默得；意气正到发扬时，便翕然能收敛得；愤怒嗜欲正到胜沸时，便廓然能消化得，此非天下之大勇者不能也。然见得良知亲切时，其工夫又自不难。缘此数病，良知之所本无，只因良知昏昧蔽塞而后有，若良知一提醒时，即如白日一出，而魍魉自消矣。

【39.2】《中庸》谓“知耻近乎勇”[2]。所谓知耻，只是耻其不能致得自己良知耳。今人多以言语不能屈服得人为耻，意气不能陵轧得人为耻，愤怒嗜欲不能直意任情得为耻，殊不知此数病者，皆是蔽塞自己良知之事，正君子之所宜深耻者。今乃反以不能蔽塞自己良知为耻，正是耻非其所当耻，而不知耻其所当耻也。可不大哀乎！

1　诚甫：可参看9.《与黄诚甫书》“黄诚甫”注释。

2　知耻近乎勇：可参看55.《中庸》【55.20】条。

【39.3】诸君皆平日所知厚者，区区之心，爱莫为助，只愿诸君都做个“古之大臣”。古之所谓大臣者，更不称他有甚知谋才略，只是一个“断断无他技，休休如有容”[1]而已。诸君知谋才略，自是超然出于众人之上，所未能自信者，只是未能致得自己良知，未全得“断断休休”体段耳。

【39.4】今天下事势，如沈痾积痿，所望以起死回生者，实有在于诸君子。若自己病痛未能除得，何以能疗得天下之病！此区区一念之诚，所以不能不为诸君一竭尽者也。诸君每相见时，幸默以此意相规切之，须是克去己私，真能以天地万物为一体，实康济得天下，挽回三代之治，方是不负如此圣明之君，方能报得如此知遇，不枉了因此一大事来出世一遭也。

【39.5】病卧山林，只好修药饵苟延喘息。但于诸君出处，亦有痛痒相关者，不觉缕缕至此。幸亮此情也！

1　“断断无他技”句：断断，诚一貌，休休，宽容貌。出自《尚书·秦誓》：“若有一介臣，断断兮无他技，其心休休焉，其如有容。”

40. 与马子莘[1] 丁亥（1527年）

［背景简介］可参看《39. 与黄宗贤》一文介绍。

【40.1】连得所寄书，诚慰倾渴！绨观来书，其字画文彩皆有加于畴昔[2]。根本盛而枝叶茂，理固宜然，然草木之花，千叶者无实，其花繁者，其实鲜矣。迩来子莘之志，得无微有所溺乎？是亦不可以不省也！良知之说，往时亦尝备讲，不审迩来能益莹彻否？

【40.2】明道云："吾学虽有所受，然'天理'二字，却是自家体认出来。"[3]良知即是天理。体认者，实有诸己之谓耳，非若世之想像讲说者之为也。近时同志，莫不知以良知为说，然亦未见

1　马子莘：马明衡，字子莘。今福建省莆田县人。父马思聪，死宸濠难。正德九年（1514年）中进士，任太常博士。嘉靖三年，授湖广道监察御史，此时正是朝廷上下为明世宗皇统问题上的政治争论极为尖锐之时（可参看本书1.《阳明先生年谱》"1524年"条"大礼议"注释），又逢明武宗的生母昭圣皇太后的寿辰，马明衡因反对明世宗"免命妇朝贺"的安排，上疏触怒明世宗，遂被下诏狱拷讯。当时明世宗欲杀死马明衡，内阁大臣蒋冕称道："陛下有尧舜之治，奈何还有杀死谏臣之名。"久之，明世宗稍微解气，遂欲戍之。蒋冕继续请奏，并为之哭泣。于是改为杖刑八十，除名为民。

2　畴昔：往昔。

3　"明道云"句：出自《二程全书·外书第十二》："吾学虽有所授受，天理两字却是自家体贴出来。"

有能实体认之者，是以尚未免于疑惑。盖有谓良知不足以尽天下之理，而必假于穷索以增益之者。又以为徒致良知未必能合于天理，须以良知讲求其所谓天理者，而执之以为一定之则，然后可以率由而无弊。是其为说，非实加体认之功而真有以见夫良知者，则亦莫能辨其言之似是而非也！

【40.3】莆[1]中故多贤，国英及志道二三同志之外，相与切磋砥砺者，亦复几人？良知之外，更无知；致知之外，更无学。外良知以求知者，邪妄之知矣；外致知以为学者，异端之学矣。道丧千载，良知之学久为赘疣，今之友朋知以此事日相讲求者，殆空谷之足音欤！想念虽切，无因面会一罄此怀，临书惘惘！不尽。

1　莆：莆田。马子莘为莆田人。

41. 答魏师说[1]书 丁亥（1527年）

[背景简介]可参看39.《与黄宗贤》一文介绍。

施邦曜在《阳明先生集要》一书中就此文有评曰："'体面事势'四字，惟周旋世务人自谓知得极透，然精神都用在周旋去处，终多拘格。一惟真心实意做去，便不见得有体面事势之为碍。此可悟诚意致知之学。"

师伊[2]至，备闻日新之功，兼得来书，志意恳切，喜慰无尽！

所云"任情任意，认作良知，及作意为之，不依本来良知，而自谓良知者，既已察识其病矣。"

"意"与"良知"当分别明白。凡应物起念处，皆谓之"意"。意则有是有非，能知得意之是与非者，则谓之"良知"。依得良知，

1　魏师说：黄宗羲《明儒学案·卷十九·江右王门学案四》有载："魏良弼，字师说，号水洲，南昌新建人。嘉靖癸未（1523）进士。知松阳县，入为给事中，累迁礼科都给事中……永嘉复位，始以京察罢。先生居乡，情味真至。乡人见先生有所告诫，退辄称其说以教家人，其偶然者流为方语，而深切者垂为法言，曰'魏水洲云云，不可易也。'疾痛则问药，旱潦则问捄（注：同'救'），先生因而付之，各毕所愿，閭里顿化，争讼亦息。人有夜梦先生者，明旦得嘉客。生儿者梦先生过其家，则里中相贺以为瑞。稻初登，果未落，家有老人不敢尝，必以奉先生。其为乡里所亲敬如此……隆庆改元，晋太常少卿致仕。万历乙亥卒，年八十有四。弟良政、良器。"

2　师伊：魏师说之弟，魏良政，字师伊。

即无有不是矣。所疑拘于体面，格于事势等患，皆是致良知之心未能诚切专一。若能诚切专一，自无此也。凡作事不能谋始，与有轻忽苟且之弊者，亦皆致知之心未能诚一，亦是见得良知未透彻。若见得透彻，即体面事势中，莫非良知之妙用。除却体面事势之外，亦别无良知矣。岂得又为体面所局，事势所格？即已动于私意，非复良知之本然矣。今时同志中，虽皆知得良知无所不在，一涉酬应，便又将人情物理与良知看作两事，此诚不可以不察也。

42. 答聂文蔚书 其二 戊子（1528 年）

[背景简介]1528 年，阳明先生五十七岁，在广西梧州。二月，平定思、田之乱。四月，兴思、田学校。五月，抚新民。六月，兴南宁学校。七月，平八寨、断藤峡之乱。上《边方缺官荐才赞理疏》。十月，先生以疾剧，上疏请告。同月，拜谒伏波庙，先生十五岁时尝梦谒伏波庙（见本书 1.《阳明先生年谱》“1486 年”条注释），至是拜祠下，宛然如梦中，谓兹行殆非偶然。因识二诗（见本书 1.《阳明先生年谱》“1528 年”条注释）。同月，祀增城先庙。该月给聂文蔚写了最后的这封书信。《王文成公全集》年谱载：“十一月乙卯，先生卒于南安。是月廿五日，逾梅岭至南安。登舟时，南安推官门人周积来见。先生起坐，咳喘不已。徐言曰：‘近来进学如何？’积以政对。遂问道体无恙。先生曰：‘病势危亟，所未死者，元气耳。’积退而迎医诊药。廿八日晚泊，问：‘何地？’侍者曰：‘青龙铺。’明日，先生召积入。久之，开目视曰：‘吾去矣！’积泣下，问‘何遗言？’先生微哂曰：‘此心光明，亦复何言？’顷之，瞑目而逝，二十九日辰时也。”

施邦曜在《阳明先生集要》一书中就此文有评曰：“学问惟得着实安顿处，自然放手不下，那得忘？自然应念而是，那得助？譬人既有一定栖身之所，便是常处了，欲忘不得也，业已安居了，欲助何为也？先生教人，只于事亲从兄上着力，何等真切着实。日事于此，自有生恶可已之妙，安有助忘？此便可识格物致知，着实用功处。”

【42.1】得书见近来所学之骤进，喜慰不可言。谛视数过，其间虽亦有一二未莹彻处，却是致良知之功尚未纯熟。到纯熟时，自无此矣。譬之驱车，既由于康庄大道之中，或时横斜迂曲者，乃马性未调，衔勒不齐之故，然已只在康庄大道中，决不赚入傍蹊曲径矣。近时海内同志到此地位者曾未多见，喜慰不可言，斯道之幸也！

贱躯旧有咳嗽畏热之病，近入炎方，辄复大作。主上圣明洞察，责付甚重，不敢遽辞。地方军务冗沓，皆舆疾从事。今却幸已平定，已具本乞回养病。得在林下稍就清凉，或可瘳[1]耳。人还，伏枕草草，不尽倾企[2]。外惟濬[3]一简，幸达致之！来书所询，草草奉复一二。

【42.2】近岁来山中讲学者往往多说“勿忘勿助”[4]工夫甚难。问之则云：“才着意便是助，才不着意便是忘，所以甚难。”区区因问之云：“忘是忘个甚么？助是助个甚么？”其人默然无对。始请问。区区因与说我此间讲学，却只说个“必有事焉”，不说“勿忘勿助”。必有事焉者，只是时时去“集义”[5]。若时时去用“必有事”的工夫，而或有时间断，此便是忘了，即须“勿忘”。时时去用“必有事”的工夫，而或有时欲速求效，此便是助了，即须“勿助”。其工夫全在“必有事焉”上用，“勿忘勿助”只就其间提撕警觉而已。若是工夫原不间断，即不须更说“勿忘”；原不欲速求效，即不须更说“勿助”。此其工夫何等明白简易，何等洒脱自在！今却不去“必有事”上用工，而乃悬空守着一个勿忘勿助，此正如烧锅

1　瘳：病愈。音 chōu。

2　倾企：倾慕之心。

3　惟濬：陈九川。可参看语录部分“陈九川录”注释。

4　勿忘勿助：出自《孟子·公孙丑上》：“必有事焉而勿正，心勿忘，勿助长也。”

5　集义：可参看【12.4】条注释。

煮饭，锅内不曾渍水下米，而乃专去添柴放火，不知毕竟煮出个甚么物来？吾恐火候未及调停，而锅已先破裂矣。近日一种专在“勿忘勿助”上用工者，其病正是如此。终日悬空去做个“勿忘”，又悬空去做个“勿助”，渀渀荡荡[1]，全无实落下手处。究竟工夫只做得个沉空守寂，学成一个痴騃[2]汉，才遇些子事来，即便牵滞纷扰，不复能经纶宰制[3]。此皆有志之士，而乃使之劳苦缠缚，担阁[4]一生，皆由学术误人之故，甚可悯矣！

夫“必有事焉”，只是“集义”。“集义”只是“致良知”。说“集义”则一时未见头脑，说“致良知”即当下便有实地步可用功，故区区专说“致良知”。随时就事上致其良知，便是“格物”；着实去致良知，便是“诚意”；着实致其良知而无一毫“意必固我”[5]，便是“正心”。着实致良知则自无“忘”之病；无一毫“意必固我”则自无“助”之病：故说“格、致、诚、正”[6]则不必更说个“忘、助”。孟子说“忘、助”，亦就告子得病处立方。告子强制其心，是“助”的病痛，故孟子专说助长之害。告子助长，亦是他以义为外，不知就自心上“集义”，在“必有事焉”上用功，是以如此。若时时刻刻就自心上“集义”，则良知之体洞然明白，自然是是非非纤毫莫遁，又焉有“不得于言，勿求于心；不得于心，勿求于气”之弊乎？孟子“集义”、“养气”之说，固大有功于后学，然亦是

---

1 渀渀荡荡：不着边际。意思与后文“茫茫荡荡”（【43.6】注释）相同。渀，音 bèn。

2 騃：呆傻，音 ái。

3 经纶宰制：筹划治理国家大事。

4 担阁：同“耽搁”。

5 意必固我：出自《论语・子罕》。可参看【27.11】条注释。

6 格、致、诚、正：格物、致知、诚意，正心。可参看附录 54.《大学》【54.2】条。

因病立方，说得大段，不若《大学》“格、致、诚、正”之功，尤极精一简易，为彻上彻下，万世无弊者也。

圣贤论学，多是随时就事，虽言若人殊，而要其工夫头脑，若合符节。缘天地之间，原只有此性，只有此理，只有此良知，只有此一件事耳。故凡就古人论学处说工夫，更不必搀和兼搭而说，自然无不吻合贯通者。才须搀和兼搭而说，即是自己工夫未明彻也。近时有谓“集义”之功必须兼搭个“致良知”而后备者，则是“集义”之功尚未了彻也。“集义”之功尚未了彻，适足以为致良知之累而已矣。谓致良知之功必须兼搭一个“勿忘勿助”而后明者，则是致良知之功尚未了彻也。致良知之功尚未了彻，适足以为“勿忘勿助”之累而已矣。若此者，皆是就文义上解释牵附，以求混融凑泊，而不曾就自己实工夫上体验，是以论之愈精，而去之愈远。文蔚之论，其于大本达道既已沛然无疑，至于“致知”、“穷理”及“忘助”等说，时亦有搀和兼搭处，却是区区所谓康庄大道之中，或时横斜迂曲者。到得工夫熟后，自将释然矣。

【42.3】文蔚谓“致知之说，求之事亲从兄之间，便觉有所持循”者，此段最见近来真切笃实之功。但以此自为，不妨自有得力处，以此遂为定说教人，却未免又有因药发病之患，亦不可不一讲也。

盖良知只是一个天理，自然明觉发见处，只是一个真诚恻怛，便是他本体。故致此良知之真诚恻怛，以事亲便是孝；致此良知真诚恻怛，以从兄便是弟；致此良知之真诚恻怛，以事君便是忠。只是一个良知，一个真诚恻怛。若是从兄的良知不能致其真诚恻怛，即是事亲的良知不能致其真诚恻怛矣；事君的良知不能致其真诚恻怛，即是从兄的良知不能致其真诚恻怛矣。故致得事君的良知，便是致却从兄的良知；致得从兄的良知，便是致却事亲的良知。不是事君的良知不能致，却须又从事亲的良知上去扩充将来，如此又是脱却本原，着在支节上求了。良知只是一个，随他发见流行处当下具足，更无去求，不须假借。然其发见流行处却自有轻重厚薄，毫发不容增减者，所谓“天然自有之中”[1]也。虽则轻重厚薄毫发不容增减，而原又只是一个；虽则只是一个，而其间轻重厚薄又毫发不容增减。若可得增减，若须假借，即已非其真诚恻怛之本体矣。此良知之妙用，所以无方体，无穷尽，“语大天下莫能载，语小天下莫能破”[2]者也。

孟氏“尧、舜之道，孝弟而已”[3]者，是就人之良知发见得最真切笃厚、不容蔽昧处提省人，使人于事君、处友、仁民、爱物，与凡动静语默间，皆只是致他那一念事亲从兄、真诚恻怛的良知，即自然无不是道。盖天下之事虽千变万化，至于不可穷诘，而但惟致此事亲从兄、一念真诚恻怛之良知以应之，则更无有遗缺渗漏者，正谓其只有此一个良知故也。事亲从兄一念良知之外，更无有良知可致得者，故曰：“尧、舜之道，孝弟而已矣。”此所以为“惟精惟一”之学，放之四海而皆准，“施诸后世而无朝夕”[4]者也。文蔚云“欲于事亲从兄之间，而求所谓良知之学”，就自己用工得力处如此说，亦无不可。若曰“致其良知之真诚恻怛，以求尽夫事亲从兄之道焉”，亦无不可也。明道云：“行仁自孝弟始，孝弟是仁

1 天然自有之中：出自《二程遗书·卷第十七·伊川先生语三》“识得则事事物物上皆天然有个中在那上，不待人安排也。安排着，则不中矣”。

2 语大天下莫能载，语小天下莫能破：此处言良知若天理，至大无外，至小无内。出自《中庸》，可参看附录55.《中庸》【55.11】条。

3 尧、舜之道，孝弟而已：出自《孟子·告子上》。

4 施诸后世而无朝夕：孝道不论将来什么时候都要施行。出自《礼记·祭义》。

之一事，谓之行仁之本则可，谓是仁之本则不可”[1]，其说是矣。

【42.4】“臆、逆、先觉”[2]之说，文蔚谓“诚则旁行曲防，皆良知之用”，甚善甚善！间有搀搭处，则前已言之矣。惟濬之言亦未为不是，在文蔚须有取于惟濬之言而后尽，在惟濬又须有取于文蔚之言而后明。不然，则亦未免各有倚着之病也。“舜察迩言[3]，而询刍荛[4]”，非是以迩言当察、刍荛当询而后如此，乃良知之发见流行，光明圆莹，更无挂碍遮隔处，此所以谓之大知，才有执着意必，其知便小矣。讲学中自有去取分辨，然就心地上着实用工夫，却须如此方是。

【42.5】“尽心”三节，区区曾有“生知、学知、困知”之说[5]，颇已明白，无可疑者。盖“尽心、知性、知天”者，不必说“存心、养性、事天”，不必说“夭寿不贰、修身以俟”[6]，而“存心养性”与“修身以俟”之功已在其中矣。“存心、养性、事天”者，虽未到得“尽心知天”的地位，然已是在那里做个求到“尽心知天”的工夫，更不必说“夭寿不贰，修身以俟”，而“夭寿不贰、修身以俟”之功已在其中矣。譬之行路，“尽心知天”者，如年力壮健之人，既能奔走往来于数千百里之间者也；“存心事天”者，如童稚

---

1 “明道云”句：非程颢所说，应为程颐所说，出自《二程遗书·卷第十八·伊川先生语四》。

2 臆、逆、先觉：可参看【35.4】条“逆、臆”注释。

3 迩言：浅白之言。出自《中庸》：“舜好问而好察迩言。”可参看55.《中庸》【55.5】条。

4 刍荛：割草砍柴之人。见《诗经·大雅·板》：“先民有言，询于刍荛。”

5 区区曾有“生知、学知、困知”之说：可参看【43.7】、【50.29】条。

6 “盖‘尽心、知性、知天’者”句：出自《孟子·尽心上》：“尽其心者，知其性也。知其性，则知天矣。存其心，养其性，所以事天也。夭寿不二，修身以俟之，所以立命也。”

之年，使之学习步趋于庭除之间者也；“夭寿不贰、修身以俟”者，如襁褓之孩，方使之扶墙傍壁而渐学起立移步者也。既已能奔走往来于数千里之间者，则不必更使之于庭除之间而学步趋，而步趋于庭除之间自无弗能矣；既已能步趋于庭除之间，则不必更使之扶墙傍壁而学起立移步，而起立移步自无弗能矣。然学起立移步，便是学步趋庭除之始；学步趋庭除，便是学奔走往来于数千里之基。固非有二事。但其工夫之难易，则相去悬绝矣。心也、性也、天也，一也，故及其知之成功则一，然而三者人品力量自有阶级，不可躐等而能也。

细观文蔚之论，其意以恐“尽心知天”者废却“存心修身”之功，而反为“尽心知天”之病。是盖为圣人忧工夫之或间断，而不知为自己忧工夫之未真切也。吾侪用工，却须专心致志在“夭寿不贰、修身以俟”上做，只此便是做“尽心知天”功夫之始。正如学起立移步，便是学奔走千里之始。吾方自虑其不能起立移步，而岂遽虑其不能奔走千里，又况为奔走千里者而虑其或遗忘于起立移步之习哉？文蔚识见，本自超绝迈往，而所论云然者，亦是未能脱去旧时解说文义之习。是为此三段书分疏比合，以求融会贯通，而自添许多意见缠绕，反使用工不专一也。近时悬空去做“勿忘勿助”者，其意见正有此病，最能担误人，不可不涤除耳。

【42.6】所谓“尊德性而道问学”[1]一节，至当归一，更无可疑。此便是文蔚曾着实用工，然后能为此言。此本不是险僻难见的道理，人或意见不同者，还是良知尚有纤翳潜伏。若除去此纤翳，即自无不洞然矣。

1　尊德性而道问学：可参看【12.4】条注释。

【42.7】已作书后，移卧檐间，偶遇无事，遂复答此。文蔚之学既已得其大者，此等处久当释然自解，本不必屑屑如此分疏。但承相爱之厚，千里差人远及，谆谆下问，而竟虚来意，又自不能已于言也。然直戆烦缕已甚，恃在信爱，当不为罪。惟濬处及谦之、崇一处各得转录一通，寄视之，尤承一体之好也。

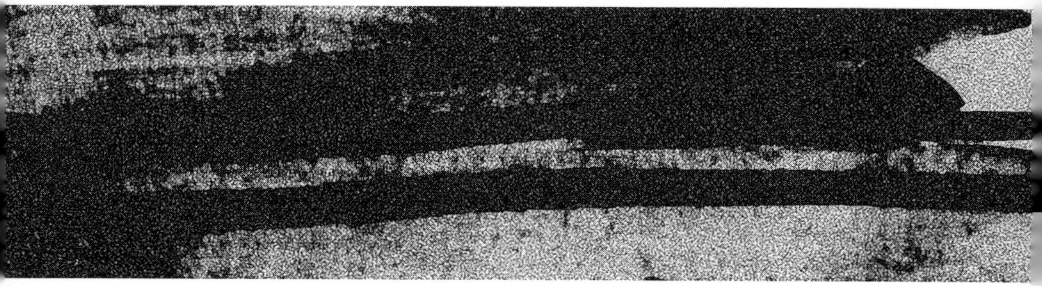

语 录

43. 徐爱[1]录

【43.1】徐爱引言

先生于《大学》“格物”[2]诸说，悉以旧本[3]为正，盖先儒所谓误本[4]者也。爱始闻而骇，既而疑，已而殚精竭思，参互错综以质于先生，然后知先生之说若水之寒，若火之热，断断乎百世以俟圣人而不惑者也。先生明睿天授，然和乐坦易，不事边幅。人见其少时豪迈不羁，又尝泛滥于词章，出入二氏之学，骤闻是说，皆目以为立异好奇，漫不省究。不知先生居夷三载[5]，处困养静，精一[6]之

1 徐爱：可参看9.《与黄诚甫书》一文中“曰仁”注释。下文中“爱”，系徐爱自称。

2 格物：见《大学》“致知在格物，物格然后知至”。阳明先生解读“格物”与朱熹不同，他认为格物从内心下功夫，“是去其心之不正，以全其本体之正”，而朱熹认为格物是对外探究，“即物而穷其理也”。

3 旧本：指《礼记》中第四十二章的《大学》原文，阳明先生讲学以旧本为正。

4 先儒所谓误本：“先儒”此处指“程（程颢、程颐）朱（朱熹）”。“误本”之说的来源如下：《大学》内容原撰成在战国末期至西汉之间，后人怀疑因错简而导致《礼记》中《大学》原文的篇目次序有误。程颐、程颢先后对《大学》进行修订。后朱熹在二程改定的版本上又将《大学》原文划分为“经”（一章），“传”（十章），并在其中补增了“传”一章。

5 居夷三载：正德元年（1506），阳明先生为宦官刘瑾所害，被贬谪贵州龙场驿（今贵州修文县）三年。王阳明在龙场获得了思想上的重大突破，被称为“龙场悟道”。可参看本书1.《阳明先生年谱》1506至1508年记录。

6 精一：可参看【18.2】条注释。

功固已超入圣域，粹然大中至正之归矣。

爱朝夕炙门下，但见先生之道，即之若易而仰之愈高，见之若粗而探之愈精，就之若近而造之愈益无穷，十余年来竟未能窥其藩篱。世之君子，或与先生仅交一面，或犹未闻其謦欬[1]，或先怀忽易愤激之心，而遽欲于立谈之间，传闻之说，臆断悬度，如之何其可得也？从游之士，闻先生之教，往往得一而遗二，见其牝牡骊黄而弃其所谓千里[2]者。故爱备录平日之所闻，私以示夫同志，相与考而正之，庶无负先生之教云。

【43.2】爱问：“‘在亲民’，朱子谓当作‘新民’，后章‘作新民’之文似亦有据。先生以为宜从旧本作‘亲民’，亦有所据否？”

先生曰：“‘作新民’之‘新’是自新之民，与‘在新民’之‘新’不同，此岂足为据？‘作’字却与‘亲’字相对，然非‘亲’字义。下面‘治国平天下’处，皆于‘新’字无发明，如云‘君子贤其贤而亲其亲，小人乐其乐而利其利’；‘如保赤子’；‘民之所好好之，民之所恶恶之，此之谓民之父母’之类[3]，皆是‘亲’字意。‘亲民’犹孟子‘亲亲仁民’[4]之谓，亲之即仁之也。百姓不亲，舜使契为司徒，敬敷五教[5]，所以亲之也。《尧典》‘克明峻德’便是‘明

1　謦欬：原意为咳嗽，引申为言谈、谈吐，如“亲临謦欬”。音 qǐng kài。

2　骊黄千里句：牝，雌；牡，雄；骊，黑色；黄，黄色。出自《列子·说符篇》，以九方皋相马的故事说明人们常常犯的见外不见内，见粗不见精的问题。可参看成语“骊黄千里”。

3　“如云”等句：出自《大学》。可参看附录 54.《大学》【54.5】、【54.8】、和【54.9】条。

4　亲亲仁民：出自《孟子·尽心上》：“亲亲而仁民，仁民而爱物。”

5　敬敷五教：敷，施行。五教见《孟子·滕文公上》，指“父子有亲、君臣有义、夫妇有别、长幼有序、朋友有信”。

明德’；以‘亲九族’至‘平章、协和’[1]，便是‘亲民’，便是‘明明德于天下’。又如孔子言‘修己以安百姓’[2]，‘修己’便是‘明明德’；‘安百姓’便是‘亲民’。说‘亲民’便是兼教养意，说‘新民’便觉偏了。”

【43.3】爱问：“‘知止而后有定’，朱子以为‘事事物物皆有定理’[3]，似与先生之说相戾。”

先生曰：“于事事物物上求至善，却是‘义外’[4]也，至善是心之本体，只是‘明明德’到‘至精至一’处便是，然亦未尝离却事物，本注[5]所谓‘尽夫天理之极，而无一毫人欲之私’者得之。”

【43.4】爱问：“至善只求诸心，恐于天下事理有不能尽。”

先生曰：“心即理也。天下又有心外之事，心外之理乎？”

爱曰：“如事父之孝，事君之忠，交友之信，治民之仁，其间有许多理在，恐亦不可不察。”

先生叹曰：“此说之蔽久矣，岂一语所能悟？今姑就所问者言之，且如事父不成，去父上求个孝的理？事君不成，去君求个忠的理？交友治民不成，去友上、民上求个信与仁的理？都只在此心，心即理也。此心无私欲之蔽，即是天理，不须外面添一分。以此纯乎天理之心，发之事父便是孝，发之事君便是忠，发之交友治民便是信与仁。只在此心去人欲、存天理上用功便是。”

1　克明峻德：“克”，能也；“俊”，大也，能够彰明高尚的品德。“平章”，平正昭明也。出自《尚书·尧典》：“克明俊德，以亲九族。九族既睦，平章百姓。百姓昭明，协和万邦。”

2　修己以安百姓：出自《论语·宪问》：“修己以安百姓，尧舜其犹病诸。”

3　事事物物皆有定理：可以参照【37.2】条注释。

4　义外：义属于内心之外。可参看【22.2】条“仁内义外”注释。

5　本注：朱熹《大学章句》第一章注。

爱曰："闻先生如此说，爱已觉有省悟处。但旧说缠于胸中，尚有未脱然者。如事父一事，其间温凊定省[1]之类有许多节目，不知亦须讲求否？"

先生曰："如何不讲求？只是有个头脑，只是就此心去人欲、存天理上讲求。就如讲求冬温，也只是要尽此心之孝，恐怕有一毫人欲间杂。讲求夏凊，也只是要尽此心之孝，恐怕有一毫人欲间杂：只是讲求得此心。此心若无人欲，纯是天理，是个诚于孝亲的心，冬时自然思量父母的寒，便自要去求个温的道理；夏时自然思量父母的热，便自要去求个凊的道理。这都是那诚孝的心发出来的条件。却是须有这诚孝的心，然后有这条件发出来。譬之树木，这诚孝的心便是根，许多条件便是枝叶，须先有根然后有枝叶，不是先寻了枝叶然后去种根。《礼记》言：'孝子之有深爱者，必有和气；有和气者，必有愉色；有愉色者，必有婉容。'须是有个深爱做根，便自然如此。"

【43.5】郑朝朔问："至善亦须有从事物上求者？"

先生曰："至善只是此心纯乎天理之极便是，更于事物上怎生求？且试说几件看。"

朝朔曰："且如事亲，如何而为温凊之节，如何而为奉养之宜，须求个是当，方是至善，所以有学问思辨之功。"

先生曰："若只是温凊之节、奉养之宜，可一日二日讲之而尽，用得甚学问思辨？惟于温凊时，也只要此心纯乎天理之极；奉养时，也只要此心纯乎天理之极。此则非有学问思辨之功，将不免于毫厘

1　温凊定省：凊，音 qìng，意为凉。出自《礼记・曲礼上》："凡为人子之礼，冬温而夏凊，昏定而晨省。"冬天温被，夏天扇席，晚上侍候睡定，早晨前往请安。表示侍奉父母无微不至。

千里之谬，所以虽在圣人犹加‘精一’之训。若只是那些仪节求得是当，便谓至善，即如今扮戏子，扮得许多温凊奉养的仪节是当，亦可谓之至善矣。”

爱于是日又有省。

【43.6】爱因未会先生“知行合一”之训，与宗贤、惟贤往复辩论，未能决，以问于先生。

先生曰：“试举看。”

爱曰：“如今人尽有知得父当孝、兄当弟者，却不能孝、不能弟，便是知与行分明是两件。”

先生曰：“此已被私欲隔断，不是知、行的本体了。未有知而不行者。知而不行，只是未知。圣贤教人知行，正是安复那本体，不是着你只恁[1]的便罢。故《大学》指个真知行与人看，说‘如好好色，如恶恶臭’[2]。见好色属知，好好色属行。只见那好色时已自好了，不是见了后又立个心去好。闻恶臭属知，恶恶臭属行。只闻那恶臭时已自恶了，不是闻了后别立个心去恶。如鼻塞人虽见恶臭在前，鼻中不曾闻得，便亦不甚恶，亦只是不曾知臭。就如称某人知孝、某人知弟，必是其人已曾行孝行弟，方可称他知孝知弟，不成只是晓得说些孝弟的话，便可称为知孝弟。又如知痛，必已自痛了方知痛；知寒，必已自寒了；知饥，必已自饥了。知行如何分得开？此便是知行的本体，不曾有私意隔断的。圣人教人，必要是如此，方可谓之知，不然，只是不曾知。此却是何等紧切着实的工夫！如今苦苦定要说知行做两个，是甚么意？某要说做一个，是甚么意？若不知立言宗旨，只管说一个两个，亦有甚用？”

1　恁：那样、如此。音 nèn 。

2　如好好色，如恶恶臭：可参看 54.《大学》【54.4】条。

爱曰："古人说知行做两个，亦是要人见个分晓，一行做知的功夫，一行做行的功夫，即功夫始有下落。"

先生曰："此却失了古人宗旨也。某尝说知是行的主意，行是知的功夫；知是行之始，行是知之成。若会得时，只说一个知，已自有行在；只说一个行，已自有知在。古人所以既说一个知，又说一个行者，只为世间有一种人，懵懵懂懂的任意去做，全不解思维省察，也只是个冥行妄作，所以必说个知，方才行得是；又有一种人，茫茫荡荡[1]悬空去思索，全不肯着实躬行，也只是个揣摸影响，所以必说一个行，方才知得真。此是古人不得已补偏救弊的说话，若见得这个意时，即一言而足。今人却就将知行分作两件去做，以为必先知了然后能行，我如今且去讲习讨论做知的工夫，待知得真了方去做行的工夫，故遂终身不行，亦遂终身不知。此不是小病痛，其来已非一日矣。某今说个知行合一，正是对病的药。又不是某凿空杜撰，知行本体原是如此。今若知得宗旨时，即说两个亦不妨，亦只是一个；若不会宗旨，便说一个，亦济得甚事？只是闲说话。"

【43.7】爱问："昨闻先生'止至善'之教，已觉功夫有用力处。但与朱子'格物'之训，思之终不能合。"

先生曰："格物是止至善之功，既知至善，即知格物矣。"

爱曰："昨以先生之教推之格物之说，似亦见得大略。但朱子之训，其于《书》之'精一'，《论语》之'博约'[2]，《孟子》之'尽心知性'[3]，皆有所证据，以是未能释然。"

1　茫茫荡荡：空旷远大，不着边际。

2　博约：可参看【12.4】条"博文约礼"注释。

3　尽心知性：出自《孟子·尽心上》："尽其心者，知其性也。知其性，则知天矣。存其心，养其性，所以事天也。夭寿不二，修身以俟之，所以立命也。"

先生曰："子夏笃信圣人，曾子反求诸己。笃信固亦是，然不如反求之切。今既不得于心，安可狃[1]于旧闻，不求是当？就如朱子，亦尊信程子，至其不得于心处，亦何尝苟从？'精一'、'博约'、'尽心'本自与吾说吻合，但未之思耳。朱子格物之训，未免牵合附会，非其本旨。'精'是'一'之功，'博'是'约'之功。曰仁既明知行合一之说，此可一言而喻。尽心、知性、知天，是'生知安行'事；存心、养性、事天，是'学知利行'事；夭寿不贰，修身以俟，是'困知勉行'[2]事。朱子错训'格物'，只为倒看了此意，以'尽心知性'为'物格知至'，要初学便去做生知安行事，如何做得？"

爱问："'尽心知性'何以为'生知安行'？"

先生曰："性是心之体，天是性之原，尽心即是尽性。惟天下至诚为能尽其性，知天地之化育[3]。存心者，心有未尽也。知天，如知州、知县之知，是自己分上事，已与天为一；事天，如子之事父，臣之事君，须是恭敬奉承，然后能无失，尚与天为二，此便是圣贤之别。至于'夭寿不贰其心'，乃是教学者一心为善，不可以穷通夭寿之故，便把为善的心变动了，只去修身以俟命。见得穷通寿夭有个命在，我亦不必以此动心。事天虽与天为二，已自见得个天在面前；俟命便是未曾见面，在此等候相似。此便是初学立心之始，有个困勉的意在。今却倒做了，所以使学者无下手处。"

爱曰："昨闻先生之教，亦影影见得功夫须是如此。今闻此说，

1　狃：因袭、拘泥。音 niǔ。

2　生知安行、学知利行、困知勉行：出自《中庸》："或生而知之，或学而知之，或困而知之。及其知也，一也；或安而行之，或利而行之，或勉强而行之。及其成功，一也。"可参看附录 55.《中庸》【55.19】条。

3　"惟天下"句：出自《中庸》："唯天下至诚为能尽其性，能尽其性则能尽人之性，能尽人之性则能尽物之性，能尽物之性则可以赞天地之化育，可以赞天地之化育则可以与天地参矣。"可参看附录 55.《中庸》【55.26】条。

益无可疑。爱昨晚思格物的‘物’字即是‘事’字，皆从心上说。”

先生曰：“然。身之主宰便是心；心之所发便是意；意之本体便是知；意之所在便是物。如意在于事亲，即事亲便是一物；意在于事君，即事君便是一物；意在于仁民爱物，即仁民爱物便是一物；意在于视听言动，即视听言动便是一物。所以某说无心外之理，无心外之物。《中庸》言‘不诚无物’，《大学》‘明明德’之功，只是个诚意。诚意之功只是个格物。”

先生又曰：“格物，如孟子‘大人格君心’[1]之‘格’，是去其心之不正，以全其本体之正。但意念所在，即要去其不正以全其正，即无时无处不是存天理，即是穷理。天理即是‘明德’，穷理即是‘明明德’。”

又曰：“知是心之本体，心自然会知。见父自然知孝，见兄自然知弟，见孺子入井自然知恻隐，此便是良知[2]，不假外求。若良知之发，更无私意障碍，即所谓‘充其恻隐之心，而仁不可胜用矣’[3]。然在常人，不能无私意障碍，所以须用致知格物之功，胜私复理。即心之良知更无障碍，得以充塞流行，便是致其知。知致则意诚。”

【43.8】爱问：“先生以‘博文’为‘约礼’功夫，深思之未能得，略请开示。”

先生曰：“‘礼’字即是‘理’字。‘理’之发见，可见者谓之‘文’；‘文’之隐微，不可见者谓之‘理’。只是一物。‘约礼’

1　大人格君心：出自《孟子·离娄上》“惟大人为能格君心之非。君仁，莫不仁；君义，莫不义；君正，莫不正。一正君，而国定矣”。

2　良知：出自《孟子·尽心上》“人之所不学而能者，其良能也。所不虑而知者，其良知也”。

3　“充其恻隐之心”句：出自《孟子·尽心下》“人能充无欲害人之心，而仁不可胜用也”。

只是要此心纯是一个天理。要此心纯是天理，须就理之发见处用功。如发见于事亲时，就在事亲上学存此天理；发见于事君时，就在事君上学存此天理；发见于处富贵贫贱时，就在处富贵贫贱上学存此天理；发见于处患难夷狄时，就在处患难夷狄上学存此天理[1]，至于作止语默，无处不然，随他发见处，即就那上面学个存天理。这便是‘博学之于文’，便是‘约礼’的功夫。‘博文’即是‘惟精’，‘约礼’即是‘惟一’。”

【43.9】爱问：“‘道心常为一身之主，而人心每听命。’[2]以先生‘精一’之训推之，此语似有弊。”

先生曰：“然。心一也，未杂于人谓之道心，杂以人伪谓之人心。人心之得其正者即道心；道心之失其正者即人心，初非有二心也。程子谓‘人心即人欲，道心即天理’[3]，语若分析而意实得之。今日道心为主而人心听命，是二心也。天理人欲不并立，安有天理为主，人欲又从而听命者？”

【43.10】爱问文中子、韩退之[4]。

先生曰：“退之文人之雄耳。文中子贤儒也。后人徒以文词之故推尊退之，其实退之去文中子远甚。”

爱问：“何以有拟经之失？”

---

1 “富贵贫贱、患难夷狄”句：可参看【7.2】条注释。

2 “道心常为”句：出自朱熹《中庸章句·序》“必使道心常为一身之主宰，而人心每听命焉”。

3 人心即人欲，道心即天理：出自《二程遗书·卷二十四·伊川先生语十》“人心私欲，故危殆。道心天理，故精微。灭私欲则天理明矣”。

4 文中子、韩退之，文中子：王通，字仲淹，隋朝河东郡龙门县通化镇（今山西山西河津）人。王通用了九年的时间著成《续六经》（亦称《王氏六经》），包括《续诗》《续书》《礼论》《乐经》《易赞》《元经》等，共80卷。韩退之，韩愈，字退之，唐代著名文学家、思想家、政治家，河南河阳（今河南焦作孟州市）人，世称韩昌黎，晚年任吏部侍郎。

先生曰："拟经恐未可尽非。且说后世儒者著述之意，与拟经如何？"

爱曰："世儒著述，近名之意不无，然期以明道。拟经纯若为名。"

先生曰："著述以明道，亦何所效法？"

爱曰："孔子删述《六经》，以明道也。"

先生曰："然则拟经独非效法孔子乎？"

爱曰："著述即于道有所发明。拟经似徒拟其迹，恐于道无补。"

先生曰："子以明道者使其反朴还淳而见诸行事之实乎？抑将美其言辞而徒以譊譊[1]于世也？天下之大乱，由虚文胜而实行衰也。使道明于天下，则《六经》不必述。删述《六经》，孔子不得已也。自伏羲画卦，至于文王、周公，其间言《易》如《连山》、《归藏》[2]之属，纷纷籍籍，不知其几，易道大乱。孔子以天下好文之风日盛，知其说之将无纪极，于是取文王、周公之说而赞之，以为惟此为得其宗。于是纷纷之说尽废，而天下之言易者始一。《书》《诗》《礼》《乐》《春秋》皆然。《书》自《典》《谟》[3]以后，《诗》自《二南》以降，如《九丘》《八索》[4]，一切淫哇逸荡之词，盖不知其几千百篇；《礼》《乐》之名物度数[5]，至是亦不可胜穷。孔子皆删削而述正之，

1　譊譊：怒叫声、争辩声。音 náonáo 。

2　《连山》《归藏》：相传夏朝的《易》叫《连山》，商朝的《易》叫《归藏》，但今俱以失传。

3　典、谟：指《尚书》中的"尧典、舜典、大禹谟、皋陶谟、益稷谟"。《尔雅》：典，经也。谟，谋也。

4　《二南》《九丘》《八索》：《二南》指《诗经》中的《周南》《召南》篇，《九丘》《八索》古书名称，现已无存。

5　名物度数：陈荣捷先生在《王阳明传习录详注集评》解释为，鸟兽草木之物皆有名，礼乐刑政之度皆有数。

然后其说始废。如《书》《诗》《礼》《乐》中，孔子何尝加一语？今之《礼记》诸说，皆后儒附会而成，已非孔子之旧。至于《春秋》，虽称孔子作之，其实皆鲁史旧文。所谓'笔'者，笔其旧；所谓'削'者，削其繁，是有减无增。孔子述《六经》，惧繁文之乱天下，惟简之而不得，使天下务去其文以求其实，非以文教之也。《春秋》以后，繁文益盛，天下益乱。始皇焚书得罪，是出于私意，又不合焚《六经》。若当时志在明道，其诸反经叛理之说，悉取而焚之，亦正暗合删述之意。自秦、汉以降，文又日盛，若欲尽去之，断不能去。只宜取法孔子，录其近是者而表章之，则其诸怪悖之说，亦宜渐渐自废。不知文中子当时拟经之意如何？某切深有取于其事，以为圣人复起，不能易也。天下所以不治，只因文盛实衰，人出己见，新奇相高，以眩俗取誉。徒以乱天下之聪明，涂天下之耳目，使天下靡然争务修饰文词，以求知于世，而不复知有敦本尚实、反朴还淳之行，是皆著述者有以启之。"

【43.11】爱曰："著述亦有不可缺者，如《春秋》一经，若无《左传》，恐亦难晓。"

先生曰："《春秋》必待《传》而后明，是歇后谜语矣。圣人何苦为此艰深隐晦之词？《左传》多是鲁史旧文，若《春秋》须此而后明，孔子何必削之？"

爱曰："伊川[1]亦云'传是案，经是断'[2]。如书弑某君、伐某国，若不明其事，恐亦难断。"

先生曰："伊川此言，恐亦是相沿世儒之说，未得圣人作经之意。

1　伊川：可参看【29.3】条注释。

2　传是案，经是断：传是案底，经是判决。出自《二程遗书·卷十五·伊川先生语一》："《春秋》传为案，经为断。"

如书‘弑君’，即弑君便是罪。何必更问其弑君之详？征伐当自天子出，书‘伐国’，即伐国便是罪，何必更问其伐国之详？圣人述《六经》，只是要正人心，只是要存天理、去人欲，于存天理、去人欲之事，则尝言之。或因人请问，各随分量而说，亦不肯多道，恐人专求之言语，故曰‘予欲无言’[1]。若是一切纵人欲、灭天理的事，又安肯详以示人？是长乱导奸也。故孟子云：‘仲尼之门无道桓、文之事者，是以后世无传焉。’[2]此便是孔门家法。世儒只讲得一个伯者[3]的学问，所以要知得许多阴谋诡计，纯是一片功利的心，与圣人作经的意思正相反，如何思量得通？”因叹曰：“此非达天德者未易与言此也。”

又曰：“孔子云‘吾犹及史之阙文也’[4]；孟子云‘尽信《书》不如无《书》，吾于《武成》取二三策而已’[5]。孔子删《书》，于唐、虞、夏四五百年间不过数篇，岂更无一事？而所述止此，圣人之意可知矣。圣人只是要删去繁文，后儒却只要添上。”

【43.12】爱曰：“圣人作经只是要去人欲、存天理。如五伯以下事，圣人不欲详以示人，则诚然矣。至如尧、舜以前事，如何

---

1 予欲无言：出自《论语·阳货》：“子曰：‘予欲无言。’子贡曰：‘子如不言，则小子何述焉？’子曰：‘天何言哉？四时行焉，百物生焉，天何言哉？’”

2 “仲尼之门”句：出自《孟子·梁惠王上》：“齐宣王问曰：‘齐桓、晋文之事可得闻乎？’孟子对曰：‘仲尼之徒无道桓、文之事者，是以后世无传焉，臣未之闻也。无以，则王乎！’”

3 伯者：霸者，成就霸业的人。“伯”通“霸”。

4 吾犹及史之阙文也：我还能够看到史书存疑的地方。出自《论语·卫灵公》：“子曰：‘吾犹及史之阙文也。有马者借人乘之，今亡矣夫！’”

5 “尽信《书》不如无书”句：《武成》是《尚书》中的篇名，旧说此篇主要记叙武王伐商成功后的重要政事。“二三策”，古时竹简的一片称为一策。出自《孟子·尽心下》：“孟子曰：‘尽信《书》则不如无《书》。吾于《武成》，取二三策而已矣。’”

略不少见？”

先生曰：“羲、黄之世，其事阔疏，传之者鲜矣。此亦可以想见其时，全是淳庞朴素，略无文采的气象。此便是太古之治，非后世可及。”

爱曰：“如《三坟》[1]之类，亦有传者，孔子何以删之？”

先生曰：“纵有传者，亦于世变渐非所宜。风气益开，文采日胜，至于周末，虽欲变以夏、商之俗，已不可挽，况唐、虞乎！又况羲、黄之世乎！然其治不同，其道则一。孔子于尧、舜则祖述之，于文、武则宪章[2]之。文、武之法，即是尧、舜之道。但因时致治，其设施政令已自不同。即夏、商事业，施之于周，已有不合，故周公思兼三王[3]，其有不合，仰而思之，夜以继日。况太古之治，岂复能行？斯固圣人之所可略也。”

又曰：“专事无为，不能如三王之因时致治，而必欲行以太古之俗，即是佛、老的学术。因时致治，不能如三王之一本于道，而以功利之心行之，即是伯者以下事业。后世儒者许多讲来讲去，只是讲得个伯术。”

又曰：“唐、虞以上之治，后世不可复也，略之可也；三代以下之治，后世不可法也，削之可也；惟三代之治可行。然而世之论三代者不明其本，而徒事其末，则亦不可复矣！”

【43.13】爱曰：“先儒论《六经》，以《春秋》为史。史专记事，恐与《五经》[4]事体终或稍异。”

1　《三坟》：《尚书序》云：“伏牺、神农、黄帝之书，谓之《三坟》，言大道也。”

2　祖述、宪章：见朱熹《中庸章句》云“祖述者，远宗其道。宪章者，近守其法”。

3　三王：指大禹、商汤、周文王。

4　五经、六经：五经是指《诗经》《尚书》《周易》《礼记》《春秋》。六经，除五经外原包括《乐经》，但已失传。

先生曰："以事言谓之史，以道言谓之经。事即道，道即事。《春秋》亦经，《五经》亦史。《易》是庖牺氏[1]之史，《书》是尧、舜以下史，《礼》、《乐》是三代史。其事同，其道同，安有所谓异？"

又曰："《五经》亦只是史，史以明善恶，示训戒。善可为训者，时存其迹，以示法；恶可为戒者，存其戒而削其事，以杜奸。"

爱曰："存其迹以示法，亦是存天理之本然；削其事以杜奸，亦是遏人欲于将萌否？"

先生曰："圣人作经，固无非是此意，然又不必泥着文句。"

爱又问："恶可为戒者，存其戒而削其事，以杜奸，何独于《诗》而不删郑、卫？先儒谓'恶者可以惩创人之逸志'[2]，然否？"

先生曰："《诗》非孔门之旧本矣。孔子云：'放郑声，郑声淫。'[3]又曰：'恶郑声之乱雅乐也'[4]，'郑、卫之音，亡国之音也。'[5]此本是孔门家法。孔子所定三百篇，皆所谓雅乐，皆可奏之郊庙，奏之乡党，皆所以宣畅和平，涵泳德性，移风易俗，安得有此？是长淫导奸矣。此必秦火之后，世儒附会，以足三百篇之数。盖淫泆之词，世俗多所喜传，如今闾巷皆然。'恶者可以惩创人之逸志'，是求其说而不得，从而为之辞。"

1　庖牺氏：即是伏羲。

2　恶者可以惩创人之逸志：那些不好的篇章则可以警示、惩戒人心中之恶，以使其心归正。出自朱熹《论语集注》："凡诗之言，善者可以感发人之善心，恶者可以惩创人之逸志，其用归于使人得其情性之正而已。"

3　放郑声，郑声淫："放"，摒弃。出自《论语·卫灵公》"颜渊问为邦。子曰：'行夏之时，乘殷之辂，服周之冕，乐则韶、舞。放郑声，远佞人。郑声淫，佞人殆。'"

4　恶郑声之乱雅乐也：出自《论语·阳货》："子曰：'恶紫之夺朱也，恶郑声之乱雅乐也，恶利口之覆邦家者。'"

5　郑、卫之音，亡国之音也：出自《礼记·乐记》："郑、卫之音，乱世之音也，比于慢矣；桑间、濮上之音，亡国之音也，其政散，其民流，诬上行私而不可止"。

【43.14】徐爱 跋

爱因旧说汩没[1]，始闻先生之教，实是骇愕不定，无入头处。其后闻之既久，渐知反身实践，然后始信先生之学为孔门嫡传，舍是皆傍蹊小径、断港绝河矣！如说“格物”是“诚意”的工夫，“明善”是“诚身”[2]的工夫，“穷理”是“尽性”的工夫，“道问学”是“尊德性”[3]的工夫，“博文”是“约礼”的工夫，“惟精”是“惟一”的工夫，诸如此类，始皆落落难合，其后思之既久，不觉手舞足蹈。

1 汩没：沉浸、淹没。

2 明善诚身：出自《中庸》“诚身有道，不明乎善，不诚乎身矣”。可参看55.《中庸》【55.23】条。

3 道问学、尊德性：可参看【12.4】条“尊德性而道问学”注释。

44. 陆澄[1]录

【44.1】陆澄问："主一之功。如读书则一心在读书上，接客则一心在接客上，可以为主一乎？"

先生曰："好色则一心在好色上，好货则一心在好货上，可以为主一乎？是所谓逐物，非主一也。主一是专主一个天理。"

【44.2】问立志。

先生曰："只念念要存天理，即是立志。能不忘乎此，久则自然心中凝聚，犹道家所谓'结圣胎'[2]也。此天理之念常存，驯至于美大圣神[3]，亦只从此一念存养扩充去耳。"

【44.3】"日间功夫，觉纷扰，则静坐；觉懒看书，则宜看书。是亦因病而药。"

【44.4】"处朋友，务相下则得益，相上则损。"

1　陆澄：字原静，又做元静。可参看本书中27.《与陆元静书》"陆元静"条注释。

2　结圣胎："结"形容真灵凝结不散。清代全真道龙门派第十一代宗师刘一明在《象言破疑》中说："圣胎者，圣人之胎。即：无识无知，婴儿本来面目也。道，至于无识无知，百神会集，万缘俱息，混混沌沌，入于恍惚杳冥之境，自有为而入无为矣。"

3　美大圣神：出自《孟子·尽心下》："可欲之谓善，有诸己之谓信，充实之谓美，充实而有光辉之谓大，大而化之之谓圣，圣而不可知之之谓神。"

【44.5】孟源有自是好名之病，先生屡责之。一日警责方已，一友自陈日来工夫请正。源从旁曰：“此方是寻着源旧时家当。”

先生曰：“尔病又发。”

源色变，议拟欲有所辨。

先生曰：“尔病又发。”因喻之曰：“此是汝一生大病根。譬如方丈地内，种此一大树，雨露之滋，土脉之力，只滋养得这个大根；四傍纵要种此嘉谷，上面被此树叶遮覆，下面被此树根盘结，如何生长得成？须用伐去此树，纤根勿留，方可种植嘉种。不然，任汝耕耘培壅，只是滋养得此根。”

【44.6】问：“后世著述之多，恐亦有乱正学？”

先生曰：“人心天理浑然，圣贤笔之书，如写真传神，不过示人以形状大略，使之因此而讨求其真耳。其精神意气言笑动止，固有所不能传也。后世著述，是又将圣人所画，摹仿誊写，而妄自分析加增，以逞其技，其失真愈远矣。”

【44.7】问：“圣人应变不穷，莫亦是预先讲求否？”

先生曰：“如何讲求得许多？圣人之心如明镜，只是一个明，则随感而应，无物不照。未有已往之形尚在，未照之形先具者。若后世所讲，却是如此，是以与圣人之学大背。周公制礼作乐以示天下，皆圣人所能为，尧、舜何不尽为之而待于周公？孔子删述《六经》以诏万世，亦圣人所能为，周公何不先为之而有待于孔子？是知圣人遇此时，方有此事。只怕镜不明，不怕物来不能照。讲求事变，亦是照时事，然学者却须先有个明的工夫。学者惟患此心之未能明，不患事变之不能尽。”

曰："然则所谓'冲漠无朕而万象森然已具者'[1]，其言如何？"

曰："是说本自好。只不善看，亦便有病痛。"

【44.8】"义理，无定在，无穷尽。吾与子言，不可以少有所得而遂谓止此也，再言之，十年、二十年、五十年未有止也。"

他日又曰："圣如尧、舜，然尧、舜之上，善无尽；恶如桀、纣，然桀、纣之下，恶无尽。使桀、纣未死，恶宁止此乎？使善有尽时，文王何以'望道而未之见'[2]？"

【44.9】问："静时亦觉意思好，才遇事便不同，如何？"

先生曰："是徒知静养而不用克己工夫也。如此临事，便要倾倒。人须在事上磨，方能立得住，方能'静亦定、动亦定'[3]。"

【44.10】问上达[4]工夫。

先生曰："后儒教人，才涉精微，便谓上达未当学，且说下学。是分下学、上达为二也。夫目可得见，耳可得闻，口可得言，心可得思者，皆下学也；目不可得见，耳不可得闻，口不可得言，心不可得思者，上达也。如木之栽培灌溉，是下学也；至于日夜之所息，条达畅茂，乃是上达。人安能预其力哉？故凡可用功、可告语者皆下学，上达只在下学里。凡圣人所说，虽极精微，俱是下学。学者只从下学里用功，自然上达去，不必别寻个'上达'的工夫。"

1　"冲漠无朕"句：宇宙混沌、天地未判之时，万事万物的理已具其中。"冲漠"，虚寂意，"无朕"，没有征兆、迹象。出自《二程遗书·卷十五·伊川先生语一》："冲漠无朕，万象森然已具，未应不是先，已应不是后。"

2　望道而未之见：出自《孟子·离娄下》"文王视民如伤，望道而未之见"。朱熹《孟子集注》云："民已安矣，而视之若有伤。道已至矣，而望之犹若未见。""而"字读为"如"，古字通用。

3　静亦定、动亦定：可参见【22.4】条注释。

4　上达：出自《论语·宪问》"不怨天，不尤人，下学而上达"。

【44.11】问："'惟精惟一'[1]是如何用功？"

先生曰："'惟一'是'惟精'主意，'惟精'是'惟一'功夫，非'惟精'之外复有'惟一'也。'精'字从米，姑以米譬之：要得此米纯然洁白，便是'惟一'意；然非加舂簸筛拣'惟精'之工，则不能纯然洁白也。舂簸筛拣是'惟精'之功，然亦不过要此米到纯然洁白而已。博学、审问、慎思、明辨、笃行者[2]，皆所以为'惟精'而求'惟一'也。他如'博文'者，即'约礼'之功，'格物致知'者，即'诚意'之功，'道问学'即'尊德性'之功，'明善'即'诚身'之功，无二说也。"

【44.12】"知者行之始，行者知之成。圣学只一个功夫，知行不可分作两事。"

【44.13】"漆雕开曰：'吾斯之未能信。'夫子说之[3]。子路使子羔为费宰，子曰：'贼夫人之子。'[4]点言志，夫子许之[5]。圣人之意可见矣。"

【44.14】问："宁静存心时，可为'未发之中'[6]否？"

先生曰："今人存心，只定得气。当其宁静时，亦只是气宁静，不可以为'未发之中'。"

曰："'未'便是'中'，莫亦是求'中'功夫？"

---

1 惟精惟一：可参看【6.2】条"惟精惟一"注释。

2 "博学，审问，慎思，明辨，笃行"句：出自《中庸》第二十章。

3 "吾斯之未能信"句：漆雕开说自己从政还不够自信，孔子听了很高兴。出自《论语·公冶长》"子使漆雕开仕"章。

4 "子路使子羔为费宰"句：子路劝子羔去出任费这个地方的长官，孔子说他这样做是会毁了别人的孩子。出自《论语·先进》"子路使子羔为费宰"章。

5 点言志，夫子许之：曾点谈及自己的志向，孔子很认可。出自《论语·先进》"子路、曾皙、冉有、公西华侍坐"章。

6 未发之中：可参看【27.5】条注释。

曰:“只要去人欲、存天理,方是功夫。静时念念去人欲、存天理,动时念念去人欲、存天理,不管宁静不宁静。若靠那宁静,不惟渐有喜静厌动之弊,中间许多病痛只是潜伏在,终不能绝去,遇事依旧滋长。以循理为主,何尝不宁静;以宁静为主,未必能循理。”

【44.15】问:“孔门言志:由、求任政事,公西赤任礼乐,多少实用。及曾皙说来,却似耍的事,圣人却许他,是意何如?”

曰:“三子是有意必[1],有意必便偏着一边,能此未必能彼;曾点这意思却无意必,便是‘素其位而行,不愿乎其外’‘素夷狄行乎夷狄,素患难行乎患难,无入而不自得’[2]矣。三子所谓‘汝器也’[3],曾点便有‘不器’[4]意。然三子之才,各卓然成章,非若世之空言无实者,故夫子亦皆许之。”

【44.16】问:“知识不长进,如何?”

先生曰:“为学须有本原,须从本原上用力,渐渐盈科而进[5]。仙家说婴儿,亦善譬。婴儿在母腹时,只是纯气,有何知识?出胎后方始能啼,既而后能笑,又既而后能认识其父母兄弟,又既而后能立能行、能持能负,卒乃天下之事无不可能。皆是精气日足,则筋力日强,聪明日开,不是出胎日便讲求推寻得来。故

1　意必:可参看【27.11】条注释。

2　“素其位而行”两句:出自《中庸》。可参看【7.2】条注释。

3　汝器也:你像个器皿。出自《论语·公冶长》:“子贡问曰:‘赐也何如?’子曰:‘汝器也。’曰:‘何器也?’曰:‘瑚琏也。’”

4　不器:指君子应不象固定的器具那样,作用仅仅限于某一方面,而当“志于道”,应万变,无入而不自得。出自《论语·为政》:“子曰:‘君子不器。’”

5　盈科而进:出自《孟子·离娄下》“原泉混混,不舍昼夜;盈科而后进,放乎四海”。朱熹《孟子集注》云:“盈,满也,科,坎也。言其进以渐也。”

须有个本原。圣人到‘位天地，育万物’[1]，也只从‘喜怒哀乐未发之中’上养来。后儒不明格物之说，见圣人无不知无不能，便欲于初下手时讲求得尽，岂有此理？”

又曰：“立志用功，如种树然。方其根芽，犹未有干；及其有干，尚未有枝；枝而后叶，叶而后花实。初种根时，只管栽培灌溉，勿作枝想，勿作叶想，勿作花想，勿作实想。悬想何益！但不忘栽培之功，怕没有枝叶花实？”

【44.17】问：“看书不能明，如何？”

先生曰：“此只是在文义上穿求，故不明。如此又不如为旧时学问，他到看得多解得去。只是他为学虽极解得明晓，亦终身无得。须于心体上用功，凡明不得，行不去，须反在自心上体当即可通。盖《四书》《五经》不过说这心体，这心体即所谓道。心体明即是道明，更无二。此是为学头脑处。”

【44.18】“‘虚灵不昧，众理具而万事出’[2]。心外无理，心外无事。”

【44.19】或问：“晦庵[3]先生曰：‘人之所以为学者，心与理而已。’此语如何？”

曰：“心即性，性即理，下一‘与’字，恐未免为二。此在学者善观。”

【44.20】或曰：“人皆有是心。心即理，何以有为善，有为不善？”

先生曰：“恶人之心，失其本体。”

1　位天地，育万物：出自《中庸》“致中和，天地位焉，万物育焉”。可参看附录 55.《中庸》【55.1】条。

2　“虚灵不昧”两句：出自朱熹《大学章句》注释“明明德”云“明德者，人之所得乎天，而虚灵不昧，以具众理而应万事者也”。

3　晦庵：朱熹。可参看本书 1.《阳明先生年谱》“1489 年”条“考亭”注释。

【44.21】问："'析之有以极其精而不乱，然后合之有以尽其大而无余'[1]此言如何？"

先生曰："恐亦未尽。此理岂容分析，又何须凑合得？圣人说'精一'自是尽。"

【44.22】"省察是有事时存养，存养是无事时省察。"

【44.23】澄尝问象山[2]在人情事变上做工夫之说。

先生曰："除了人情事变，则无事矣。喜怒哀乐非人情乎？自视听言动，以至富贵贫贱、患难死生，皆事变也。事变亦只在人情里。其要只在致中和，致中和只在谨独[3]。"

【44.24】澄问："仁、义、礼、智之名，因已发而有？"

曰："然。"

他日，澄曰："恻隐、羞恶、辞让、是非，是性之表德邪？"

曰："仁、义、礼、智，也是表德。性一而已，自其形体也谓之天，主宰也谓之帝，流行也谓之命，赋于人也谓之性，主于身也谓之心。心之发也，遇父便谓之孝，遇君便谓之忠，自此以往，名至于无穷，只一性而已。犹人一而已，对父谓之子，对子谓之父，自此以往，至于无穷，只一人而已。人只要在性上用功，看得一性字分明，即万理灿然。"

【44.25】一日，论为学工夫。

先生曰："教人为学，不可执一偏。初学时心猿意马，拴缚不定，

---

1 "析之，合之"句：出自朱熹《大学或问》"析之极精不乱，说条目功夫，然后合之尽大无余，说明明德于天下"。朱熹在《大学章句》序中说："凡传十章：前四章统论纲领指趣，后六章细论条目功夫。"而阳明先生则认为天理为一，不能做分和合来理解。

2 象山：可参看22.《象山文集序》"象山"注释。

3 谨独：出自《中庸》"是故君子戒慎乎其所不睹，恐惧乎其所不闻。莫见乎隐，莫显乎微，故君子慎其独也"。可参看附录55.《中庸》【55.1】条。

其所思虑多是人欲一边，故且教之静坐息思虑。久之，俟其心意稍定，只悬空静守如槁木死灰，亦无用，须教他省察克治。省察克治之功，则无时而可间，如去盗贼，须有个扫除廓清之意。无事时将好色、好货、好名等私逐一追究，搜寻出来，定要拔去病根，永不复起，方始为快。常如猫之捕鼠，一眼看着，一耳听着，才有一念萌动，即与克去，斩钉截铁，不可姑容与他方便，不可窝藏，不可放他出路，方是真实用功，方能扫除廓清。到得无私可克，自有端拱时在。虽曰'何思何虑'[1]，非初学时事。初学必须思省察克治，即是思诚，只思一个天理。到得天理纯全，便是'何思何虑'矣。"

【44.26】澄问："有人夜怕鬼者，奈何？"

先生曰："只是平时不能集义[2]，而心有所慊[3]，故怕。若素行合于神明，何怕之有？"

子莘曰："正直之鬼，不须怕；恐邪鬼不管人善恶，故未免怕。"

先生曰："岂有邪鬼能迷正人乎？只此一怕，即是心邪。故有迷之者，非鬼迷也，心自迷耳。如人好色，即是色鬼迷；好货，即是货鬼迷；怒所不当怒，是怒鬼迷；惧所不当惧，是惧鬼迷也。"

【44.27】"定者心之本体，天理也。动静，所遇之时也。"

【44.28】澄问《学》《庸》同异。

先生曰："子思括《大学》一书之义，为《中庸》首章。"

【44.29】问："孔子正名[4]，先儒说'上告天子，下告方伯，

1　何思何虑：可参看【28.6】条注释。

2　集义：可参看【12.4】条注释。

3　慊：不足、愧疚意。音 qiàn 。

4　孔子正名：出自《论语·子路》"子路曰：'卫君待子而为政，子将奚先？'子曰：'必也正名乎！……名不正，则言不顺，言不顺，则事不成。'"

废辄立郢’[1]。此意如何？”

先生曰：“恐难如此。岂有一人致敬尽礼待我而为政，我就先去废他？岂人情天理？孔子既肯与辄为政，必已是他能倾心委国而听。圣人盛德至诚，必已感化卫辄，使知无父之不可以为人，必将痛哭奔走，往迎其父。父子之爱，本于天性，辄能悔痛真切如此，蒯聩岂不感动底豫。蒯聩既还，辄乃致国请戮，聩已见化于子，又有夫子至诚调和其间，当亦决不肯受，仍以命辄。群臣百姓又必欲得辄为君，辄乃自暴其罪恶，请于天子，告于方伯诸侯，而必欲致国于父。聩与群臣百姓亦皆表辄悔悟仁孝之美，请于天子，告于方伯诸侯，必欲得辄而为之君。于是集命于辄，使之复君卫国。辄不得已，乃如后世上皇故事，率群臣百姓尊聩为太公，备物致养，而始退复其位焉。则君君、臣臣、父父、子子，名正言顺，一举而可为政于天下矣！孔子正名，或是如此。”

【44.30】澄在鸿胪寺[2]仓居[3]，忽家信至，言儿病危。澄心甚忧闷不能堪。

先生曰：“此时正宜用功。若此时放过，闲时讲学何用？人正要在此等时磨炼。父之爱子，自是至情。然天理亦自有个中和处，过即是私意。人于此处多认做天理当忧，则一向忧苦，不知已是有

---

1 “废辄立郢”句：朱熹在《论语集注》中引用南宋经学家胡安国之说：“卫世子蒯聩（kuǎi guì）耻其母南子之淫乱，欲杀之不果而出奔。灵公欲立公子郢，郢辞。公卒，夫人立之，又辞。乃立蒯聩之子辄，以拒蒯聩。夫蒯聩欲杀母，得罪于父，而辄据国以拒父，皆无父之人也，其不可有国也明矣。夫子为政，而以正名为先。必将具其事之本末，告诸天王，请于方伯，命公子郢而立之。则人伦正，天理得，名正言顺而事成矣。”

2 鸿胪寺：张廷玉等编《明史·职官志三》：“鸿胪掌朝会、宾客、吉凶仪礼之事。”阳明先生于正德九年升任南京鸿胪寺卿。

3 仓居：暂住，另说居于衙舍。

所忧患，不得其正。大抵七情所感，多只是过，少不及者。才过便非心之本体，必须调停适中始得。就如父母之丧，人子岂不欲一哭便死，方快于心。然却曰‘毁不灭性’[1]，非圣人强制之也，天理本体自有分限，不可过也。人但要识得心体，自然增减分毫不得。”

【44.31】“不可谓‘未发之中’常人俱有。盖体用一源，有是体即有是用，有‘未发之中’，即有‘发而皆中节之和’。今人未能有‘发而皆中节之和’，须知是他‘未发之中’亦未能全得。”

【44.32】“《易》之辞，是‘初九，潜龙勿用’[2]六字；《易》之象，是初画；《易》之变，是值其画；《易》之占，是用其辞。[3]”

【44.33】“‘夜气’[4]，是就常人说。学者能用功，则日间有事无事，皆是此气翕聚发生处。圣人则不消说‘夜气’。”

【44.34】澄问“操存舍亡”章。

曰：“‘出入无时，莫知其乡。’[5]此虽就常人心说，学者亦须是知得心之本体亦元是如此，则操存功夫，始没病痛。不可便谓出为亡，入为存。若论本体，元是无出入的。若论出入，则其思虑

---

1 毁不灭性：出自《孝经》“孝子之丧亲也，哭不哀，礼无容，言不文，服美不安，闻乐不乐，食旨不甘，此哀戚之情也。三日而食，教民无以死伤生，毁不灭性，此圣人之政也”。

2 初九，潜龙勿用：易经卦象里，用九代表阳爻，用六代表阴爻。最下一爻，一般称之“初爻”，乾卦初爻为阳，就称之为“初九”。爻辞意为，最初的阳爻，是龙（阳）初生之时，应当潜伏深渊，潜藏养晦，厚积实力，待时而出，不可轻易动用。

3 辞、象、变、占：出自《易经·系辞上》：“《易》有圣人之道四焉：以言者尚其辞，以动者尚其变，以制器者尚其象，以卜筮者尚其占”。王阳明认为无论是“辞、象、变、占”，乾卦可以说是整部易经的代表。

4 夜气：指人在夜间产生的清明平和之气。见《孟子·告子上》：“其日夜之所息，平旦之气，其好恶与人相近也者几希，则其旦昼之所为，有梏亡之矣。梏之反覆，则其夜气不足以存；夜气不足以存，则其违禽兽不远矣。”

5 “操存舍亡”句：操，保有，舍，放弃。乡，方向，通“向”。见《孟子·告子上》：“孔子曰：‘操则存，舍则亡；出入无时，莫知其乡。’惟心之谓欤？”

运用是出，然主宰常昭昭在此，何出之有？既无所出，何入之有？程子所谓‘腔子’[1]，亦只是天理而已。虽终日应酬而不出天理，即是在腔子里。若出天理，斯谓之放，斯谓之亡。”

又曰：“出入亦只是动静，动静无端，岂有乡邪？”

【44.35】王嘉秀问：“佛以出离生死诱人入道，仙以长生久视诱人入道，其心亦不是要人做不好，究其极至，亦是见得圣人上一截，然非入道正路。如今仕者有由科，有由贡，有由传奉，一般做到大官，毕竟非入仕正路，君子不由也。仙、佛到极处，与儒者略同，但有了上一截，遗了下一截，终不似圣人之全；然其上一截同者，不可诬也。后世儒者，又只得圣人下一截，分裂失真，流而为记诵、词章、功利、训诂，亦卒不免为异端。是四家者终身劳苦，于身心无分毫益。视彼仙、佛之徒，清心寡欲，超然于世累之外者，反若有所不及矣。今学者不必先排仙、佛，且当笃志为圣人之学。圣人之学明，则仙、佛自泯。不然，则此之所学，恐彼或有不屑，而反欲其俯就，不亦难乎？鄙见如此，先生以为何如？”

先生曰：“所论大略亦是。但谓上一截，下一截，亦是人见偏了如此。若论圣人大中至正之道，彻上彻下，只是一贯[2]，更有甚上一截，下一截？‘一阴一阳之谓道’[3]，但‘仁者见之便谓之仁，智者见之便谓之智，百姓又日用而不知，故君子之道鲜矣’[4]。仁、智岂可不谓之道？但见得偏了，便有弊病。”

1　腔子：见《二程遗书·卷七·二先生语七》“心要在腔子里”。

2　一贯：可参看【22.2】条注释。

3　一阴一阳之谓道：出自《周易·系辞上》。

4　“仁者见之便谓之仁”句：出处同上3注释。

【44.36】“蓍固是《易》，龟亦是《易》。[1]”

【44.37】问：“孔子谓武王未尽善[2]，恐亦有不满意？”

先生曰：“在武王自合如此。”

曰：“使文王未没，毕竟如何？”

曰：“文王在时，天下三分已有其二。若到武王伐商之时，文王若在，或者不致兴兵，必然这一分亦来归了。文王只善处纣，使不得纵恶而已。”

【44.38】问孟子言“执中无权犹执一”[3]。

先生曰：“中只是天理，只是易，随时变易，如何执得？须是因时制宜，难预先定一个规矩在。如后世儒者要将道理一一说得无罅[4]漏，立定个格式，此正是执一。”

【44.39】唐诩问：“立志是常存个善念，要为善去恶否？”

曰：“善念存时，即是天理。此念即善，更思何善？此念非恶，更去何恶？此念如树之根芽，立志者长立此善念而已。‘从心所欲，不逾矩’[5]，只是志到熟处。”

【44.40】“精神、道德、言动，大率收敛为主，发散是不得已。天、地、人、物皆然。”

【44.41】问“文中子是如何人？”

1　蓍固是《易》，龟亦是《易》：用蓍（shī）草的茎占卜和用龟甲占卜，都算是运用易经的范畴。

2　孔子谓武王未尽善：出自《论语·八佾》：“子谓《韶》：‘尽美矣，又尽善也。’谓《武》：‘尽美矣，未尽善也。’”

3　执中无权犹执一：权，权变、机动。执一，固守不变。见《孟子·尽心上》：“子莫执中，执中为近之，执中无权，犹执一也。”

4　罅：缝隙、裂缝意。音 xià。

5　从心所欲，不逾矩：出自《论语·为政》：“子曰：‘吾十有五而志于学，三十而立，四十而不惑，五十而知天命，六十而耳顺，七十而从心所欲，不逾矩。’”

先生曰："文中子庶几'具体而微'[1]，惜其早死！"

问："如何却有续经之非？"

曰："续经亦未可尽非。"

请问。

良久，曰："更觉'良工心独苦'[2]。"

【44.42】"许鲁斋[3]谓儒者以'治生为先'[4]之说亦误人。"

【44.43】问仙家元气、元神、元精。

先生曰："只是一件：流行为气，凝聚为精，妙用为神。"

【44.44】"喜怒哀乐，本体自是中和的。才自家着些意思，便过不及，便是私。"

【44.45】问"哭则不歌。[5]"

先生曰："圣人心体自然如此。"

【44.46】"克己须要扫除廓清，一毫不存方是。有一毫在，则众恶相引而来。"

【44.47】问《律吕新书》[6]。

---

1 具体而微：已具圣人之体，但尚欠广大。出自《孟子·公孙丑上》："昔者窃闻之：子夏、子游、子张，皆有圣人之一体，冉牛、闵子、颜渊，则具体而微。"

2 良工心独苦：自知，难为他人道。出自杜甫《题李尊师松树障子歌》。

3 许鲁斋：许衡，字仲平，学者称之鲁斋先生，祖籍怀州河内（今河南省焦作市沁阳）。元初中国北方的理学家、教育家，金元之际南方理学北传的倡导人物之一。

4 治生为先：经营生计为先。见《鲁斋遗书·卷十三》："为学者，治生最为先务。苟生理不足，则于为学之道有所妨。彼旁求妄进及作官嗜利者，殆亦窘于生理之所致也……治生者，农工商贾。士君子当以务农为生，商贾虽为逐末，亦有可为者。果处不失义理，或以姑济一时，亦无不可。若以教学与作官规图生计，恐非古人之意也。"

5 哭而不歌：见《论语·述而》"子于是日哭，则不歌"。

6 《律吕新书》：中国古代的一部乐律学文献。作者蔡元定，字季通，学者称西山先生，南宋建州建阳（今属福建）人。

先生曰："学者当务为急。算得此数熟，亦恐未有用，必须心中先具礼乐之本方可。且如其书说多用管以候气[1]，然至冬至那一刻时，管灰之飞，或有先后，须臾之间，焉知那管正值冬至之刻？须自中心先晓得冬至之刻始得。此便有不通处。学者须先从礼乐本原上用功。"

【44.48】曰仁云："心犹镜也。圣人心如明镜，常人心如昏镜。近世格物之说，如以镜照物，照上用功，不知镜尚昏在，何能照！先生之格物，如磨镜而使之明，磨上用功，明了后亦未尝废照。"

【44.49】问"道之精粗"。

先生曰："道无精粗，人之所见有精粗。如这一间房，人初进来，只见一个大规模如此；处久便柱壁之类，一一看得明白；再久，如柱上有些文藻，细细都看出来。然只是一间房。"

【44.50】先生曰："诸公近见时少疑问，何也？人不用功，莫不自以为已知，为学只循而行之是矣。殊不知私欲日生，如地上尘，一日不扫，便又有一层，着实用功，便见道无终穷，愈探愈深，必使精白无一毫不彻方可。"

【44.51】问："知至然后可以言诚意。今天理人欲，知之未尽，如何用得克己工夫？"

先生曰："人若真实切己用功不已，则于此心天理之精微日见一日，私欲之细微亦日见一日。若不用克己工夫，终日只是说话而已，天理终不自现，私欲亦终不自现。如人走路一般，走得一段，方认得一段；走到歧路处，有疑便问，问了又走，方渐能到得欲到之处。今人于已知之天理不肯存，已知之人欲不肯去，且只管愁不能尽知。

1　候气：又称"候气法"，指中国古代根据阴阳之气的变化规律，用十二支律管来测定二十四节气中的十二气的发生时刻。属于"律吕之学"。

只管闲讲，何益之有？且待克得自己无私可克，方愁不能尽知，亦未迟在。”

【44.52】问“道一而已。古人论道往往不同，求之亦有要乎？”

先生曰：“道无方体，不可执着。却拘滞于文义上求道，远矣。如今人只说天，其实何尝见天？谓日月风雷即天，不可；谓人物草木不是天，亦不可。道即是天，若识得时，何莫而非道？人但各以其一隅之见认定，以为道止如此，所以不同。若解向里寻求，见得自己心体，即无时无处不是此道。亘古亘今，无终无始，更有甚同异？心即道，道即天，知心则知道、知天。”

又曰：“诸君要实见此道，须从自己心上体认，不假外求始得。”

【44.53】问：“名物度数[1]，亦须先讲求否？”

先生曰：“人只要成就自家心体，则用在其中。如养得心体，果有‘未发之中’，自然有‘发而中节之和’，自然无施不可。苟无是心，虽预先讲得世上许多名物度数，与己原不相干，只是装缀，临时自行不去。亦不是将名物度数全然不理，只要知所先后，则近道。”

又曰：“人要随才成就。才是其所能为，如夔之乐，稷[2]之种，是他资性合下便如此。成就之者，亦只是要他心体纯乎天理。其运用处，皆从天理上发来，然后谓之才。到得纯乎天理处，亦能不器，使夔、稷易艺而为，当亦能之。”

又曰：“如‘素富贵行乎富贵，素患难行乎患难’，皆是‘不器’[3]。此惟养得心体正者能之。”

1　名物度数：陈荣捷先生解释为“鸟兽草木之物皆有名，礼乐刑政之度皆有数”。

2　夔、稷：可参看【32.2】条注释。

3　不器：可参看【44.15】条注释。

【44.54】“与其为数顷无源之塘水，不若为数尺有源之井水，生意不穷。”时先生在塘边坐，傍有井，故以之喻学云。

【44.55】问：“世道日降，太古时气象如何复见得？”

先生曰：“一日便是一元[1]。人平旦时起坐，未与物接，此心清明景象，便如在伏羲时游一般。”

【44.56】问：“心要逐物，如何则可？”

先生曰：“人君端拱清穆，六卿分职，天下乃治。心统五官，亦要如此。今眼要视时，心便逐在色上；耳要听时，心便逐在声上，如人君要选官时，便自去坐在吏部；要调军时，便自去坐在兵部。如此岂惟失却君体，六卿亦皆不得其职。”

【44.57】“善念发而知之，而充之；恶念发而知之，而遏之。知与充与遏者，志也，天聪明也。圣人只有此，学者当存此。”

【44.58】澄曰：“好色、好利、好名等心，固是私欲，如闲思杂虑，如何亦谓之私欲？”

先生曰：“毕竟从好色、好利、好名等根上起，自寻其根便见。如汝心中，决知是无有做劫盗的思虑，何也？以汝元无是心也。汝若于货色名利等心，一切皆如不做劫盗之心一般，都消灭了，光光只是心之本体，看有甚闲思虑？此便是寂然不动，便是未发之中，便是廓然大公！自然感而遂通，自然发而中节，自然物来顺应。”

【44.59】问志至气次[2]。

先生曰：“‘志之所至，气亦至焉’之谓，非极至、次贰之谓。

1　一元：中国古代计时单位，一元等于 129600 年。可参看【27.7】条注释。

2　志至气次：见《孟子·公孙丑上》：“夫志，气之帅也；气，体之充也；夫志至焉，气次焉。故曰：‘持其志，无暴其气。’”

持其志，则养气在其中；无暴其气，则亦持其志矣。孟子救告子[1]之偏，故如此夹持说。”

【44.60】问：“先儒曰‘圣人之道，必降而自卑；贤人之言，则引而自高。’[2]如何？”

先生曰：“不然。如此，却乃伪也。圣人如天，无往而非天，三光之上天也，九地之下亦天也，天何尝有降而自卑？此所谓大而化之也。贤人如山岳，守其高而已。然百仞者不能引而为千仞，千仞者不能引而为万仞，是贤人未尝引而自高也，引而自高则伪矣。”

【44.61】问：“伊川谓不当于喜怒哀乐未发之前求中，延平[3]却教学者看未发之前气象，何如？”

先生曰：“皆是也。伊川恐人于未发前讨个中，把中做一物看，如吾向所谓‘认气定时做中’，故令只于涵养省察上用功。延平恐人未便有下手处，故令人时时刻刻求未发前气象，使人正目而视惟此，倾耳而听惟此，即是戒慎不睹，恐惧不闻的工夫。皆古人不得已诱人之言也。”

【44.62】澄问：“喜怒哀乐之‘中、和’，其全体常人固不能有，如一件小事当喜怒者，平时无有喜怒之心，至其临时，亦能中节，亦可谓之‘中、和’乎？”

1　告子：战国时思想家。名不详，一说名不害。善口辩，讲仁义，曾与孟子论人性问题，认为“生之谓性”，“食色，性也”。人性和水一样，“水无分于东西”，性也“无分于善不善”。“以人性为仁义”，犹如“以杞柳为桮棬”。其言论见《孟子·告子》篇。

2　“先儒曰”一句：出自《二程遗书·卷三》：“孔子曰：‘二三子以吾为隐乎？吾无隐乎尔。’无知之谓也。圣人之教人，俯就之若此，犹恐众人以为高远而不亲也。圣人之言，必降而自卑，不如此则人不亲。贤人之言，必引而自高，不如此则道不尊。”

3　延平：李侗，南宋学者，字愿中，福建南平人，世号延平先生。李侗为程颐的二传弟子，朱熹曾在武夷山从其门下，将其语录辑成《延平答问》。

先生曰："在一时一事，固亦可谓之中和，然未可谓之'大本、达道'[1]。人性皆善，'中、和'是人人原有的，岂可谓无？但常人之心既有所昏蔽，则其本体虽亦时时发见，终是暂明暂灭，非其全体大用矣。无所不中，然后谓之'大本'；无所不和，然后谓之'达道'。惟天下之至诚，然后能立天下之大本。"

曰："澄于'中'字之义尚未明。"

曰："此须自心体认出来，非言语所能喻。'中'只是天理。"

曰："何者为天理？"

曰："去得人欲，便识天理。"

曰："天理何以谓之'中'？"

曰："无所偏倚。"

曰："无所偏倚是何等气象？"

曰："如明镜然，全体莹彻，略无纤尘染着。"

曰："偏倚是有所染着。如着在好色、好利、好名等项上，方见得偏倚；若未发时，美色名利皆未相着，何以便知其有所偏倚？"

曰："虽未相着，然平日好色、好利、好名之心，原未尝无。既未尝无，即谓之有，既谓之有，则亦不可谓无偏倚。譬之病疟之人，虽有时不发，而病根原不曾除，则亦不得谓之无病之人矣。须是平时好色、好利、好名等项一应私心扫除荡涤，无复纤毫留滞，而此心全体廓然，纯是天理，方可谓之喜怒哀乐'未发之中'，方是天下之'大本'。"

【44.63】问："'颜子没而圣学亡'，此语不能无疑。"

1　大本达道：出自《中庸》"中也者，天下之大本也；和也者，天下之达道也"。可参看 55.《中庸》【55.1】条。

先生曰："见圣道之全者惟颜子。观'喟然一叹'[1]，可见其谓'夫子循循然善诱人，博我以文，约我以礼'，是见破后如此说。博文约礼，如何是善诱人？学者须思之。道之全体，圣人亦难以语人，须是学者自修自悟。颜子虽欲从之，末由也已，即文王望道未见意[2]。望道未见，乃是真见。颜子没，而圣学之正派遂不尽传矣。"

【44.64】问："身之主为心，心之灵明是知，知之发动是意，意之所着为物，是如此否？"

先生曰："亦是。"

【44.65】"只存得此心常见在，便是学。过去未来事，思之何益？徒放心[3]耳！"

【44.66】"言语无序，亦足以见心之不存。"

【44.67】尚谦[4]问孟子之"不动心"与告子异。

先生曰："告子是硬把捉着此心，要他不动；孟子欲是'集义'到自然不动。"

又曰："心之本体原自不动。心之本体即是性，性即是理，性元不动，理元不动。集义是复其心之本体。"

【44.68】"万象森然时，亦冲漠无朕；冲漠无朕，即万象森然。冲漠无朕者'一'之父，万象森然者'精'之母。一中有精，精中有一。"

【44.69】"心外无物。如吾心发一念孝亲，即孝亲便是物。"

---

1 "喟然一叹"句：出自《论语・子罕》："颜渊喟然叹曰：'夫子循循善诱人。博我以文，约我以礼。欲罢不能。既竭吾才，如有所立卓尔。虽欲从之，末由也已。'"

2 文王望道未见意：可参看【44.8】条注释。

3 放心：放逸、亡失之心。可参看【4.2】条注释。

4 尚谦：薛侃，字尚谦，可参看45.《薛侃录》注释。

【44.70】先生曰："今为吾所谓格物之学者，尚多流于口耳。况为口耳之学者，能反于此乎？天理人欲，其精微必时时用力省察克治，方日渐有见。如今一说话之间，虽口讲天理，不知心中倏忽之间已有其多少私欲。盖有窃发而不知者，虽用力察之，尚不易见，况徒口讲而可得尽知乎？今只管讲天理来顿放着不循，讲人欲来顿放着不去，岂格物致知之学？后世之学，其极至，只做得个'义袭而取'[1]的工夫。"

【44.71】问格物。

先生曰："格者，正也。正其不正，以归于正也。"

【44.72】问："知止[2]者，知至善只在吾心，元不在外也，而后志定？"

曰："然。"

【44.73】问："格物于动处用功否？"

先生曰："格物无间动静，静亦物也。孟子谓'必有事焉'[3]，是动静皆有事。"

【44.74】"工夫难处，全在格物致知上。此即诚意之事。意既诚，大段心亦自正，身亦自修。但正心修身工夫，亦各有用力处，修身是已发边，正心是未发边。心正则中，身修则和。"

【44.75】"自'格物致知'至'平天下'，只是一个'明明德'。虽亲民，亦明德事也。明德是此心之德，即是仁。仁者以天地万物为一体，使有一物失所，便是吾仁有未尽处。"

1 义袭而取：出自《孟子·公孙丑上》。可参看【12.4】条"集义"注释。朱熹《孟子集注》云："由只行一事偶合于义，便可掩袭于外而得之。"

2 知止：出自《大学》"知止而后有定，定而后能静，静而后能安，安而后能虑，虑而后能得"。可参看附录 54.《大学》【54.1】条。

3 必有事焉：可参看【27.13】条注释。

【44.76】“只说‘明明德’而不说‘亲民’，便似老、佛。”

【44.77】“至善者性也，性元无一毫之恶，故曰至善。止之，是复其本然而已。”

【44.78】问：“知至善即吾性，吾性具吾心，吾心乃至善所止之地，则不为向时之纷然外求，而志定矣。定则不扰扰而静，静而不妄动则安，安则一心一意只在此处，千思万想，务求必得此至善，是能虑而得矣。如此说是否？”

先生曰：“大略亦是。”

【44.79】问：“程子云‘仁者以天地万物为一体’，何墨氏‘兼爱’[1]不得谓之仁？”

先生曰：“此亦甚难言，须是诸君自体认出来始得。仁是造化生生不息之理，虽弥漫周遍，无处不是，然其流行发生，亦只有个渐，所以生生不息。如冬至一阳生，必自一阳生，而后渐渐至于六阳，若无一阳之生，岂有六阳？阴亦然。惟其渐，所以便有个发端处；惟其有个发端处，所以生；惟其生，所以不息。譬之木，其始抽芽，便是木之生意发端处。抽芽然后发干，发干然后生枝生叶，然后是生生不息。若无芽，何以有干有枝叶？能抽芽，必是下面有个根在。有根方生，无根便死。无根何从抽芽？父子兄弟之爱，便是人心生意发端处，如木之抽芽。自此而仁民，而爱物，便是发干生枝生叶。墨氏兼爱无差等，将自家父子兄弟与途人一般看，便自没了发端处。不抽芽便知得他无根，便不是生生不息，安得谓之仁？孝弟为仁之本，却是仁理从里面发生出来。”

1　兼爱：春秋战国之际，墨子针对儒家“爱有等差”的说法，主张爱无差别等级，不分厚薄亲疏。《墨子》中有《兼爱》三篇，阐述其主张。

【44.80】问："延平云'当理而无私心'[1]。当理与无私心如何分别？"

先生曰："心即理也，无私心即是当理，未当理便是私心。若析心与理言之，恐亦未善。"

又问："释氏于世间一切情欲之私都不染着，似无私心。但外弃人伦，却似未当理。"

曰："亦只是一统事，都只是成就他一个私己的心。"

1　当理而无私心：见朱熹《论语集注》："愚闻之师曰：'当理而无私心，则仁矣。'"这里的"师"是指朱熹的老师延平先生。

45. 薛侃[1]录

【45.1】侃问："持志如心痛，一心在痛上，安有工夫说闲语、管闲事？"

先生曰："初学工夫，如此用亦好。但要使知'出入无时，莫知其乡'[2]。心之神明，原是如此，工夫方有着落。若只死死守着，恐于工夫上又发病。"

【45.2】侃问："专涵养而不务讲求，将认欲作理，则如之何？"

先生曰："人须是知学，讲求亦只是涵养。不讲求只是涵养之志不切。"

曰："何谓知学？"

曰："且道为何而学？学个甚？"

曰："尝闻先生教，学是学存天理。心之本体即是天理，体认

1 薛侃：字尚谦，号中离，世人称之为中离先生，广东揭阳县（现属潮州市潮安县）人。正德十二年（1517）擢进士，疏乞归养，往赣州师从阳明先生四年。十六年授行人、而后官至司正。他是王阳明理学在岭南的继承人和推行者。薛侃归田后，在桑浦山设宗山书院讲王阳明理学，使阳明理学在岭南有了更大的影响。嘉靖乙酉为解决内河交通，倡导浚通桑浦山东侧的河道，沟通了龙溪、榕江两大水系，全长 7.5 公里，后世人称之为"中离溪"。著有《中离集》。

2 出入无时，莫知其乡：可参看【44.34】条注释。

天理只要自心地无私意。”

曰：“如此则只须克去私意便是，又愁甚理、欲不明？”

曰：“正恐这些私意认不真。”

曰：“总是志未切。志切，目视耳听皆在此，安有认不真的道理？是非之心人皆有之，不假外求。讲求亦只是体当自心所见，不成去心外别有个见。”

【45.3】先生问在坐之友：“比来工夫何似？”

一友举虚明[1]意思。先生曰：“此是说光景。”一友叙今昔异同。先生曰：“此是说效验。”二友惘然，请是。

先生曰：“吾辈今日用功，只是要为善之心真切。此心真切，见善即迁，有过即改，方是真切工夫。如此则人欲日消，天理日明。若只管求光景，说效验，却是助长外驰病痛，不是工夫。”

【45.4】朋友观书，多有摘议晦庵[2]者。

先生曰：“是有心求异即不是。吾说与晦庵时有不同者，为入门下手处有毫厘千里之分，不得不辨。然吾之心与晦庵之心未尝异也。若其余文义解得明当处，如何动得一字？”

【45.5】希渊[3]问：“圣人可学而至。然伯夷、伊尹[4]于孔子才力终不同，其同谓之圣者安在？”

---

1 虚明：指内心清虚空明的状态。与【50.3】条“一友静坐有见”的“见”，境界类似。

2 晦庵：即朱熹，可参看本书 1.《阳明先生年谱》“1489 年”条“考亭”注释。

3 希渊：蔡宗兖，字希渊。可参看 8.《寄希渊书》一文注释。

4 伯夷、伊尹：“伯夷”为商末孤竹君之长子。初，孤竹君欲以次子叔齐为继承人，及父卒，叔齐让位于伯夷。伯夷以为逆父命，遂逃之，而叔齐亦不肯立，亦逃之。“伊尹”，名伊，一说名挚，夏末商初人。因为善于烹饪被汤看中，曾辅佐商汤王建立商朝，被后人尊之为中国历史上的贤相，奉祀为“商元圣”。可参看【50.24】条注释。

先生曰："圣人之所以为圣，只是其心纯乎天理，而无人欲之杂。犹精金之所以为精，但以其成色足而无铜铅之杂也。人到纯乎天理方是圣，金到足色方是精。然圣人之才力，亦是大小不同，犹金之分两有轻重。尧、舜犹万镒[1]，文王、孔子有九千镒，禹、汤、武王犹七八千镒，伯夷、伊尹犹四五千镒。才力不同而纯乎天理则同，皆可谓之圣人，犹分两虽不同，而足色则同，皆可谓之精金。以五千镒者而入于万镒之中，其足色同也；以夷、尹而厕之尧、孔之间，其纯乎天理同也。盖所以为精金者，在足色而不在分两；所以为圣者，在纯乎天理而不在才力也。故虽凡人而肯为学，使此心纯乎天理，则亦可为圣人，犹一两之金比之万镒，分两虽悬绝，而其到足色处可以无愧，故曰：'人皆可以为尧、舜'者以此。学者学圣人，不过是去人欲而存天理耳，犹炼金而求其足色。金之成色所争不多，则锻炼之工省而功易成，成色愈下则锻炼愈难。人之气质清浊粹驳，有中人以上、中人以下，其于道有生知安行、学知利行，其下者必须人一己百、人十己千，及其成功则一。后世不知作圣之本是纯乎天理，却专去知识才能上求圣人。以为圣人无所不知，无所不能，我须是将圣人许多知识才能逐一理会始得。故不务去天理上着工夫，徒弊精竭力，从册子上钻研，名物上考索，形迹上比拟，知识愈广而人欲愈滋，才力愈多，而天理愈蔽。正如见人有万镒精金，不务锻炼成色，求无愧于彼之精纯，而乃妄希分两，务同彼之万镒，锡铅铜铁杂然而投，分两愈增而成色愈下，既其梢末，无复有金矣。"

时曰仁在旁，曰："先生此喻足以破世儒支离之惑，大有功于后学。"

1　镒：古代重量单位，合二十两（一说二十四两）。音 yì。

先生又曰：“吾辈用功只求日减，不求日增。减得一分人欲，便是复得一分天理。何等轻快脱洒！何等简易！”

【45.6】士德[1]问曰：“格物之说如先生所教，明白简易，人人见得。文公[2]聪明绝世，于此反有未审何也？”

先生曰：“文公精神气魄大，是他早年合下便要继往开来，故一向只就考索著述上用功。若先切己自修，自然不暇及此。到得德盛后，果忧道之不明。如孔子退修六籍，删繁就简，开示来学，亦大段不费甚考索。文公早岁便著许多书，晚年方悔是倒做了。”

士德曰：“晚年之悔，如谓‘向来定本之误’，又谓‘虽读得书，何益于吾事’，又谓‘此与守书籍，泥言语，全无交涉’，是他到此方悔从前用功之错，方去切己自修矣。”

曰：“然此是文公不可及处。他力量大，一悔便转，可惜不久即去世，平日许多错处皆不及改正。”

【45.7】侃去花间草，因曰：“天地间何善难培，恶难去？”

先生曰：“未培未去耳。”

少间，曰：“此等看善恶，皆从躯壳起念，便会错。”

侃未达。

曰：“天地生意，花草一般，何曾有善恶之分？子欲观花，则以花为善，以草为恶；如欲用草时，复以草为善矣。此等善恶，皆由汝心好恶所生，故知是错。”

曰：“然则无善无恶乎？”

曰：“无善无恶者理之静，有善有恶者气之动。不动于气，即

---

1 士德：杨骥，字士德，广州潮州人。先从游于湛若水，后受学于王阳明。为粤中王学代表人物。

2 文公：朱熹谥号为“文”，故称文公。

无善无恶，是谓至善。”

曰：“佛氏亦无善无恶，何以异？”

曰：“佛氏着在无善无恶上，便一切都不管，不可以治天下。圣人无善无恶，只是无有作好，无有作恶，不动于气。然‘遵王之道’，‘会其有极’[1]，便自一循天理，便有个裁成辅相[2]。”

曰：“草既非恶，即草不宜去矣。”

曰：“如此却是佛、老意见。草若有碍，何妨汝去？”

曰：“如此又是作好作恶？”

曰：“不作好恶，非是全无好恶，却是无知觉的人。谓之不作者，只是好恶一循于理，不去又着一分意思。如此，即是不曾好恶一般。”

曰：“去草如何是一循于理，不着意思？”

曰：“草有妨碍，理亦宜去，去之而已。偶未即去，亦不累心。若着了一分意思，即心体便有贻累，便有许多动气处。”

曰：“然则善恶全不在物？”

曰：“只在汝心循理便是善，动气便是恶。”

曰：“毕竟物无善恶。”

曰：“在心如此，在物亦然。世儒惟不知此，舍心逐物，将格物之学错看了，终日驰求于外，只做得个‘义袭而取’，终身‘行不著，习不察’[3]。”

---

1 “无有作好、无有作恶”句：“会其有极”归于法度、准则。见《尚书·洪范》：“无偏无陂，遵王之义；无有作好，遵王之道；无有作恶，尊王之路。无偏无党，王道荡荡；无党无偏，王道平平；无反无侧，王道正直。会其有极，归其有极。”

2 裁成辅相：“财（裁）成”，裁节以成，“辅相”，扶助、相助。出自《易经·泰卦·象辞传》：“天地交泰，后以财成天地之道，辅相天地之宜，以左右民。”

3 行不著、习不察：可参看【27.15】条注释。

曰“‘如好好色，如恶恶臭’[1]，则如何？”

曰：“此正是一循于理。是天理合如此，本无私意作好作恶。”

曰：“‘如好好色，如恶恶臭’，安得非意？”

曰：“却是诚意，不是私意。诚意只是循天理。虽是循天理，亦着不得一分意，故有所忿懥、好乐则不得其正[2]，须是廓然大公，方是心之本体。知此即知未发之中[3]。”

伯生[4]曰：“先生云‘草有妨碍，理亦宜去’，缘何又是躯壳起念？”

曰：“此须汝心自体当。汝要去草，是甚么心？周茂叔窗前草不除[5]，是甚么心？”

【45.8】先生谓学者曰：“为学须得个头脑工夫，方有着落。纵未能无间，如舟之有舵，一提便醒。不然，虽从事于学，只做个‘义袭而取’，只是‘行不著，习不察’，非‘大本达道’也。”

又曰：“见得时，横说竖说皆是。若此处通，彼处不通，只是未见得。”

【45.9】或问为学以亲故，不免业举之累。

先生曰：“以亲之故而业举，为累于学，则治田以养其亲者，亦有累于学乎？先正云‘惟患夺志’[6]，但恐为学之志不真切耳。”

1　如好好色，如恶恶臭：可参看附录 54.《大学》【54.4】条。

2　“有所忿懥好乐”句：出自《大学》“所谓修身在正其心者，身有所忿懥则不得其正，有所恐惧则不得其正，有所好乐则不得其正，有所忧患则不得其正”。懥，音 zhì。可参看附录 54.《大学》【54.6】条。

3　未发之中：可参看【27.5】条注释。

4　伯生：孟源，字伯生，王阳明弟子。

5　周茂叔窗前草不除：《二程遗书·卷三》：“周茂叔窗前草不除，问之，曰：‘与自家意思一般。’”周敦颐，字茂叔，号濂溪，程颐的老师。可参看本书 1.《阳明先生年谱》“1501 年”条“周濂溪”注释。

6　先正云“惟患夺志”：先正，指程颐，可参看【4.2】条。注释。

【45.10】崇一[1]问："寻常意思多忙，有事固忙，无事亦忙，何也？"

先生曰："天地气机，元无一息之停；然有个主宰，故不先不后，不急不缓，虽千变万化，而主宰常定，人得此而生。若主宰定时，与天运一般不息，虽酬酢万变，常是从容自在，所谓'天君泰然，百体从令'。若无主宰，便只是这气奔放，如何不忙？"

【45.11】先生曰："为学大病在好名。"

侃曰："从前岁自谓此病已轻，比来精察，乃知全未，岂必务外为人？只闻誉而喜，闻毁而闷，即是此病发来？"

曰："最是。名与实对。务实之心重一分，则务名之心轻一分，全是务实之心，即全无务名之心。若务实之心如饥之求食，渴之求饮，安得更有工夫好名？"

又曰："'疾没世而名不称'[2]，'称'字去声读，亦'声闻过情，君子耻之'[3]之意。实不称名，生犹可补，没则无及矣。'四十五十而无闻'[4]，是不闻道，非无声闻也。孔子云'是闻也，非达也'[5]，安肯以此望人？"

【45.12】侃多悔。

1　崇一：欧阳德，字崇一。可参看本书35.《答欧阳崇一书》中条注释。

2　疾没世而名不称：出自《论语·卫灵公》："子曰：'君子疾没世而名不称焉。'"疾为恨，没世指死亡。

3　声闻过情，君子耻之：出自《孟子·离娄下》。声誉超过了实际的才德，君子就会对此感到耻辱。

4　四十五十而无闻：出自《论语·子罕》："子曰：'后生可畏，焉知来者之不如今也。四十五十而无闻焉，斯亦不足畏也已！'"

5　是闻也，非达也：出自《论语·颜渊》："子张问：'士何如斯可谓达人矣？'子曰：'何哉，尔所谓达者？'子张曰：'在邦必闻，在家必闻。'子曰：'是闻也，非达也，夫达也者，质直而好义，察言而观色，虑以下人。在邦必达，在家必达。夫闻也者，色取而行违，居之不疑，在邦必闻，在家必闻。'"

先生曰："悔悟是去病之药，然以改之为贵。若留滞于中，则又因药发病。"

【45.13】德章曰："闻先生以精金喻圣，以分两喻圣人之分量，以锻炼喻学者之工夫，最为深切。惟谓尧、舜为万镒，孔子为九千镒，疑未安。"

先生曰："此又是躯壳上起念，故替圣人争分两。若不从躯壳上起念，即尧、舜万镒不为多，孔子九千镒不为少。尧、舜万镒只是孔子的，孔子九千镒只是尧、舜的，原无彼我。所以谓之圣，只论精一，不论多寡。只要此心纯乎天理处同，便同谓之圣。若是力量气魄，如何尽同得？后儒只在分两上较量，所以流入功利。若除去了比较分两的心，各人尽着自己力量精神，只在此心纯天理上用功，即人人自有，个个圆成，便能大以成大，小以成小，不假外慕，无不具足。此便是实实落落明善诚身的事。

后儒不明圣学，不知就自己心地良知良能上体认扩充，却去求知其所不知，求能其所不能，一味只是希高慕大，不知自己是桀、纣心地，动辄要做尧、舜事业，如何做得？终年碌碌，至于老死，竟不知成就了个甚么，可哀也已！"

【45.14】侃问："先儒以心之静为体，心之动为用，如何？"

先生曰："心不可以动静为体用。动静，时也。即体而言用在体，即用而言体在用，是谓体用一源。若说静可以见其体，动可以见其用，却不妨。"

【45.15】问："上智、下愚如何不可移？[1]"

先生曰："不是不可移，只是不肯移。"

1 "上智下愚"句：出自《论语·阳货》"唯上智与下愚不移"。

【45.16】问“子夏门人问交”[1]章。

先生曰：“子夏是言小子之交，子张是言成人之交。若善用之，亦俱是。”

【45.17】子仁[2]问：“‘学而时习之，不亦说乎’，先儒以‘学’为‘效先觉之所为’[3]，如何？”

先生曰：“‘学’是学去人欲，存天理。从事于去人欲，存天理，则自正。诸先觉考诸古训，自下许多问辨思索、存省克治工夫。然不过欲去此心之人欲，存吾心之天理耳。若曰效先觉之所为，则只说得学中一件事，亦似专求诸外了。‘时习’者，‘坐如尸’，非专习坐也，坐时习此心也；‘立如斋’[4]，非专习立也，立时习此心也。‘说’是‘理义之说我心’之‘说’，人心本自说理义，如目本说色，耳本说声，惟为人欲所蔽所累，始有不说。今人欲日去，则理义日洽浃，安得不说？”

【45.18】国英[5]问：“曾子三省[6]虽切，恐是未闻‘一贯’[7]时工夫。”

---

1 子夏门人问交：出自《论语·子张》“子夏之门人问交于子张”。子张曰：“子夏云何？”对曰：“子夏曰：‘可者与之，其不可者拒之。’”子张曰：“异乎吾所闻：君子尊贤而容众，嘉善而矜不能。我之大贤与，于人何所不容？我之不贤与，人将拒我，如之何其拒人也？”

2 子仁：冯恩，字子仁，号南江，今上海松江人。撰有《刍荛录》二十卷。

3 效先觉之所为：出自朱熹《论语集注》：“‘学’之为言，‘效’也。人性皆善，而觉有先后。后觉者，必效先觉之所为，乃可以明善而复其初也。”

4 坐如尸、立如斋：出自《礼记·曲礼》。指坐的时候端正肃穆，站的时候毕恭毕敬。

5 国英：陈杰，字国英，号万严，莆田人，正德三年进士，授景陵知县，擢南御史。从王阳明游。

6 三省：出自《论语·学而》：“曾子曰：吾日三省吾身。为人谋而不忠乎？与朋友交而不信乎？传不习乎？”

7 一贯：可参看【22.2】条注释。

先生曰："'一贯'是夫子见曾子未得用功之要，故告之，学者果能忠恕上用功，岂不是'一贯'？'一'如树之根本，'贯'如树之枝叶，未种根何枝叶之可得？体用一源，体未立，用安从生？谓'曾子于其用处，盖已随事精察而力行之，但未知其体之一'[1]，此恐未尽。"

【45.19】黄诚甫[2]问"汝与回也孰愈章"[3]。

先生曰："子贡多学而识，在闻见上用功，颜子在心地上用功，故圣人问以启之。而子贡所对又只在知见上，故圣人叹惜之，非许之也。"

【45.20】"颜子不迁怒，不贰过[4]，亦是有未发之中，始能。"

【45.21】"种树者必培其根，种德者必养其心。欲树之长，必于始生时删其繁枝；欲德之盛，必于始学时去夫外好。如外好诗文，则精神日渐漏泄在诗文上去。凡百外好皆然。"

又曰："我此论学，是无中生有的工夫，诸公须要信得及，只是立志。学者一念为善之志，如树之种，但勿助勿忘，只管培植将去，自然日夜滋长，生气日完，枝叶日茂。树初生时，便抽繁枝，亦须刊落。然后根干能大。初学时亦然。故立志贵专一。

【45.22】因论先生之门，某人在涵养上用功，某人在识见上用功。

1 "曾子于其用处"句：出自朱熹《论语集注》。

2 黄诚甫：可参看9.《与黄诚甫书》注释。

3 汝与回也孰愈章：见《论语·公冶长》："子谓子贡曰：'汝与回也，孰愈'对曰：'赐也何敢望回？回也闻一知十，赐也闻一以知二。'子曰：'弗如也，吾与汝弗如也。'"

4 颜子不迁怒，不贰过：见《论语·雍也》："有颜回者好学，不迁怒，不贰过。不幸短命死矣。"

先生曰："专涵养者日见其不足，专识见者日见其有余。日不足者日有余矣，日有余者日不足矣。"

【45.23】梁日孚[1]问："居敬、穷理是两事[2]，先生以为一事，何如？"

先生曰："天地间只有此一事，安有两事？若论万殊，礼仪三百，威仪三千，又何止两？公且道居敬是如何？穷理是如何？"

曰："居敬是存养工夫，穷理是穷事物之理。"

曰："存养个甚？"

曰："是存养此心之天理。"。

曰："如此亦只是穷理矣。"

曰："且道如何穷事物之理？"

曰："如事亲便要穷孝之理，事君便要穷忠之理。"

曰："忠与孝之理在君亲身上，在自己心上？若在自己心上，亦只是穷此心之理矣。且道如何是敬？"

曰："只是主一。"

曰："如何是主一？"

曰："如读书便一心在读书上，接事便一心在接事上。"

曰："如此则饮酒便一心在饮酒上，好色便一心在好色上，却是逐物，成甚居敬功夫？"

日孚请问。

曰："'一'者，天理。主一是一心在天理上。若只知主一，不知一即是理，有事时便是逐物，无事时便是着空。惟其有事无事，

1　梁日孚：梁焯，字日孚，号象峰。今广东佛山人。王阳明的弟子。官至兵部职方司员外郎。

2　居敬、穷理是两事：出自朱熹《朱子语类》"学者功夫，唯在居敬、穷理二事"。

一心皆在天理上用功，所以居敬亦即是穷理。就穷理专一处说，便谓之居敬；就居敬精密处说，便谓之穷理。却不是居敬了别有个心穷理，穷理时别有个心居敬。名虽不同，功夫只是一事。就如《易》言‘敬以直内，义以方外’[1]，‘敬’即是无事时‘义’，‘义’即是有事时‘敬’，两句合说一件。如孔子言‘修己以敬’[2]，即不须言‘义’，孟子言‘集义’[3]即不须言‘敬’，会得时横说竖说工夫总是一般。若泥文逐句，不识本领，即支离决裂，工夫都无下落。”

问：“穷理何以即是尽性？”

曰：“心之体，性也，性即理也。穷仁之理，真要仁极仁，穷义之理，真要义极义。仁、义只是吾性，故穷理即是尽性。如孟子说‘充其恻隐之心，至仁不可胜用’[4]，这便是穷理工夫。”

日孚曰：“先儒谓‘一草一木亦皆有理，不可不察’，如何？”

先生曰：“‘夫我则不暇’[5]。公且先去理会自己性情，须能尽人之性，然后能尽物之性。”

日孚悚然有悟。

【45.24】惟乾[6]问：“知如何是心之本体？”

先生曰：“知是理之灵处。就其主宰处说，便谓之心，就其禀赋处说，便谓之性。孩提之童无不知爱其亲，无不知敬其兄，只是

1　敬以直内，义以方外：可参看【12.4】条注释。

2　修己以敬：见《论语·宪问》：“子路问君子。子曰：‘修己以敬’。”

3　集义：可参看【12.4】条注释。

4　“充其恻隐之心”句：出自《孟子·尽心下》“人能充无欲害人之心，而仁不可胜用也；人能充无穿窬之心，而义不可胜用也”。

5　夫我则不暇：我没有那个空闲。出自《论语·宪问》：“子贡方人。子曰：‘赐也贤乎哉？夫我则不暇。’”

6　惟乾：即冀元亨，可参看 1.《阳明先生年谱》“1520 年”条注释。

这个灵能不为私欲遮隔，充拓得尽，便完完是他本体，便与天地合德。自圣人以下不能无蔽，故须格物以致其知。”

【45.25】守衡问：“《大学》工夫只是诚意，诚意工夫只是格物。修、齐、治、平，只诚意尽矣。又有正心之功，‘有所忿懥好乐，则不得其正’，何也？”

先生曰：“此要自思得之，知此则知未发之中矣。”

守衡再三请。

曰：“为学工夫有浅深。初时若不着实用意去好善恶恶，如何能为善去恶？这着实用意便是诚意。然不知心之本体原无一物，一向着意去好善恶恶，便又多了这分意思，便不是廓然大公。《书》所谓‘无有作好作恶’[1]，方是本体。所以说‘有所忿懥、好乐，则不得其正’。正心只是诚意工夫里面体当自家心体，常要鉴空衡平，这便是未发之中。”

【45.26】正之[2]问：“戒惧是己所不知时工夫，慎独是己所独知时工夫，此说如何？”

先生曰：“只是一个工夫，无事时固是独知，有事时亦是独知。人若不知于此独知之地用力，只在人所共知处用功，便是作伪，便是‘见君子而后厌然’[3]。此独知处便是诚的萌芽，此处不论善念恶念，更无虚假，一是百是，一错百错，正是王霸、义利、诚伪、善恶界头。于此一立立定，便是端本澄源，便是立诚。古人许多诚身的工夫，精神命脉全体只在此处。真是莫见莫显，无时无处，无

1　无有作好作恶：可参看【45.7】条注释。

2　正之：可参看【36.2】条注释。

3　见君子而后厌然：出自《大学》：“小人闲居为不善，无所不至，见君子而后厌然，揜其不善而著其善，人之视己如见其肺肝然，则何益矣。此谓诚于中，形于外，故君子必慎其独也。”可参看附录54.《大学》【54.4】条。

终无始，只是此个功夫。今若又分戒惧为己所不知，即工夫便支离，亦有间断。既戒惧即是知，己若不知，是谁戒惧？如此见解，便要流入断灭禅定。”

曰：“不论善念恶念，更无虚假，则独知之地更无无念时邪？”

曰：“戒惧亦是念。戒惧之念无时可息。若戒惧之心稍有不存，不是昏聩，便已流入恶念。自朝至暮，自少至老，若要无念，即是己不知，此除是昏睡，除是槁木死灰。”

【45.27】志道[1]问：“荀子云：‘养心莫善于诚’，先儒非之，何也？”

先生曰：“此亦未可便以为非。‘诚’字有以工夫说者，诚是心之本体，求复其本体，便是思诚的工夫。明道说‘以诚敬存之’[2]，亦是此意。《大学》‘欲正其心，先诚其意’。荀子之言固多病，然不可一例吹毛求疵。大凡看人言语，若先有个意见，便有过当处。‘为富不仁’[3]之言，孟子有取于阳虎，此便见圣贤大公之心。”

【45.28】萧惠问：“己私难克，奈何？”

先生曰：“将汝己私来，替汝克。”

先生曰：“人须有为己之心，方能克己；能克己，方能成己。”

萧惠曰：“惠亦颇有为己之心，不知缘何不能克己？”

先生曰：“且说汝有为己之心是如何？”

惠良久曰：“惠亦一心要做好人，便自谓颇有为己之心。今思

1　志道：管志道，字登之，号东溟。今江苏太仓人。隆庆五年（1571）进士。

2　以诚敬存之：出自《二程遗书·卷第二上·二先生语二上》：“学者须先识仁。仁者，浑然与物同体；义、礼、知、信皆仁也。识得此理，以诚敬存之而已，不须防检，不须穷索。”

3　为富不仁：见《孟子·滕文公上》：“阳虎曰：‘为富不仁矣，为仁不富矣。’”阳虎即《论语·阳货》中记录的阳货，是一个儒家认为不符合仁义的人物。

之，看来亦只是为得个躯壳的己，不曾为个真己。”

先生曰：“真己何曾离着躯壳！恐汝连那躯壳的己也不曾为。且道汝所谓躯壳的己，岂不是耳目口鼻四肢？”

惠曰：“正是。为此，目便要色，耳便要声，口便要味，四肢便要逸乐，所以不能克。”

先生曰：“‘美色令人目盲，美声令人耳聋，美味令人口爽，驰骋田猎令人发狂’，这都是害汝耳目口鼻四肢的，岂得是为汝耳目口鼻四肢？若为着耳目口鼻四肢时，便须思量耳如何听，目如何视，口如何言，四肢如何动。必须非礼勿视听言动，方才成得个耳目口鼻四肢，这个才是为着耳目口鼻四肢。汝今终日向外驰求，为名为利，这都是为着躯壳外面的物事。汝若为着耳目口鼻四肢，要非礼勿视听言动时，岂是汝之耳目口鼻四肢自能勿视听言动，须由汝心。这视听言动皆是汝心，汝心之视，发窍于目；汝心之听，发窍于耳；汝心之言，发窍于口；汝心之动，发窍于四肢。若无汝心，便无耳目口鼻四肢。所谓汝心，亦不专是那一团血肉。若是那一团血肉，如今已死的人，那一团血肉还在，缘何不能视听言动？所谓汝心，却是那能视听言动的，这个便是性，便是天理。有这个性才能生，这性之生理便谓之仁。这性之生理，发在目便会视，发在耳便会听，发在口便会言，发在四肢便会动，都只是那天理发生，以其主宰一身，故谓之心。这心之本体，原只是个天理，原无非礼，这个便是汝之真己。这个真己是躯壳的主宰。若无真己，便无躯壳。真是有之即生，无之即死。汝若真为那个躯壳的己，必须用着这个真己，便须常常保守着这个真己的本体，戒慎不睹，恐惧不闻，惟恐亏损了他一些。才有一毫非礼萌动，便如刀割，如针刺，忍耐不过，必须去了刀，拔了针，这才是有为己之心，方能克己。汝今正是认贼作子，缘何却说有为己之心，不能克己？”

【45.29】有一学者病目，戚戚甚忧。

先生曰：“尔乃贵目贱心。”

【45.30】萧惠好仙、释。

先生警之曰：“吾亦自幼笃志二氏，自谓既有所得，谓儒者为不足学。其后居夷三载，见得圣人之学若是其简易广大，始自叹悔错用了三十年气力。大抵二氏之学，其妙与圣人只有毫厘之间。汝今所学乃其土苴[1]，辄自信自好若此，真鸱鸮窃腐鼠耳[2]！”

惠请问二氏之妙。

先生曰：“向汝说圣人之学简易广大，汝却不问我悟的，只问我悔的！”

惠惭谢，请问圣人之学。

先生曰：“已与汝一句道尽，汝尚自不会。”

【45.31】刘观时问：“‘未发之中’是如何？”

先生曰：“汝但戒慎不睹，恐惧不闻，养得此心纯是天理，便自然见。”

观时请略示气象。

先生曰：“哑子吃苦瓜，与你说不得。你要知此苦，还须你自吃。”

时曰仁在傍，曰：“如此才是真知，即是行矣。”

一时在座诸友皆有省。

【45.32】萧惠问死生之道。

1　土苴：渣滓，糟粕。苴，音 zhǎ。

2　鸱鸮窃腐鼠：引用《庄子·秋水》中的典故。此处批评萧惠兴趣之所在，所求极为低下。鸱鸮，音 chī xiāo。

先生曰："知昼夜即知死生。"

问昼夜之道。

曰："知昼则知夜。"

曰："昼亦有所不知乎？"

先生曰："汝能知昼！懵懵而兴，蠢蠢而食，行不著，习不察，终日昏昏，只是梦昼。惟'息有养，瞬有存'[1]，此心惺惺明明，天理无一息间断，才是能知昼。这便是天德，便是'通乎昼夜之道而知'[2]，更有甚么死生？"

【45.33】马子莘[3]问："修道之教[4]，旧说谓圣人品节[5]吾性之固有，以为法于天下，若礼、乐、刑、政之属。此意如何？"

先生曰："道即性、即命，本是完完全全，增减不得，不假修饰的，何须要圣人品节？却是不完全的物件。礼、乐、刑、政是治天下之法。固亦可谓之教，但不是子思本旨。若如先儒之说，下面由教入道的，缘何舍了圣人礼、乐、刑、政之教，别说出一段戒慎恐惧工夫？却是圣人之教为虚设矣。"

子莘请问。

先生曰："子思'性、道、教'，皆从本原上说。天命于人，则命便谓之性；率性而行，则性便谓之道；修道而学，则道便谓之

1　息有养，瞬有存：心无时无刻都存养天理，出自张载《张子全书》。

2　通乎昼夜之道而知：出自《易经·系辞上》"范围天地之化而不过，曲成万物而不遗，通乎昼夜之道而知，故神无方而易无体"。

3　马子莘：马明衡，字子莘，福建莆田人，官至御史。可参看40.《与马子莘》注释。

4　修道之教：见《中庸》"天命之谓性，率性之谓道，修道之谓教"。可参看附录55.《中庸》【55.1】条。

5　品节：对人性高低进行划分，并规定行为规范。出自朱熹《中庸章句集注》："修，品节之也。性道虽同，而气禀或异，故不能无过、不及之差，圣人因人物之所当行者而品节之，以为法于天下，则谓之教，若礼、乐、刑、政之属是也。"

教。率性是诚者事，所谓‘自诚明，谓之性’也；修道是诚之者事，所谓‘自明诚，谓之教’[1]也。圣人率性而行，即是道。圣人以下，未能率性于道，未免有过、不及，故须修道。修道则贤知者不得而过、愚不肖者不得而不及，都要循着这个道，则道便是个教。此‘教’字与‘天道至教’[2]，‘风雨霜露无非教也’[3]之‘教’同。‘修道’字与‘修道以仁’[4]同。人能修道，然后能不违于道，以复其性之本体，则亦是圣人率性之道矣。下面‘戒慎恐惧’便是修道的工夫，‘中和’便是复其性之本体，如《易》所谓‘穷理尽性以至于命’，‘中和’、‘位育’[5]便是尽性至命。”

【45.34】黄诚甫问：“先儒以孔子告颜渊为邦[6]之问，是立万世常行之道，如何？”

先生曰：“颜子具体圣人，其于为邦的大本大原都已完备。夫子平日知之已深，到此都不必言，只就制度文为上说。此等处亦不可忽略，须要是如此方尽善。又不可因自己本领是当了，便于防范上疏阔，须是要‘放郑声，远佞人’。盖颜子是个克己向里、德上用心的人，孔子恐其外面末节或有疏略，故就他不足处帮补说。若在他人，须告以‘为政在人，取人以身，修身以道，修道以仁’，‘达道’、

---

1 “率性是诚者事”句：阳明先生认为“诚是心之本体”（参照【45.27】条），“诚者”即是心合天道，本体已明的人，“诚之者”是求复于本体之人。“自诚明，谓之性”、“自明诚，谓之教”两句出自《中庸》。可参看附录55.《中庸》【55.25】条。

2 天道至教：出自《礼记·礼器》“天道至教，圣人至德”。

3 风雨霜露无非教也：出自《礼记·孔子闲居》“天有四时，春秋冬夏，风雨霜露，无非教也”。

4 修道以仁：出自《中庸》，可参看附录55.《中庸》【55.19】条。

5 中和、位育：出自《中庸》，可参看附录55.《中庸》【55.1】条。

6 孔子告颜渊为邦：出自《论语·卫灵公》“颜渊问为邦。子曰：‘行夏之时，乘殷之辂，服周之冕，乐则韶舞。放郑声，远佞人。郑声淫，佞人殆。’”

‘九经’及‘诚身’[1]许多工夫，方始做得，这个方是万世常行之道。不然，只去行了夏时，乘了殷辂，服了周冕，作了韶舞，天下便治得？后人但见颜子是孔门第一人，又问个‘为邦’，便把做天大事看了。”

【45.35】蔡希渊问：“文公《大学》新本先格致而后诚意工夫，似与首章次第相合。若如先生从旧本之说，即诚意反在格致之前，于此尚未释然。”

先生曰：“《大学》工夫即是明明德；明明德只是个诚意；诚意的工夫只是格物致知。若以诚意为主，去用格物致知的工夫，即工夫始有下落，即为善去恶无非是诚意的事。如新本先去穷格事物之理，即茫茫荡荡，都无着落处，须用添个‘敬’字方才牵扯得向身心上来。然终是没根源。若须用添个‘敬’字，缘何孔门倒将一个最紧要的字落了，直待千余年后要人来补出？正谓以诚意为主，即不须添‘敬’字，所以提出个诚意来说，正是学问的大头脑处。于此不察，真所谓毫厘之差，千里之谬。大抵《中庸》工夫只是诚身，诚身之极便是至诚；《大学》工夫只是诚意，诚意之极便是至善。工夫总是一般。今说这里补个‘敬’字，那里补个‘诚’字，未免画蛇添足”。

---

1 达道、九经、诚身：出自《中庸》。达道有五：君臣也，父子也，夫妇也，昆弟也，朋友之交也。九经：修身、尊贤、亲亲、敬大臣、体群臣、子庶民、来百工、柔远人、怀诸侯。诚身：“诚身有道，不明乎善，不诚乎身矣。”可分别参照附录 55.《中庸》【55.19】、【55.20】、【55.23】条。

46. 陈九川[1] 录

【46.1】正德乙亥，九川初见先生于龙江，先生与甘泉先生论格物之说，甘泉持旧说。先生曰："是求之于外了。"甘泉曰："若以格物理为外，是自小其心也。"九川甚喜旧说之是。先生又论《尽心》一章，九川一闻，却遂无疑。

后家居，复以"格物"遗质先生。答云："但能实地用功，久当自释。"山间乃自录《大学》旧本读之，觉朱子格物之说非是；然亦疑先生以"意之所在为物"，"物"字未明。

己卯归自京师，再见先生于洪都。先生兵务倥偬，乘隙讲授，首问："近年用功何如？"

九川曰："近年体验得'明明德'功夫只是'诚意'。自'明明德于天下'，步步推入根源，到'诚意'上，再去不得，如何以

1　陈九川：字惟濬，又写作惟浚，号竹亭，后号明水。江西临川人。正德九年（1514）进士。授太常博士。武宗南巡时，陈九川与赣籍官员修撰舒芬、考功员外郎夏良胜、礼部主事万潮等，连疏谏反对，触怒武宗，入狱，罚跪午门五昼夜，几乎死廷杖，削为民。此四人被称为"江西四谏"。世宗即位后，复任礼部主客司郎中。后迭遭变故，辞官归家，以读书、讲学自遣，易号明水，周游讲学名山以终。陈九川崇尚理学，曾拜阳明先生为师，是江右王门的代表人物。黄宗羲《明儒学案·卷十九·江右王门学案四》载："先生自请告入虔师阳明，即自焚其著书。后凡再见，竟所未闻。阳明殁，往拜其墓，复经理其家。"

前又有格致工夫？后又体验，觉得意之诚伪，必先知觉乃可，以颜子有不善未尝知之，知之未尝复行为证，豁然若无疑；却又多了格物功夫。又思来吾心之灵，何有不知意之善恶，只是物欲蔽了，须格去物欲，始能如颜子未尝不知耳。又自疑功夫颠倒，与诚意不成片段。后问希颜。希颜曰：'先生谓格物致知是诚意功夫，极好。'九川曰：'如何是诚意功夫？'希颜令再思体看，九川终不悟，请问。"

先生曰："惜哉！此可一言而悟！惟濬所举颜子事便是了，只要知身、心、意、知、物是一件。"

九川疑曰："物在外，如何与身、心、意、知是一件？"

先生曰："耳目口鼻四肢，身也，非心安能视听言动？心欲视听言动，无耳目口鼻四肢亦不能，故无心则无身，无身则无心。但指其充塞处言之谓之身，指其主宰处言之谓之心，指心之发动处谓之意，指意之灵明处谓之知，指意之涉着处谓之物，只是一件。意未有悬空的，必着事物，故欲诚意，则随意所在某事而格之，去其人欲而归于天理，则良知之在此事者，无蔽而得致矣。此便是诚意的工夫。"

九川乃释然，破数年之疑。

又问："甘泉近亦信用《大学》古本，谓格物犹言造道。又谓穷理如穷其巢穴之穷，以身至之也。故格物亦只是随处体认天理，似与先生之说渐同。"

先生曰："甘泉用功，所以转得来。当时与说'亲民'字不须改，他亦不信，今论格物亦近，但不须换'物'字作'理'字，只还他一'物'字便是。"

后有人问九川曰："今何不疑'物'字？"

曰："《中庸》曰'不诚无物'，程子曰'物来顺应'，又如'物各付物’、‘胸中无物’之类，皆古人常用字也。”他日先生亦云然。

【46.2】九川问：“近年因厌泛滥之学，每要静坐，求屏息念虑。非惟不能，愈觉扰扰，如何？”

先生曰：“念如何可息？只是要正。”

曰：“当自有无念时否？”

先生曰：“实无无念时。”

曰：“如此却如何言静？”

曰：“静未尝不动，动未尝不静。戒谨恐惧即是念，何分动静？”

曰：“周子何以言‘定之以中正仁义而主静’[1]？”

曰：“无欲故静，是‘静亦定，动亦定’的‘定’字。‘主’，其本体也。戒惧之念是活泼泼地。此是天机不息处，所谓‘维天之命，于穆不已’[2]，一息便是死。非本体之念，即是私念。”

【46.3】又问：“用功收心时，有声、色在前，如常闻见，恐不是专一。”

曰：“如何欲不闻见？除是槁木死灰，耳聋目盲则可。只是虽闻见而不流去，便是。”

曰：“昔有人静坐，其子隔壁读书，不知其勤惰，程子[3]称其甚敬。何如？”

曰：“伊川恐亦是讥他。”

【46.4】又问：“静坐用功，颇觉此心收敛，遇事又断了。旋起个念头，去事上省察。事过又寻旧功，还觉有内外，打不作一片。”

先生曰：“此格物之说未透。心何尝有内外？即如惟濬，今在

1　定之以中正仁义而主静：可参看【24.2】条“主静”注释。

2　维天之命，于穆不已：天道幽远深邃，运行永不停歇。出自《诗经·周颂》。

3　程子：程颐，号伊川。可参看【29.3】条“伊川”注释。

此讲论，又岂有一心在内照管？这听讲说时专敬，即是那静坐时心，功夫一贯，何须更起念头，人须在事上磨炼做功夫，乃有益。若只好静，遇事便乱，终无长进。那静时功夫，亦差似收敛，而实放溺也。”

后在洪都，复与于中、国裳[1]论内外之说。渠皆云：“物自有内外，但要内外并着功夫，不可有间耳！”以质先生。

曰：“功夫不离本体；本体原无内外。只为后来做功夫的分了内外，失其本体了。如今正要讲明功夫不要有内外，乃是本体功夫。”

是日俱有省。

【46.5】又问：“陆子之学何如？”

先生曰：“濂溪、明道之后，还是象山[2]，只是粗些。”

九川曰：“看他论学，篇篇说出骨髓，句句似针膏肓，却不见他粗。”

先生曰：“然他心上用过功夫，与揣摹依仿，求之文义，自不同。但细看有粗处，用功久当见之。”

【46.6】庚辰往虔州，再见先生，问：“近来功夫，虽若稍知头脑，然难寻个稳当快活处。”

先生曰：“尔却去心上寻个天理，此正所谓理障。此间有个诀窍。”

曰：“请问如何？”

曰：“只是致知。”

曰：“如何致？”

1　国裳：舒芬，字国裳，号梓溪，明进贤县人（今属江西南昌），正德丁丑年状元，授翰林修撰。

2　濂溪、明道、象山：周敦颐、程颢、陆九渊。关于陆九渊，可参看本书《22.象山文集序》一文。

曰："尔那一点良知，是尔自家的准则。尔意念着处，他是便知是，非便知非，更瞒他一些不得。尔只不要欺他，实实落落依着他做去，善便存、恶便去。他这里何等稳当快乐。此便是格物的真诀，致知的实功。若不靠着这些真机，如何去格物？我亦近年体贴出来如此分明。初犹疑，只依他恐不足，精细看，无些少欠阙。"

【46.7】在虔，与于中、谦之同侍。

先生曰："人胸中各有个圣人，只自信不及，都自埋倒了。"因顾于中曰："尔胸中原是圣人。"

于中起，不敢当。

先生曰："此是尔自家有的，如何要推？"

于中又曰："不敢。"

先生曰："众人皆有之，况在于中，却何故谦起来？谦亦不得。"

于中乃笑受。

又论："良知在人，随你如何不能泯灭，虽盗贼亦自知不当为盗，唤他做贼，他还忸怩。"

于中曰："只是物欲遮蔽，良心在内，自不会失；如云自蔽日，日何尝失了！"

先生曰："于中如此聪明，他人见不及此。"

【46.8】先生曰："这些子看得透彻，随他千言万语，是非诚伪，到前便明。合得的便是，合不得的便非。如佛家说心印相似，真是个试金石、指南针。"

【46.9】先生曰："人若知这良知诀窍，随他多少邪思枉念，这里一觉，都自消融。真个是灵丹一粒，点铁成金。"

【46.10】崇一曰："先生致知之旨，发尽精蕴，看来这里再去不得。"

先生曰："何言之易也？再用功半年，看如何？又用功一年，看如何？功夫愈久，愈觉不同，此难口说。"

【46.11】先生问九川："于'致知'之说体验如何？"

九川曰："自觉不同往时，操持常不得个恰好处，此乃是恰好处。"

先生曰："可知是体来与听讲不同。我初与讲时，知尔只是忽易，未有滋味。只这个要妙，再体到深处，日见不同，是无穷尽的。"

又曰："此'致知'二字，真是个千古圣传之秘。见到这里，百世以俟圣人而不惑！"

【46.12】九川问曰："伊川说到'体用一原，显微无间'处，门人已说是泄天机，先生'致知'之说，莫亦泄天机太甚否？"

先生曰："圣人已指以示人，只为后人掩匿，我发明耳，何故说泄？此是人人自有的，觉来甚不打紧一般。然与不用实功人说，亦甚轻忽可惜，彼此无益。与实用功而不得其要者提撕之，甚沛然得力。"

又曰："知来本无知，觉来本无觉，然不知则遂沦埋。"

【46.13】先生曰："大凡朋友，须箴规指摘处少，诱掖奖劝意多，方是。"

后又戒九川云："与朋友论学，须委曲谦下，宽以居之。"

【46.14】九川卧病虔州。

先生云："病物亦难格，觉得如何？"

对曰："功夫甚难。"

先生曰："常快活便是功夫。"

【46.15】九川问："自省念虑，或涉邪妄，或预料理天下事，思到极处，井井有味，便缱绻难屏。觉得早则易，觉迟则难，用力

克治，愈觉捍格。惟稍迁念他事，则随两忘。如此廓清，亦似无害。”

先生曰：“何须如此！只要在良知上着功夫。”

九川曰：“正谓那一时不知。”

先生曰：“我这里自有功夫，何缘得他来？只为尔功夫断了，便蔽其知。既断了，则继续旧功便是，何必如此。”

九川曰：“真是难鏖，虽知，丢他不去。”

先生曰：“须是勇。用功久，自有勇。故曰‘是集义[1]所生者’，胜得容易，便是大贤。

【46.16】九川问：“此功夫却于心上体验明白，只解书不通。”

先生曰：“只要解心。心明白，书自然融会。若心上不通，只要书上文义通，却自生意见。”

【46.17】有一属官，因久听讲先生之学，曰：“此学甚好。只是簿书讼狱繁难，不得为学。”

先生闻之曰：“我何尝教尔离了簿书讼狱，悬空去讲学？尔既有官司之事，便从官司的事上为学，才是真格物。如问一词讼，不可因其应对无状，起个怒心；不可因他言语圆转，生个喜心；不可恶其嘱托，加意治之；不可因其请求，屈意从之；不可因自己事务烦冗，随意苟且断之；不可因旁人谮毁罗织，随人意思处之。这许多意思皆私，只尔自知，须精细省察克治，惟恐此心有一毫偏倚，枉人是非，这便是格物致知。簿书讼狱之间，无非实学；若离了事物为学，却是着空。”

【46.18】虔州将归，有诗别先生云：“良知何事系多闻，妙合当时已种根。好恶从之为圣学，将迎无处是乾元。”

1　集义：可参看【12.4】条注释。

先生曰："若未来讲此学。不知说好恶从之'从'个甚么？"

敷英在座，曰："诚然。尝读先生《大学古本序》，不知所说何事。及来听讲许时，乃稍知大意。"

【46.19】于中、国裳辈同侍食。

先生曰："凡饮食只是要养我身，食了要消化；若徒蓄积在肚里，便成痞了，如何长得肌肤？后世学者博闻多识，留滞胸中，皆伤食之病也。"

【46.20】先生曰："圣人亦是学知，众人亦是生知。"

问曰："何如？"

曰："这良知人人皆有，圣人只是保全，无些障蔽，兢兢业业，亹亹翼翼[1]，自然不息，便也是学，只是生的分数多，所以谓之'生知安行'。众人自孩提之童，莫不完具此知，只是障蔽多，然本体之知自难泯息，虽问学克治也只凭他，只是学的分数多，所以谓之'学知利行'。"

1　亹亹翼翼：亹亹，勤勉貌；翼翼，谨慎貌。亹，音 wěi。

47. 黄直[1] 录

【47.1】黄以方问："先生格致之说，随时格物以致其知，则知是一节之知，非全体之知也。何以到得'溥博如天，渊泉如渊'[2]地位？"

先生曰："人心是天、渊。心之本体无所不该，原是一个天。只为私欲障碍，则天之本体失了。心之理无穷尽，原是一个渊。只为私欲窒塞，则渊之本体失了。如今念念致良知，将此障碍窒塞一齐去尽，则本体已复，便是天渊了。"

乃指天以示之曰："比如面前见天，是昭昭之天；四外见天，

---

1 黄直：字以方，号卓峰，今江西省金溪县人。张廷玉等编《明史·列传第九十五》载："嘉靖二年会试，主司发策极诋守仁之学。直与同门欧阳德不阿主司意，编修马汝骥奇之，两人遂中式。直既成进士，即疏陈'隆圣治、保圣躬、敦圣孝、明圣鉴、勤圣学、务圣道'六事。除漳州推官。以漳俗尚鬼，尽废境内淫祠，易其材以葺桥梁、公廨。御史诬以罪，送吏部降用。行至中途，疏请早定储贰。帝怒，遣缇骑逮问。无何，得释，贬沔阳判官。尝署崇阳县事，有惠政。外艰（为父亲居丧）归，三年不御酒肉。服阕赴部，适名、宗明下狱。直抗疏言："九经之首曰修身，其中曰敬大臣，体群臣。今杨名以直言置诏狱，非所以体群臣。黄宗明以论救与同罪，非所以敬大臣。二者未尽，天下后世疑陛下修身之道亦有所未尽矣。"帝大怒，并下诏狱拷掠，命发极边，编戍雷州卫。赦还，贫甚，妻纺织以给朝夕，直读书谈道自如。久之，卒。隆庆初，赠光禄少卿。"

2 溥博如天，渊泉如渊：可参看【34.3】条注释。

也只是昭昭之天。只为许多房子墙壁遮蔽，便不见天之全体。若撤去房子墙壁，总是一个天矣。不可道眼前天是昭昭之天，外面又不是昭昭之天也。于此便见一节之知，即全体之知，全体之知，即一节之知。总是一个本体。”

【47.2】先生曰：“圣贤非无功业、气节，但其循着这天理，则便是道，不可以事功、气节名矣。”

【47.3】“‘发愤忘食’，是圣人之志，如此真无有已时；‘乐以忘忧’[1]，是圣人之道，如此真无有戚时。恐不必云‘得不得’[2]也。”

【47.4】先生曰：“我辈致知，只是各随分限所及。今日良知见在如此，只随今日所知扩充到底，明日良知又有开悟，便从明日所知扩充到底。如此方是‘精一’功夫。与人论学，亦须随人分限所及。如树有这些萌芽，只把这些水去灌溉。萌芽再长，便又加水。自拱把以至合抱，灌溉之功皆是随其分限所及。若些小萌芽，有一桶水在，尽要倾上，便浸坏他了。”

【47.5】问“知行合一”。

先生曰：“此须识我立言宗旨。今人学问，只因知行分作两件，故有一念发动，虽是不善，然却未曾行，便不去禁止。我今说个知行合一，正要人晓得一念发动处，便即是行了。发动处有不善，就将这不善的念克倒了。须要彻根彻底，不使那一念不善潜伏在胸中。此是我立言宗旨。”

【47.6】“圣人无所不知，只是知个天理；无所不能，只是能个天理。圣人本体明白，故事事知个天理所在，便去尽个天理。不

1　发愤忘食，乐以忘忧：出自《论语·述而》：“其为人也，发愤忘食，乐以忘忧。”

2　得不得：指朱熹《论语集注》中所说：“未得，则发愤以忘食；已得，则乐之以忘忧。”

是本体明后，却于天下事物都便知得，便做得来也。天下事物，如名物度数、草木鸟兽之类，不胜其烦。圣人须是本体明了，亦何缘能尽知得？但不必知的，圣人自不消求知；其所当知的，圣人自能问人。如‘子入太庙，每事问’[1]之类，先儒谓‘虽知亦问，敬谨之至’。此说不可通。圣人于礼乐名物，不必尽知。然他知得一个天理，便自有许多节文度数出来。不知能问，亦即是天理节文所在。”

【47.7】问：“先生尝谓‘善恶只是一物’。善恶两端，如冰炭相反，如何谓只一物？”

先生曰：“至善者，心之本体。本体上才过当些子，便是恶了。不是有一个善，却又有一个恶来相对也。故善恶只是一物。”

直因闻先生之说，则知程子所谓“善固性也，恶亦不可不谓之性”。又曰：“善恶皆天理。谓之恶者本非恶，但于本性上过与不及之间耳。”其说皆无可疑。

【47.8】先生尝谓：“人但得好善如好好色，恶恶如恶恶臭[2]，便是圣人。”直初时闻之觉甚易，后体验得来，此个功夫着实是难。如一念虽知好善恶恶，然不知不觉，又夹杂去了。才有夹杂，便不是好善如好好色，恶恶如恶恶臭的心。善能实实的好，是无念不善矣；恶能实实的恶，是无念及恶矣，如何不是圣人？故圣人之学，只是一诚而已。

【47.9】问《修道说》[3]言，“率性之谓道”，属圣人分上事；“修道之谓教”，属贤人分上事。”

1 子入太庙，每事问：可参看【38.5】条“诋其为不知礼”注释。

2 好善如好好色，恶恶如恶恶臭：可参看附录54.《大学》【54.4】条注释。

3 修道说：阳明先生作于正德十三年（1518）。文中强调唯有至诚尽性去致中和，才是修道之极功。

先生曰："众人亦率性也。但率性在圣人分上较多，故'率性之谓道'属圣人事。圣人亦修道也，但修道在贤人分上多，故'修道之谓教'属贤人事。"

又曰："《中庸》一书，大抵皆是说'修道'的事。故后面凡说君子、说颜渊、说子路，皆是能修道的；说小人，说贤、知、愚、不肖，说庶民，皆是不能修道的；其他言舜、文、周公、仲尼至诚至圣之类，则又圣人之自能修道者也。"

【47.10】问："儒者到三更时分，扫荡胸中思虑，空空静静，与释氏之静只一般，两下皆不用，此时何所分别？"

先生曰："动静只是一个。那三更时分空空静静的，只是存天理，即是如今应事接物的心。如今应事接物的心，亦是循此天理，便是那三更时分空空静静的心。故动静只是一个，分别不得。知得动静合一，释氏毫厘差处亦自莫掩矣。"

【47.11】门人在座，有动止甚矜持者。

先生曰："人若矜持太过，终是有弊。"

曰："矜持太过，如何有弊？"

曰："人只有许多精神，若专在容貌上用功，则于中心照管不及者多矣。"

有太直率者。

先生曰："如今讲此学，却外面全不检束，又分心与事为二矣。"

【47.12】门人作文送友行，问先生曰："作文字不免费思，作了后又一二日，常记在怀。"

曰："文字思索亦无害。但作了常记在怀，则为文所累，心中有一物矣，此则未可也。"

又作诗送人，先生看诗毕，谓曰："凡作文字要随我分限所及。

若说得太过了，亦非修辞立诚矣。”

【47.13】“文公格物之说，只是少头脑，如所谓‘察之于念虑之微’，此一句不该与‘求之文字之中，验之于事为之著，索之讲论之际’混作一例看，是无轻重也。”

【47.14】问“有所忿懥”一条。

先生曰：“忿懥几件[1]，人心怎能无得？只是不可有耳！凡人忿懥着了一分意思，便怒得过当，非廓然大公之体了。故有所忿懥，便不得其正也。如今于凡忿懥等件，只是个物来顺应，不要着一分意思，便心体廓然大公，得其本体之正了。且如出外见人相斗，其不是的，我心亦怒。然虽怒，却此心廓然，不曾动些子气。如今怒人，亦得如此，方才是正。”

【47.15】先生尝言“佛氏不着相，其实着了相。吾儒着相，其实不着相”，请问。

曰：“佛怕父子累，却逃了父子；怕君臣累，却逃了君臣；怕夫妇累，却逃了夫妇，都是为个君臣、父子、夫妇着了相，便须逃避。如吾儒有个父子，还他以仁；有个君臣，还他以义；有个夫妇，还他以别，何曾着父子、君臣、夫妇的相？”

1　忿懥几件：指《大学》中所说“身”有所“忿懥、恐惧、好乐、忧患”，则皆不能得其正。可参看【45.7】条“有所忿懥好乐”句注释。

48. 黄修易[1]录

【48.1】黄勉叔问："心无恶念时，此心空空荡荡的，不知亦须存个善念否？"

先生曰："既去恶念，便是善念，便复心之本体矣。譬如日光，被云来遮蔽，云去，光已复矣。若恶念既去，又要存个善念，即是日光之中添燃一灯。"

【48.2】问："近来用功，亦颇觉妄念不生。但腔子里黑窣窣的，不知如何打得光明。"

先生曰："初下手用功，如何腔子里便得光明？譬如奔流浊水，才贮在缸里。初然虽定，也只是昏浊的。须俟澄定既久，自然渣滓尽去，复得清来。汝只要在良知上用功。良知存久，黑窣窣自能光明矣。今便要责效，却是助长，不成工夫。"

【48.3】先生曰："吾教人致良知，在格物上用功，却是有根本的学问。日长进一日，愈久愈觉精明。世儒教人事事物物上去寻讨，却是无根本的学问。方其壮时，虽暂能外面修饰，不见有过，老则精神衰迈，终须放倒。譬如无根之树，移栽水边，虽暂时鲜好，

1　黄修易：字勉叔。阳明先生弟子。

终久要憔悴。”

【48.4】问“志于道”[1]一章。

先生曰：“只‘志道’一句，便含下面数句功夫，自住不得。譬如做此屋，‘志于道’是念念要去择地鸠材，经营成个区宅。‘据德’却是经画已成，有可据矣。‘依仁’却是常常住在区宅内，更不离去，‘游艺’却是加些画采，美此区宅。艺者，义也，理之所宜者也，如诵诗、读书、弹琴、习射之类，皆所以调习此心，使之熟于道也。苟不‘志道’而‘游艺’，却如无状小子，不先去置造区宅，只管要去买画挂做门面，不知将挂在何处？”

【48.5】问：“读书所以调摄此心，不可缺的。但读之之时，一种科目意思[2]牵引而来，不知何以免此？”

先生曰：“只要良知真切，虽做举业，不为心累。纵有累亦易觉，克之而已。且如读书时，良知知得强记之心不是，即克去之；有欲速之心不是，即克去之；有夸多斗靡之心不是，即克去之。如此，亦只是终日与圣贤印对，是个纯乎天理之心。任他读书，亦只是调摄此心而已，何累之有？”

曰：“虽蒙开示，奈资质庸下，实难免累。窃闻穷通有命，上智之人恐不屑此。不肖为声利牵缠，甘心为此，徒自苦耳。欲屏弃之，又制于亲，不能舍去，奈何？”

先生曰：“此事归辞于亲者多矣，其实只是无志。志立得时，良知千事万为只是一事。读书作文安能累人？人自累于得失耳。”因叹曰：“此学不明，不知此处耽搁了几多英雄汉！”

1　志于道：出自《论语·述而》“志于道，据于德，依于仁，游于艺”。

2　科目意思：科举的想法。

【48.6】问：“‘生之谓性’[1]，告子亦说得是，孟子如何非之？”

先生曰：“固是性，但告子认得一边去了，不晓得头脑。若晓得头脑，如此说亦是。孟子亦曰‘形色天性也’，这也是指气说。”

又曰：“凡人信口说，任意行，皆说此是依我心性出来，此是所谓‘生之谓性’。然却要有过差。若晓得头脑，依吾‘良知’上说出来，行将去，便自是停当。然‘良知’亦只是这口说，这身行，岂能外得气，别有个去行去说？故曰‘论性不论气，不备；论气不论性，不明’[2]。气亦性也，性亦气也，但须认得头脑是当。”

【48.7】又曰：“诸君功夫最不可助长。上智绝少，学者无超入圣人之理。一起一伏，一进一退，自是功夫节次。不可以我前日用得功夫了，今却不济，便要矫强，做出一个没破绽的模样。这便是助长，连前些子功夫都坏了。此非小过，譬如行路的人，遭一蹶跌，起来便走，不要欺人做那不曾跌倒的样子出来。诸君只要常常怀个‘遁世无闷，不见是而无闷’[3]之心，依此良知，忍耐做去，不管人非笑，不管人毁谤，不管人荣辱，任他功夫有进有退，我只是这致良知的主宰不息，久久自然有得力处，一切外事亦自能不动。”

又曰：“人若着实用功，随人毁谤，随人欺谩，处处得益，处处是进德之资。若不用功，只是魔也，终被累倒。”

【48.8】先生一日出游禹穴，顾田间禾曰：“能几何时，又如此长了。”

1　生之谓性：可参看【29.8】条“生之谓性”注释。

2　论性不论气，不备；论气不论性，不明：可参看【29.8】条注释。

3　遁世无闷，不见是而无闷：虽避世而内心无忧，不被认可也无有烦闷。出自《易经·乾卦》：“初九曰：‘潜龙勿用。’何谓也？子曰：‘龙德而隐者也。不易乎世，不成乎名；遁世无闷，不见是而无闷；乐则行之，忧则违之；确乎其不可拔，潜龙也。’”

范兆期[1]在傍曰："此只是有根。学问能自植根，亦不患无长。"

先生曰："人孰无根？良知即是天植灵根，自生生不息，但着了私累，把此根戕贼蔽塞，不得发生耳。"

【48.9】一友常易动气责人。

先生警之曰："学须反己。若徒责人，只见得人不是，不见自己非。若能反己，方见自己有许多未尽处，奚暇责人？舜能化得象的傲，其机括只是不见象的不是。若舜只要正他的奸恶，就见得象的不是矣。象是傲人，必不肯相下，如何感化得他？"

是友感悔。

曰："你今后只不要去论人之是非，凡尝责辩人时，就把做一件大己私克去方可。"

【48.10】先生曰："凡朋友问难，纵有浅近粗疏，或露才扬己，皆是病发。当因其病而药之可也。不可便怀鄙薄之心，非君子与人为善之心矣。"

【48.11】问："《易》，朱子主卜筮，程《传》主理[2]，何如？"

先生曰："卜筮是理，理亦是卜筮。天下之理孰有大于卜筮者乎？只为后世将卜筮专主在占卦上看了，所以看得卜筮似小艺。不知今之师友问答，博学、审问、慎思、明辨、笃行之类，皆是卜筮，卜筮者，不过求决狐疑，神明吾心而已。《易》是问诸天，人有疑，自信不及，故以《易》问天。谓人心尚有所涉，惟天不容伪耳。"

1　范兆期：范引年，字兆期，号半野，青天县教事，阳明先生晚年弟子。

2　程《传》主理：程颐作《易传》，认为《易经》是阐述天理的。

49. 黄省曾[1]录

【49.1】黄勉之问："'无适也，无莫也，义之与比'[2]，事事要如此否？"

先生曰："固是事事要如此，须是识得个头脑乃可。义即是良知，晓得良知是个头脑，方无执着。且如受人馈送，也有今日当受的，他日不当受的；也有今日不当受的，他日当受的。你若执着了今日当受的，便一切受去，执着了今日不当受的，便一切不受去，便是'适、莫'，便不是良知的本体，如何唤得做义？"

【49.2】问："'思无邪'[3]一言，如何便盖得三百篇之义？"

先生曰："岂特三百篇，《六经》只此一言便可该贯，以至穷古今天下圣贤的话，'思无邪'一言也可该贯。此外更有何说？此是一了百当的功夫。"

【49.3】问"道心"、"人心"。

先生曰："'率性之谓道'便是'道心'。但着些人的意思在，

1　黄省曾：字勉之。可参看本书中 28.《与黄勉之书》"黄勉之"注释。

2　"无适也"句：适，固执认可。莫，固执反对。义之与比，唯义是从，出自《论语·里仁》："君子之于天下也，无适也，无莫也，义与之比。"

3　思无邪：出自《论语·为政》"子曰：'诗三百，一言以蔽之，曰：思无邪。'"

便是‘人心’。‘道心’本是无声无臭，故曰‘微’。依着‘人心’行去，便有许多不安稳处，故曰‘惟危’。”

【49.4】问：“‘中人以下，不可以语上’[1]，愚的人与之语上尚且不进，况不与之语可乎？”

先生曰：“不是圣人终不与语，圣人的心忧不得人人都做圣人。只是人的资质不同，施教不可躐等[2]，中人以下的人，便与他说性、说命，他也不省得，也须慢慢琢磨他起来。”

【49.5】一友问：“读书不记得如何？”

先生曰：“只要晓得，如何要记得？要晓得已是落第二义了，只要明得自家本体。若徒要记得，便不晓得；若徒要晓得，便明不得自家的本体。”

【49.6】问：“‘逝者如斯’[3]，是说自家心性活泼泼地否？”

先生曰：“然。须要时时用致良知的功夫，方才活泼泼地，方才与他川水一般。若须臾间断，便与天地不相似。此是学问极至处，圣人也只如此。”

【49.7】问“志士仁人”[4]章。

先生曰：“只为世上人都把生身命子看得来太重，不问当死不当死，定要宛转委曲保全，以此把天理却丢去了。忍心害理，何者不为？若违了天理，便与禽兽无异，便偷生在世上百千年，也不过做了千百年的禽兽。学者要于此等处看得明白。比干、龙逢只为他看得分明，所以能成就他的仁。”

1　中人以下，不可以语上：出自《论语·雍也》“中人以上，可以语上也；中人以下，不可以语上也”。

2　躐等：逾越等级；不按次序。躐，音 liè。

3　逝者如斯：出自《论语·子罕》“子在川上曰：‘逝者如斯夫，不舍昼夜。’”

4　志士仁人：出自《论语·卫灵公》“志士仁人，无求生以害仁，有杀身以成仁”。

【49.8】问:“叔孙武叔毁仲尼[1],大圣人如何犹不免于毁谤?”

先生曰:“毁谤自外来的,虽圣人如何免得?人只贵于自修,若自己实实落落是个圣贤,纵然人都毁他,也说他不着,却若浮云揜[2]日,如何损得日的光明?若自己是个象恭色庄、不坚不介[3]的,纵然没一个人说他,他的恶意终须一日发露。所以孟子说‘有求全之毁,有不虞之誉’[4]。毁誉在外的,安能避得,只要自修何如尔。”

【49.9】刘君亮要在山中静坐。

先生曰:“汝若以厌外物之心去求之静,是反养成一个骄惰之气了,汝若不厌外物,复于静处涵养,却好。”

【49.10】王汝中[5]、省曾侍坐。

先生握扇命曰:“你们用扇。”

---

1 叔孙武叔毁仲尼:出自《论语·子张》。

2 揜:同“掩”。音 yǎn 。

3 象恭色庄、不坚不介:外表恭敬端庄,内在却不坚贞正直。

4 有求全之毁,有不虞之誉:既有因为求全的诋毁,也有没有想到的赞誉。出自《孟子·离娄上》。

5 王汝中:王畿,字汝中,号龙溪,学者称龙溪先生。浙江山阴(今绍兴)人。师事阳明先生,为王门浙中派创始人,著有《龙溪全集》二十卷。他是明朝中晚期阳明学派的代表人物,对阳明学有重要发展,并深远影响日本阳明学的形成与发展。黄宗羲《明儒学案·卷十二·浙中王门学案二》载:“弱冠举于乡,嘉靖癸未下第,归而受业于文成。丙戌试期,遂不欲往。文成曰:‘吾非以一第为子荣也,顾吾之学,疑信者半,子之京师,可以发明耳。’先生乃行,中是年会试。时当国者不说学,先生谓钱绪山曰:‘此岂吾与子仕之时也?’皆不廷试而归。文成门人益进,不能徧授,多使之见先生与绪山。先生和易宛转,门人日亲。文成征思、田,先生送至严滩而别。明年,文成卒于南安。先生方赴廷试,闻之,奔丧至广信,斩衰以毕葬事,而后心丧。壬辰,始廷对。授南京职方主事,寻以病归。起原官,稍迁至武选郎中。时相夏贵溪恶之。三殿灾,吏科都给事中戚贤上疏,言先生学有渊源,可备顾问。贵溪草制:‘伪学小人,党同妄荐。’谪贤外任。先生因再疏乞休而归。踰年,当考察,南考功薛方山与先生学术不同,欲借先生以正学术,遂填察典。先生林下四十余年,无日不讲学,自两都及吴、楚、闽、越、江、浙,皆不有讲舍莫不以先生为宗盟。年八十,犹周流不倦。万历癸未六月七日卒,年八十六。”

省曾起对曰:“不敢。”

先生曰：“圣人之学不是这等捆缚苦楚的。不是装做道学的模样。”

汝中曰：“观‘仲尼与曾点言志’一章略见。”

先生曰：“然。以此章观之，圣人何等宽洪包含气象。且为师者问志于群弟子，三子皆整顿以对。至于曾点，飘飘然不看那三子在眼，自去鼓起瑟来，何等狂态。及至言志，又不对师之问目，都是狂言。设在伊川，或斥骂起来了。圣人乃复称许他，何等气象！圣人教人，不是个束缚他通做一般，只如狂者便从狂处成就他，狷者便从狷处成就他[1]，人之才气如何同得？”

【49.11】先生语陆元静曰：“元静少年亦要解《五经》，志亦好博。但圣人教人，只怕人不简易，他说的皆是简易之规。以今人好博之心观之，却似圣人教人差了。”

【49.12】先生曰：“孔子无不知而作，颜子有不善未尝不知。此是圣学真血脉路。”

1　狂、狷：见《论语·子路》：“子曰：‘不得中行而与之，必也狂狷乎。狂者进取，狷者有所不为也。’”

50. 钱德洪[1] 录

【50.1】何廷仁[2]、黄正之[3]、李侯璧[4]、汝中、德洪侍坐。

先生顾而言曰："汝辈学问不得长进，只是未立志。"

侯璧起而对曰："珙亦愿立志。"

先生曰："难说不立，未是'必为圣人之志耳。'"

对曰："愿立'必为圣人之志。'"

---

1 钱德洪：黄宗羲《明儒学案·卷十一·浙中王门学案一》载："钱德洪字洪甫，号绪山，浙江余姚人。王文成平濠归越，先王与同邑范引年、管州、郑寅、柴凤、徐珊、吴仁数十人会于中天阁，同禀学焉。明年，举于乡。时四方之士来学于越者甚众，先生与龙溪疏通其大旨，而后卒业于文成，一时称为教授师。嘉靖五年举于南宫，不廷试而归。文成征思、田，先生与龙溪居守越中书院。七年，奔文成之丧，至于贵溪，问丧服，邵竹峰曰：'昔者孔子殁，子贡若丧父而无服，礼也。'先生曰：'吾夫子殁于道路，无主丧者，弟子不可以无服。然某也有父母在，麻衣布绖，弗敢有加焉。'筑室于场，以终心制。十一年，始赴廷试，出为苏学教授。丁内艰（注：为母居丧）。服阕，补国子监丞，寻升刑部主事，稍迁员外郎，署陕西司事……穆宗朝，进阶朝列大夫，致仕。万历初，复进阶一级。在野三十年，无日不讲学。江、浙、宣、歙、楚、广名区奥地，皆有讲舍。先生与龙溪迭捧珠盘。年七十，作《颐闲疏》告四方，始不出游。二年十月二十六日卒，年七十九。"

2 何廷仁：字性之，号善山。明雩县（今江西于都）人。从王守仁学，为王门高弟。其学主"致良知"，论学务为平实。

3 黄正之：可参看【36.2】条注释。

4 李侯璧：名珙，浙江永康人。

先生曰：“你真有圣人之志，良知上更无不尽。良知上留得些子别念挂带，便非‘必为圣人之志矣。’”

初闻时心若未服，听说到此，不觉悚汗。

【50.2】先生曰：“良知是造化的精灵，这些精灵，生天生地，成鬼成帝，皆从此出，真是与物无对。人若复得他完完全全，无少亏欠，自不觉手舞足蹈，不知天地间更有何乐可代。”

【50.3】一友静坐有见，驰问先生。

答曰：“吾昔居滁时，见诸生多务知解，口耳异同，无益于得，姑教之静坐。一时窥见光景，颇收近效。久之，渐有喜静厌动，流入枯槁之病。或务为玄解妙觉，动人听闻。故迩来只说致良知。良知明白，随你去静处体悟也好，随你去事上磨练也好，良知本体原是无动无静的。此便是学问头脑。我这个话头自滁州到今，亦较过几番，只是‘致良知’三字无病。医经折肱，方能察人病理。”

【50.4】一友问：“功夫欲得此知时时接续，一切应感处反觉照管不及；若去事上周旋，又觉不见了。如何则可？”

先生曰：“此只认良知未真，尚有内外之间。我这里功夫不由人急心，认得良知头脑是当，去朴实用功，自会透彻。到此便是内外两忘，又何心事不合一？”

又曰：“功夫不是透得这个真机，如何得他充实光辉？若能透得时，不由你聪明知解接得来，须胸中渣滓浑化，不使有毫发沾滞始得。”

【50.5】先生曰：“‘天命之谓性’，命即是性。‘率性之谓道’，性即是道。‘修道之谓教’，道即是教。”

问：“如何道即是教？”

曰：“道即是良知。良知原是完完全全，是的还他是，非的还他非，是非只依着他，更无有不是处。这良知还是你的明师。”

【50.6】问:“‘不睹不闻’是说本体，‘戒慎恐惧’是说功夫否？”

先生曰：“此处须信得本体原是‘不睹不闻’的，亦原是‘戒慎恐惧’的。‘戒慎恐惧’不曾在‘不闻不睹’上加得些子。见得真时，便谓‘戒慎恐惧’是本体，‘不闻不睹’是功夫亦得。”

【50.7】问“通乎昼夜之道而知”。

先生曰：“良知原是知昼知夜的。”

又问：“人睡熟时，良知亦不知了？”

曰：“不知何以一叫便应？”

曰：“良知常知，如何有睡熟时？”

曰：“向晦宴息[1]，此亦造化常理。夜来天地混沌，形色俱泯，人亦耳目无所睹闻，众窍俱翕，此即良知收敛凝一时。天地既开，庶物露生，人亦耳目有所睹闻，众窍俱辟，此即良知妙用发生时。可见人心与天地一体，故上下与天地同流。今人不会宴息，夜来不是昏睡，即是忘思魇寐。”

曰：“睡时功夫如何用？”

先生曰：“知昼即知夜矣。日间良知是顺应无滞的，夜间良知即是收敛凝一的，有梦即先兆。”

又曰：“良知在‘夜气’发的方是本体，以其无物欲之杂也。学者要使事物纷扰之时，常如‘夜气’一般，就是‘通乎昼夜之道而知’。”

1　向晦宴息：到了晚上就要睡觉休息。关于“宴息”，王阳明的弟子王龙溪在《王龙溪先生全集》中说：“古之至人，有息无睡，故曰‘向晦入燕息’……若知燕息之法，当向晦时，耳无闻，目无见，口无吐纳，鼻无呼吸，手足无动静，心无私累，一点元神，与先天清气相依相息，如炉中种火相似，比之后天昏气所养，奚啻什百。是谓‘通乎昼夜之道而知。’”

【50.8】先生曰："仙家说到虚，圣人岂能虚上加得一毫实？佛氏说到无，圣人岂能无上加得一毫有？但仙家说虚，从养生上来，佛氏说无，从出离生死苦海上来，却于本体上加却这些子意思在，便不是他虚无的本色了，便于本体有障碍。圣人只是还他良知的本色，更不着些子意在。良知之虚，便是天之太虚；良知之无，便是太虚之无形。日月风雷、山川民物，凡有貌象形色，皆在太虚无形中发用流行，未尝作得天的障碍。圣人只是顺其良知之发用，天地万物，俱在我良知的发用流行中，何尝又有一物超于良知之外，能作得障碍？"

【50.9】或问："释氏亦务养心，然要之不可以治天下，何也？"

先生曰："吾儒养心，未尝离却事物，只顺其天则自然，就是功夫。释氏却要尽绝事物，把心看做幻相，渐入虚寂去了。与世间若无些子交涉，所以不可治天下。"

【50.10】或问"异端"。

先生曰："与愚夫愚妇同的，是谓同德。与愚夫愚妇异的，是谓异端。"

【50.11】先生曰："孟子不动心与告子不动心，所异只在毫厘间。告子只在不动心上用功，孟子便直从此心原不动处分晓。心之本体原是不动的，只为所行有不合义便动了。孟子不论心之动与不动，只是'集义'[1]，所行无不是义，此心自然无可动处。若告子只要此心不动，便是把捉此心，将他生生不息之根反阻挠了。此非徒无益，而又害之。孟子'集义'功夫，自是养得充满，并无馁歉，自是纵横自在，活泼泼地，此便是浩然之气。"

1　集义：可参看【12.4】条注释。

又曰：“告子病源，从性无善无不善上见来。性无善无不善，虽如此说，亦无大差。但告子执定看了，便有个无善无不善的性在内。有善有恶，又在物感上看，便有个物在外；却做两边看了，便会差。无善无不善，性原是如此。悟得及时，只此一句便尽了，更无有内外之间。告子见一个性在内，见一个物在外，便见他于性有未透彻处。”

【50.12】朱本思[1]问：“人有虚灵，方有良知。若草木瓦石之类，亦有良知否？”

先生曰：“人的良知，就是草木瓦石的良知。若草木瓦石无人的良知，不可以为草木瓦石矣。岂惟草木瓦石为然，天地无人的良知，亦不可为天地矣。盖天地万物与人原是一体，其发窍之最精处，是人心一点灵明。风雨露雷、日月星辰、禽兽草木、山川土石，与人原只一体。故五谷、禽兽之类，皆可以养人；药石之类，皆可以疗疾。只为同此一气，故能相通耳。”

【50.13】先生游南镇，一友指岩中花树问曰：“天下无心外之物，如此花树，在深山中自开自落，于我心亦何相关？”

先生曰：“你未看此花时，此花与汝心同归于寂。你来看此花时，则此花颜色一时明白起来。便知此花不在你的心外。”

【50.14】问：“大人与物同体，如何《大学》又说个厚薄[2]？”

先生曰：“惟是道理，自有厚薄。此如身是一体，把手足捍头目，岂是偏要薄手足，其道理合如此。禽兽与草木同是爱的，把草木去养禽兽，又忍得。人与禽兽同是爱的，宰禽兽以养亲，与供祭

1　朱本思：朱得之，字本思，号近斋，明代直隶靖江（今江苏靖江县）人。

2　“说个厚薄”句：出自《大学》：“其所厚者薄，而其所薄者厚，未之有也。”可参看 54.《大学》【54.3】条。

祀，燕宾客，心又忍得。至亲与路人同是爱的，如箪食豆羹，得则生，不得则死，不能两全，宁救至亲，不救路人，心又忍得。这是道理合该如此。及至吾身与至亲，更不得分别彼此厚薄。盖以仁民爱物，皆从此出，此处可忍，更无所不忍矣。《大学》所谓厚薄，是良知上自然的条理，不可逾越，此便谓之义；顺这个条理，便谓之礼；知此条理，便谓之智；终始是这条理，便谓之信。”

【50.15】又曰：“目无体，以万物之色为体；耳无体，以万物之声为体；鼻无体，以万物之臭为体；口无体，以万物之味为体；心无体，以天地万物感应之是非为体。”

【50.16】问“夭寿不贰”[1]。

先生曰：“学问功夫，于一切声利嗜好俱能脱落殆尽，尚有一种生死念头毫发挂带，便于全体有未融释处。人于生死念头，本从生身命根上带来，故不易去。若于此处见得破，透得过，此心体方是流行无碍，方是尽性至命之学。”

【50.17】一友问：“欲于静坐时，将好名、好色、好货等根逐一搜寻，扫除廓清，恐是剜肉做疮否？”

先生正色曰：“这是我医人的方子，真是去得人病根。更有大本事人，过了十数年亦还用得着。你如不用，且放起，不要作坏我的方子。”

是友愧谢。

少间曰：“此量非你事，必吾门稍知意思者，为此说以误汝。”

在座者皆悚然。

【50.18】一友问功夫不切。

1　夭寿不贰：出自《孟子·尽心上》“夭寿不贰，修身以俟之，所以立命也”。

先生曰："学问功夫，我已曾一句道尽。如何今日转说转远，都不着根？"

对曰："'致良知'盖闻教矣。然亦须讲明。"

先生曰："既知'致良知'，又何可讲明？良知本是明白，实落用功便是。不肯用功，只在语言上转说转糊涂。"

曰："正求讲明致之之功。"

先生曰："此亦须你自家求，我亦无别法可道。昔有禅师，人来问法，只把麈尾[1]提起。一日，其徒将其麈尾藏过，试他如何设法。禅师寻麈不见，又空手提起。我这个良知就是设法的麈尾，舍了这个，有何可提得？"

少间，又一友请问功夫切要。先生旁顾曰："我麈尾安在？"一时在座者皆跃然。

【50.19】或问"至诚"、"前知"[2]。

先生曰："'诚'是实理，只是一个良知。实理之妙用流行就是'神'，其萌动处就是'几'，'诚、神、几曰圣人'[3]。圣人不贵前知，祸福之来，虽圣人有所不免。圣人只是知'几'，遇变而通耳。良知无前后，只知得见在的'几'，便是一了百了。若有

1　麈尾：魏晋清谈家经常用来拂秽清暑，显示身份的一种道具。直到唐代，还在士大夫间流行。宋朝以后逐渐失传。形如树叶，下部靠柄处则常为平直状。后也称拂尘为麈尾。麈，音 zhǔ。

2　至诚、前知：出自《中庸》"至诚之道，可以前知。国家将兴，必有祯祥；国家将亡，必有妖孽"。

3　诚、神、几曰圣人：出自周敦颐《通书》："寂然不动者，诚也；感而遂通者，神也；动而未形，有无之间者，几也。诚精故明，神应故妙，几微故幽。诚、神、几曰圣人。"

个‘前知’的心，就是私心，就有趋避利害的意。邵子[1]必于前知，终是利害心未尽处。”

【50.20】先生曰：“无知无不知，本体原是如此。譬如日未尝有心照物，而自无物不照。无照无不照，原是日的本体。良知本无知，今却要有知；本无不知，今却疑有不知。只是信不及耳。”

【50.21】先生曰：“‘惟天下至圣，为能聪明睿智’[2]，旧看何等玄妙，今看来原是人人自有的。耳原是聪，目原是明，心思原是睿智，圣人只是一能之尔。能处正是良知，众人不能，只是个不致知。何等明白简易！”

【50.22】问：“孔子所谓‘远虑’[3]，周公‘夜以继日’[4]，与‘将迎’[5]不同。何如？”

先生曰：“‘远虑’不是茫茫荡荡去思虑，只是要存这天理。天理在人心，亘古亘今，无有终始。天理即是良知，千思万虑，只是要致良知。良知愈思愈精明，若不精思，漫然随事应去，良知便粗了。若只着在事上茫茫荡荡去思，教做‘远虑’，便不免有毁誉、得丧、人欲搀人其中，就是‘将迎’了。周公终夜以思，只是‘戒慎不睹，恐惧不闻’的功夫。见得时，其气象与‘将迎’自别。”

1　邵子：即邵雍，北宋哲学家、易学家，有‘内圣外王’之誉。字尧夫，谥号康节，自号安乐先生、伊川翁。少有志，读书苏门山百源上，后人称百源先生。创“先天学”，以为万物皆由“太极”演化而成。著有《观物篇》《先天图》《伊川击壤集》《皇极经世》等。

2　惟天下至圣，为能聪明睿智：出自《中庸》。可参看55.《中庸》【55.37】条。

3　远虑：出自《论语・卫灵公》：“子曰：‘人无远虑，必有近忧。’”

4　周公夜以继日：出自《孟子・离娄下》：“周公思兼三王，以施四事。其有不合者，仰而思之，夜以继日，幸而得之，坐以待旦。”

5　将迎：可参看【24.2】条注释。

【50.23】问："'一日克己复礼，天下归仁'[1]，朱子作效验说[2]，如何？"

先生曰："圣贤只是为己之学，重功夫不重效验。仁者以万物一体，不能一体，只是己私未忘。全得仁体，则天下皆归于吾仁，就是'八荒皆在我闼[3]'意，天下皆与，其仁亦在其中。如'在邦无怨，在家无怨'[4]，亦只是自家不怨，如'不怨天，不尤人'[5]之意。然家邦无怨，于我亦在其中，但所重不在此。"

【50.24】问："孟子'巧力圣智'[6]之说。朱子云：'三子[7]力有余而巧不足。'何如？"

先生曰："三子固有力，亦有巧。巧、力实非两事。巧亦只在用力处，力而不巧，亦是徒力。三子譬如射：一能步箭，一能马箭，一能远箭，他射得到，俱谓之力，中处俱可谓之巧。但步不能马，马不能远，各有所长，便是才力分限有不同处。孔子则三者皆长。然孔子之和，只到得柳下惠而极；清，只到得伯夷而极；任，只到得伊尹而极。何曾加得些子？若谓三子力有余而巧不足，则其力反过孔子了。巧、力只是发明圣知之义，若识得圣知本体是何物，便自了然。"

---

1 一日克己复礼，天下归仁：出自《论语·颜渊》"颜渊问仁。子曰：'克己复礼为仁。一日克己复礼，天下归仁焉。为仁由己，而由人乎哉？'"

2 朱子作效验说：朱熹《论语集注》："极言其效之甚远而至大也。"

3 闼：意为门，音 tà。

4 在邦无怨，在家无怨：出自《论语·颜渊》"己所不欲，勿施于人，在邦无怨，在家无怨"。

5 不怨天，不尤人：出自《论语·宪问》"不怨天，不尤人，下学而上达"。

6 巧力圣智：出自《孟子·万章下》："伯夷，圣之清者也。伊尹，圣之任者也。柳下惠，圣之和者也。孔子，圣之时者也。孔子之谓集大成……智，譬则巧也。圣，譬则力也。"

7 三子：指伯夷、伊尹和柳下惠。

【50.25】先生曰："'先天而天弗违'，天即良知也；'后天而奉天时'[1]，良知即天也。"

【50.26】"良知只是个是非之心，是非只是个好恶。只好恶就尽了是非，只是非就尽了万事万变。"

又曰："是非两字是个大规矩，巧处则存乎其人。"

【50.27】"圣人之知如青天之日，贤人如浮云天日，愚人如阴霾天日。虽有昏明不同，其能辨黑白则一。虽昏黑夜里，亦影影见得黑白，就是日之余光未尽处。困学功夫，亦只从这点明处精察去耳。"

【50.28】问："知譬日，欲譬云，云虽能蔽日，亦是天之一气合有的，欲亦莫非人心合有否？"

先生曰："喜、怒、哀、惧、爱、恶、欲，谓之七情。七者俱是人心合有的，但要认得良知明白。比如日光，亦不可指着方所，一隙通明，皆是日光所在，虽云雾四塞，太虚中色象可辨，亦是日光不灭处，不可以云能蔽日，教天不要生云。七情顺其自然之流行，皆是良知之用，不可分别善恶，但不可有所着。七情有着，俱谓之欲，俱为良知之蔽。然才有着时，良知亦自会觉，觉即蔽去，复其体矣！此处能勘得破，方是简易透彻功夫。"

【50.29】问："圣人'生知安行'是自然的，如何？有甚功夫？"

先生曰："'知行'二字即是功夫，但有浅深难易之殊耳。良知原是精精明明的，如欲孝亲，'生知安行'的只是依此良知实落尽孝而已；'学知利行'者只是时时省觉，务要依此良知尽孝而已；

1　先天而天弗违、后天而奉天时：圣人有天地万物一体之仁，圣人先于天而动，天不违于圣人；天先于圣人而动，圣人从天而动，不违于天。出自《易经·乾·文言》："夫大人者，与天地合其德，与日月合其明，与四时合其序，与鬼神合其吉凶。先天而天弗违，后天而奉天时。天且弗违，而况于人乎？况于鬼神乎？"

至于‘困知勉行’者，蔽锢已深，虽要依此良知去孝，又为私欲所阻，是以不能，必须加人一己百、人十己千之功，方能依此良知以尽其孝。圣人虽是‘生知而行’，然其心不敢自是，肯做‘困知勉行’的功夫。‘困知勉行’的却要思量做‘生知安行’的事，怎生成得？”

【50.30】问：“乐是心之本体，不知遇大故于哀哭时，此乐还在否？”

先生曰：“须是大哭一番方乐，不哭便不乐矣。虽哭，此心安处，即是乐也，本体未尝有动。”

【50.31】问：“良知一而已。文王作彖，周公系爻，孔子赞《易》[1]，何以各自看理不同？”

先生曰：“圣何能拘得死格？大要出于良知同，便各为说何害？且如一园竹，只要同此枝节，便是大同。若拘定枝枝节节，都要高下大小一样，便非造化妙手矣。汝辈只要去培养良知，良知同更不妨有异处。汝辈若不肯用功，连笋也不曾抽得，何处去论枝节？”

【50.32】乡人有父子讼狱，请诉于先生，侍者欲阻之。先生听之，言不终辞，其父子相抱恸哭而去。柴鸣治入问曰：“先生何言，致伊感悔之速？”

先生曰：“我言舜是世间大不孝的子，瞽瞍是世间大慈的父。”

鸣治愕然请问。

先生曰：“舜常自以为大不孝，所以能孝。瞽瞍常自以为大慈，所以不能慈。瞽瞍只记得舜是我提孩长的，今何不曾豫悦我？不知自心已为后妻所移了，尚谓自家能慈，所以愈不能慈。舜只思父提

1　文王作彖，周公系爻，孔子赞《易》：文王作解释卦义的文辞，周公作了爻辞，孔子晚年韦编三绝，为《易经》做《十翼》（即十篇关于周易的注释）。彖，音 tuàn 。

孩我时如何爱我，今日不爱，只是我不能尽孝，日思所以不能尽孝处，所以愈能孝。及至瞽瞍底豫时，又不过复得此心原慈的本体。所以后世称舜是个古今大孝的子，瞽瞍亦做成个慈父。”

【50.33】先生曰：“孔子有鄙夫来问，未尝先有知识以应之，其心只空空而已。但叩他自知的是非两端，与之一剖决，鄙夫之心便已了然。鄙夫自知的是非，便是他本来天则，虽圣人聪明，如何可与增减得一毫？他只不能自信，夫子与之一剖决，便已竭尽无余了。若夫子与鄙夫言时，留得些子知识在，便是不能竭他的良知，道体即有二了。”

【50.34】先生曰：“‘烝烝乂[1]，不格奸’，本注说象已进进于义，不至大为奸恶。舜征庸后，象犹日以杀舜为事，何大奸恶如之。舜只是自进于义，以义薰蒸，不去正他奸恶。凡文过掩慝，此是恶人常态，若要指摘他是非，反去激他恶性。舜初时致得象要杀己，亦是要象好的心太急，此就是舜之过处。经过来，乃知功夫只在自己，不去责人，所以致得克谐，此是舜动心忍性，增益不能处。古人言语，俱是自家经历过来，所以说得亲切，遗之后世，曲当人情。若非自家经过，如何得他许多苦心处？”

【50.35】先生曰：“古乐不作久矣。今之戏子，尚与古乐意思相近。”

未达，请问。

先生曰：“《韶》之九成，便是舜的一本戏子。《武》之九变，便是武王的一本戏子。圣人一生实事，俱播在乐中。所以有德者闻之，便知他尽善尽美与尽美未尽善处。若后世作乐，只是做些词调，

1　烝烝乂：烝，音 zhēng，乂，音 yì。出自《尚书·尧典》。

于民俗风化绝无关涉，何以化民善俗？今要民俗反朴还淳，取今之戏子，将妖淫词调俱去了，只取忠臣孝子故事，使愚俗百姓人人易晓，无意中感激他良知起来，却于风化有益。然后古乐渐次可复矣。”

【50.36】先生曰：“学问也要点化，但不如自家解化者，自一了百当。不然，亦点化许多不得。”

【50.37】“孔子气魄极大，凡帝王事业，无不一一理会，也只从那心上来。譬如大树有多少枝叶，也只是根本上用得培养功夫，故自然能如此，非是从枝叶上用功做得根本也。学者学孔子，不在心上用功，汲汲然去学那气魄，却倒做了。”

【50.38】“人有过，多于过上用功，就是补甑[1]，其流必归于文过[2]。”

【50.39】“今人于吃饭时，虽无一事在前，其心常役役不宁，只缘此心忙惯了，所以收摄不住。”

【50.40】“琴瑟、简编，学者不可无，盖有业以居之，心就不放。”

【50.41】先生叹曰：“世间知学的人，只有这些病痛打不破，就不是善与人同。”

崇一曰：“这病痛只是个‘好高不能忘己’尔。”

【50.42】问：“良知原是中和的，如何却有过、不及？”

先生曰：“知得过、不及处，就是中和。”

【50.43】“‘所恶于上’是良知，‘毋以使下’即是致知。[3]”

1　补甑：修补蒸饭的瓦器，甑，音 zèng 。

2　其流必归于文过：其流弊最终就是文过饰非。

3　“所恶、毋以”句：出自《大学》“所恶于上毋以使下；所恶于下毋以事上”。可参看附录 54.《大学》【54.9】条。

【50.44】先生曰：“苏秦、张仪[1]之智，也是圣人之资。后世事业文章，许多豪杰名家，只是学得仪、秦故智。仪、秦学术，善揣摸人情，无一些不中人肯綮，故其说不能穷。仪、秦亦是窥见得良知妙用处，但用之于不善尔。”

【50.45】或问“未发、已发”。

先生曰：“只缘后儒将未发、已发分说了，只得劈头说个‘无未发已发’，使人自思得之。若说有个已发、未发，听者依旧落在后儒见解。若真见得‘无未发已发’，说个有未发、已发，原不妨原有个未发、已发在。”

问曰：“未发未尝不和，已发未尝不中。譬如钟声，未扣不可谓无，既扣不可谓有，毕竟有个扣与不扣，何如？”

先生曰：“未扣时原是惊天动地，既扣时也只是寂天寞地。”

【50.46】问：“古人论性，各有异同，何者乃为定论？”

先生曰：“性无定体，论亦无定体，有自本体上说者，有自发用上说者，有自源头上说者，有自流弊处说者。总而言知，只是一个性，但所见有浅深尔。若执定一边，便不是了。性之本体原是无善无恶的，发用上也原是可以为善，可以为不善的，其流弊也原是一定善、一定恶的。譬如眼有喜时的眼，有怒时的眼，直视就是看的眼，微视就是觑的眼。总而言之，只是这个眼，若见得怒时眼，就说未尝有喜的眼，见得看时眼，就说未尝有觑的眼，皆是执定，就知是错。孟子说性，直从源头上说来，亦是说个大概如此。荀子性恶之说，是从流弊上说来，也未可尽说他不是，只是见得未精耳。众人则失了心之本体。”

1　苏秦、张仪：苏秦，字季子，东周洛阳人，主张六国合纵抗秦。张仪，魏国大梁人，曾随鬼谷子学习纵横之术，以连横之策，破苏秦合纵之谋。

问："孟子从源头上说性，要人用功在源头上明彻；荀子从流弊说性，功夫只在末流上救正，便费力了。"

先生曰："然。"

【50.47】先生曰："用功到精处，愈着不得言语，说理愈难。若着意在精微上，全体功夫反蔽泥了。"

【50.48】"人一日间，古今世界都经过一番，只是人不见耳。夜气清明时，无视无听，无思无作，淡然平怀，就是羲皇世界。平旦时，神清气朗，雍雍穆穆，就是尧、舜世界。日中以前，礼仪交会，气象秩然，就是三代世界。日中以后，神气渐昏，往来杂扰，就是春秋、战国世界。渐渐昏夜，万物寝息，景象寂寥，就是人消物尽世界。学者信得良知过，不为气所乱，便常做个羲皇已上人。"

【50.49】薛尚谦、邹谦之、马子莘、王汝止[1]侍坐。因叹先生自征宁藩以来，天下谤议益众，请各言其故。有言先生功业势位日隆，天下忌之者日众；有言先生之学日明，故为宋儒争是非者亦日博；有言先生自南都以后，同志信从者日众，而四方排阻者日益力。

先生曰："诸君之言，信皆有之，但吾一段自知处，诸君俱未道及耳。"

诸友请问。

先生曰："我在南都以前，尚有些子乡愿的意思在。我今信得这良知真是真非，信手行去，更不着些覆藏。我今才做得个狂者的

1　王汝止：王艮，初名银，阳明先生替他改名为艮，字汝止，号心斋，泰州安丰场（今江苏东台）人，泰州学派创始人。黄宗羲《明儒学案·卷三十二·泰州学案一》载："阳明卒于师，先生迎哭至桐庐，经纪其家而后返。开门授徒，远近皆至。同门会讲者，必请先生主席。阳明而下，以辩才推龙溪，然有信有不信，惟先生于眉睫之间，省觉人最多。谓"百姓日用即道"，虽僮仆往来动作处，指其不假安排者以示之，闻者爽然。御史吴疏山悌上疏荐举，不报。嘉靖十九年十二月八日卒，年五十八。"

胸次，使天下之人都说我行不掩言也罢。”

尚谦出曰：“信得此过，方是圣人的真血脉。”

【50.50】先生锻炼人处，一言之下，感人最深。

一日，王汝止出游归，先生问曰：“游何见？”

对曰：“见满街人都是圣人。”

先生曰：“你看满街人是圣人，满街人到看你是圣人在。”

又一日，董萝石[1]出游而归，见先生曰：“今日见一异事。”

先生曰：“何异？”

对曰：“见满街人都是圣人。”

先生曰：“此亦常事耳，何足为异？”

盖汝止圭角[2]未融，萝石恍见有悟，故问同答异，皆反其言而进之。

【50.51】洪与黄正之、张叔谦、汝中丙戌会试归，为先生道途中讲学，有信有不信。

先生曰：“你们拿一个圣人去与人讲学，人见圣人来，都怕走了，如何讲得行。须做得个愚夫愚妇，方可与人讲学。”

洪又言：“今日要见人品高下最易。”

先生曰：“何以见之？”

对曰：“先生譬如泰山在前，有不知仰者，须是无目人。”

先生曰：“泰山不如平地大，平地有何可见？”

先生一言剪裁，剖破终年为外好高之病，在坐者莫不悚惧。

【50.52】癸未春，邹谦之来越问学，居数日，先生送别于浮峰。是夕与希渊诸友移舟宿延寿寺，秉烛夜坐，先生慨怅不已，曰：“江

1　董萝石：董沄，字复宗，号萝石，晚号从吾道人，浙江海盐人。

2　圭角：圭的锋芒有棱角，比喻人的言行锋芒毕露。

涛烟柳，故人倏在百里外矣！”

一友问曰：“先生何念谦之之深也？”

先生曰：“曾子所谓‘以能问于不能，以多问于寡，有若无，实若虚，犯而不校’，若谦之者良近之矣。”

【50.53】丁亥年九月，先生起复[1]，征思、田[2]。将命行时，德洪与汝中论学。

汝中举先生教言，曰：“无善无恶是心之体，有善有恶是意之动，知善知恶是良知，为善去恶是格物。”

德洪曰：“此意如何？”

汝中曰：“此恐未是究竟话头。若说心体是无善无恶，意亦是无善无恶的意，知亦是无善无恶的知，物是无善无恶的物矣。若说意有善恶，毕竟心体还有善恶在。”

德洪曰：“心体是天命之性，原是无善无恶的。但人有习心，意念上见有善恶在，格、致、诚、正、修，正是复那性体功夫。若原无善恶，功夫亦不消说矣。”

是夕侍坐天泉桥，各举请正。

先生曰：“我今将行，正要你们来讲破此意。二君之见正好相资为用，不可各执一边。我这里接人原有此二种。利根之人直从本源上悟入。人心本体原是明莹无滞的，原是个未发之中[3]。利根之人一悟本体，即是功夫，人己内外，一齐俱透了。其次不免有习心在，本体受蔽，故且教在意念上实落为善去恶。功夫熟后，渣滓去

1　起复：重新任职。丁亥年（1527）阳明先生 56 岁，兼都察院左都御史，总督两广、江西、湖广军务。

2　思、田：地名，可参看本书 1.《阳明先生年谱》“1527 年”条注释。

3　未发之中：可参看【27.5】条“未发之中”注释。

得尽时，本体亦明尽了。汝中之见，是我这里接利根人的；德洪之见，是我这里为其次立法的。二君相取为用，则中人上下皆可引入于道。若各执一边，眼前便有失人，便于道体各有未尽。”

既而曰：“已后与朋友讲学，切不可失了我的宗旨：无善无恶是心之体，有善有恶是意之动，知善知恶的是良知，为善去恶是格物。只依我这话头随人指点，自没病痛。此原是彻上彻下功夫。利根之人，世亦难遇，本体功夫，一悟尽透。此颜子、明道[1]所不敢承当，岂可轻易望人！人有习心，不教他在良知上实用为善去恶功夫，只去悬空想个本体，一切事为俱不着实，不过养成一个虚寂。此个病痛不是小小，不可不早说破。”

是日德洪、汝中俱有省。

1　颜子、明道：指颜渊、程颢。

51. 黄以方 录

【51.1】黄以方问："博学于文，为随事学存此天理；然则谓'行有余力，则以学文'[1]，其说似不相合。"

先生曰："《诗》《书》六艺皆是天理之发见，文字都包在其中。考之《诗》《书》六艺，皆所以学存此天理也。不特发见于事为者方为文耳。余力学文，亦只博学于文中事。"

【51.2】或问"学而不思"二句[2]。

曰："此亦有为而言，其实'思'即'学'也。学有所疑，便须思之，思而不学者，盖有此等人只悬空去思，要想出一个道理，却不在身心上实用其力，以学存此天理。'思'与'学'作两事做，故有'罔'与'殆'之病。其实思只是思其所学，原非两事也。"

【51.3】先生曰："先儒解'格物'为'格天下之物'，天下之物如何格得？且谓一草一木亦皆有理，今如何去格？纵格得草木来，如何反来诚得自家意？我解'格'作'正'字义，'物'作'事'字义。《大学》之所谓'身'，即耳、目、口、鼻、四肢是也。欲

1　行有余力，则以学文：出自《论语·学而》："弟子入则孝，出则弟，谨而信，泛爱众，而亲仁。行有余力，则以学文。"

2　学而不思：出自《论语·为政》"学而不思则罔，思而不学则殆"。

修身便是要目非礼勿视，耳非礼勿听，口非礼勿言，四肢非礼勿动。要修这个身，身上如何用得工夫？心者身之主宰，目虽视而所以视者心也，耳虽听而所以听者心也，口与四肢虽言、动而所以言、动者心也，故欲修身在于体当自家心体，常令廓然大公，无有些子不正处。主宰一正，则发窍于目，自无非礼之视；发窍于耳，自无非礼之听；发窍于口与四肢，自无非礼之言、动。此便是修身在正其心。

然至善者，心之本体也，心之本体那有不善？如今要正心，本体上何处用得功？必就心之发动处才可着力也。心之发动不能无不善，故须就此处着力，便是在诚意。如一念发在好善上，便实实落落去好善，一念发在恶恶上，便实实落落去恶恶，意之所发，既无不诚，则其本体如何有不正的？故欲正其心在诚意。工夫到诚意，始有着落处。

然诚意之本，又在于致知也。所谓'人虽不知而己所独知者'，此正是吾心良知处。然知得善，却不依这个良知便做去，知得不善，却不依这个良知便不去做，则这个良知便遮蔽了，是不能致知也。吾心良知既不得扩充到底，则善虽知好，不能着实好了，恶虽知恶，不能着实恶了，如何得意诚？故致知者，意诚之本也。

然亦不是悬空的致知，致知在实事上格。如意在于为善，便就这件事上去为；意在于去恶，便就这件事上去不为。去恶固是格不正以归于正，为善则不善正了，亦是格不正以归于正也。如此，则吾心良知无私欲蔽了，得以致其极，而意之所发，好善、去恶，无有不诚矣。诚意工夫实下手处在格物也。若如此格物，人人便做得。'人皆可以为尧、舜'，正在此也。"

【51.4】先生曰："众人只说'格物'要依晦翁，何曾把他的说去用？我着实曾用来。初年与钱友同论做圣贤，要格天下之物，

如今安得这等大的力量？因指亭前竹子，令去格看。钱子早夜去穷格竹子的道理，竭其心思，至于三日，便致劳神成疾。当初说他这是精力不足，某因自去穷格。早夜不得其理，到七日，亦以劳思致疾。遂相与叹圣贤是做不得的，无他大力量去格物了。及在夷中三年，颇见得此意思，乃知天下之物本无可格者。其格物之功，只在身心上做，决然以圣人为人人可到，便自有担当了。这里意思，却要说与诸公知道。”

【51.5】门人有言邵端峰[1]论“童子不能格物，只教以洒扫应对”之说。

先生曰：“洒扫应对就是一件物，童子良知只到此，便教去洒扫应对，就是致他这一点良知了。又如童子知畏先生长者，此亦是他良知处。故虽嬉戏中见了先生长者，便去作揖恭敬，是他能格物以致敬师长之良知了。童子自有童子的格物致知。”

又曰：“我这里言格物，自童子以至圣人，皆是此等工夫。但圣人格物，便更熟得些子，不消费力。如此格物，虽卖柴人亦是做得，虽公卿大夫以至天子，皆是如此做。”

【51.6】或疑知行不合一，以“知之匪艰”[2]二句为问。

先生曰：“良知自知，原是容易的。只是不能致那良知，便是‘知之匪艰，行之惟艰’。”

门人问曰：“知行如何得合一？且如《中庸》，言‘博学之’，又说个‘笃行之’，分明知行是两件。”

先生曰：“博学只是事事学存此天理，笃行只是学之不已之意。”

1　邵锐：字思仰，号端峰，别号半溪，今杭州市人。明正德三年进士。

2　知之匪艰：知道道理并不难。“匪”同“非”。出自《尚书·说命中》：“知之匪艰，行之惟艰。”

又问："《易》'学以聚之'，又言'仁以行之'[1]，此是如何？"

先生曰："也是如此。事事去学存此天理，则此心更无放失时，故曰'学以聚之'。然常常学存此天理，更无私欲间断，此即是此心不息处，故曰'仁以行之'。"

又问："孔子言'知及之，仁不能守之'[2]，知行却是两个了？"

先生曰："说'及之'已是行了，但不能常常行，已为私欲间断，便是'仁不能守'。"

【51.7】又问："心即理之说，程子云'在物为理'，如何谓心即理？"

先生曰："在物为理，'在'字上当添一'心'字，'此心在物则为理'。如此心在事父则为孝，在事君则为忠之类。"

先生因谓之曰："诸君要识得我立言宗旨。我如今说个'心即理'是如何？只为世人分心与理为二故，便有许多病痛。如五伯攘夷狄、尊周室，都是一个私心，便不当理。人却说他做得当理，只心有未纯，往往悦慕其所为。要来外面做得好看，却与心全不相干。分心与理为二，其流至于伯道之伪而不自知。故我说个'心即理'，要使知心、理是一个，便来心上做工夫，不去袭义于外，便是王道之真。此我立言宗旨。"

【51.8】又问："圣贤言语许多，如何却要打做一个？"

曰："我不是要打做一个，如曰'夫道，一而已矣'[3]。

1　学以聚之，仁以行之：以学的方式来积累，以仁的原则来行持。出自《周易·乾卦·文言》："君子学以聚之，问以辨之，宽以居之，仁以行之。"

2　知及之，仁不能守之：凭借聪明才智得到它，但没有仁德保持它。出自《论语·卫灵公》："子曰：'知及之，仁不能守之；虽得之，必失之。'"

3　夫道，一而已矣：出自《孟子·滕文公上》："孟子曰：'世子疑吾言乎？夫道，一而已矣。'"

又曰“‘其为物不二，则其生物不测’[1]，天地圣人皆是一个，如何二得？”

【51.9】“心不是一块血肉，凡知觉处便是心，如耳目之知视听，手足之知痛痒，此知觉便是心也。”

【51.10】以方问曰：“先生之说‘格物’，凡《中庸》之‘慎独’及‘集义’[2]、‘博约’等说，皆为‘格物’之事？”

先生曰：“非也。‘格物’即‘慎独’，即‘戒惧’。至于‘集义’、‘博约’工夫只一般，不是以那数件都做‘格物’底事。”

【51.11】以方问“尊德性”[3]一条。

先生曰：“道问学即所以尊德性也。晦翁言‘子静[4]以尊德性诲人，某教人岂不是道问学处多了些子’，是分尊德性、道问学作两件。且如今讲习讨论，下许多工夫，无非只是存此心，不失其德性而已。岂有尊德性，只空空去尊，更不去问学？问学只是空空去问学，更与德性无关涉？如此，则不知今之所以讲习讨论者，更学何事！”

【51.12】问“致广大”[5]二句。

曰：“尽精微即所以致广大也。道中庸即所以极高明也。盖心之本体自是广大底，人不能尽精微，则便为私欲所蔽，有不胜其小者矣。故能细微曲折无所不尽，则私意不足以蔽之，自无许多障碍遮隔处，如何广大不致？”

又问：“精微还是念虑之精微，是事理之精微？”

1　其为物不二，则其生物不测：可参看【27.1】条注释。

2　集义：可参看【12.4】条注释。

3　尊德性：可参看【12.4】条“尊德性而道问学”注释。

4　子静：陆九渊，字子静。可参看22.《象山文集序》“象山”注释。

5　致广大：出自《中庸》“故君子尊德性而道问学，致广大而尽精微，极高明而道中庸”。可参看附录55.《中庸》【55.32】条。

曰：“念虑之精微即事理之精微也。”

【51.13】先生曰：“今之论性者纷纷异同，皆是说性，非见性也。见性者无异同之可言矣。”

【51.14】问：“声、色、货、利，恐良知亦不能无。”

先生曰：“固然。但初学用功，却须扫除荡涤，勿使留积，则适然来遇，始不为累，自然顺而应之。良知只在声、色、货、利上用功，能致得良知，精精明明，毫发无蔽，则声、色、货、利之交，无非天则流行矣。”

【51.15】先生曰：“吾与诸公讲致知格物，日日是此，讲一二十年俱是如此。诸君听吾言，实去用功，见吾讲一番，自觉长进一番。否则，只作一场话说，虽听之亦何用？”

【51.16】先生曰：“人之本体常常是寂然不动的，常常是感而遂通的。‘未应不是先，已应不是后’[1]。”

【51.17】一友举“佛家以手指显出，问曰：‘众曾见否？’众曰：‘见之。’复以手指入袖，问曰：‘众还见否？’众曰：‘不见。’佛说还未见性”。此义未明。

先生曰：“手指有见有不见，尔之见性常在。人之心神只在有睹有闻上驰骛，不在不睹不闻上着实用功。盖不睹不闻是良知本体。戒慎恐惧是致良知的工夫。学者时时刻刻常睹其所不睹，常闻其所不闻，工夫方有个实落处。久久成熟后，则不须着力，不待防检，而真性自不息矣。岂以在外者之闻见为累哉！”

【51.18】问：“先儒谓‘鸢飞鱼跃’，与‘必有事焉’，同

1　未应不是先，已应不是后：可参看【44.7】条“冲漠无朕”句注释。

一活泼泼地[1]？”

先生曰：“亦是。天地间活泼泼地，无非此理，便是吾良知的流行不息。‘致良知’便是‘必有事’的工夫。此理非惟不可离，实亦不得而离也：无往而非道，无往而非工夫。”

【51.19】先生曰：“诸公在此，务要立个必为圣人之心，时时刻刻，须是‘一棒一条痕，一掴一掌血’，方能听吾说话句句得力。若茫茫荡荡度日，譬如一块死肉，打也不知得痛痒，恐终不济事。回家只寻得旧时伎俩而已，岂不惜哉！”

【51.20】问：“近来妄念也觉少，亦觉不曾着想定要如何用功，不知此是工夫否？”

先生曰：“汝且去着实用功，便多这些着想也不妨，久久自会妥帖。若才下得些功，便说效验，何足为恃？”

【51.21】一友自叹：“私意萌时，分明自心知得，只是不能使他即去。”

先生曰：“你萌时这一知处，便是你的命根。当下即去消磨，便是立命工夫。”

【51.22】“夫子说‘性相近’，即孟子说‘性善’，不可专在气质上说。若说气质，如刚与柔对，如何相近得？惟性善则同耳。人生初时，善原是同的。但刚的习于善则为刚善，习于恶则为刚恶；柔的习于善则为柔善，习于恶则为柔恶[2]，便日相远了。”

---

1 “先儒”句：出自《二程遗书·卷三·二先生语三》：“‘鸢飞戾天，鱼跃于渊’，言其上下察也。此一段子思吃紧为人处。与‘必有事焉，而勿正心’之意同一活泼泼地。”“鸢飞戾天，鱼跃于渊”出自《诗经·大雅·旱麓》，朱熹在《中庸章句集注》中说“子思引此诗以明化育流行，上下昭著，莫非此理之用”。“必有事焉，而勿正心”：出自《孟子·公孙丑上》“必有事焉而勿正，勿忘勿助”。

2 刚善、刚恶，柔善、柔恶：系周敦颐在《通书》中对善恶的分类方法。

【51.23】先生尝语学者曰："心体上着不得一念留滞，就如眼着不得些子尘沙。些子能得几多？满眼便昏天黑地了。"

又曰："这一念不但是私念，便好的念头，亦着不得些子。如眼中放些金玉屑，眼亦开不得了。"

【51.24】问："人心与物同体，如吾身原是血气流通的，所以谓之同体。若于人便异体了。禽兽草木益远矣，而何谓之同体？"

先生曰："你只在感应之几上看，岂但禽兽草木，虽天地也与我同体的，鬼神也与我同体的。"

请问。

先生曰："你看这个天地中间，什么是天地的心？"

对曰："尝闻人是天地的心。"

曰："人又什么教做心？"

对曰："只是一个灵明。"

"可知充天塞地中间，只有这个灵明，人只为形体自间隔了。我的灵明，便是天地鬼神的主宰。天没有我的灵明，谁去仰他高？地没有我的灵明，谁去俯他深？鬼神没有我的灵明，谁去辨他吉凶灾祥？天地鬼神万物离却我的灵明，便没有天地鬼神万物了。我的灵明离却天地鬼神万物，亦没有我的灵明。如此，便是一气流通的，如何与他间隔得！"

又问："天地鬼神万物，千古见在，何没了我的灵明，便俱无了？"

曰："今看死的人，他这些精灵游散了，他的天地万物尚在何处？"

【51.25】先生起行征思、田，德洪与汝中追送严滩。汝中举佛家实相、幻相之说。

先生曰："有心俱是实，无心俱是幻；无心俱是实，有心俱是幻。"

汝中曰："有心俱是实，无心俱是幻，是本体上说工夫。无心俱是实，有心俱是幻，是工夫上说本体。"

先生然其言。

洪于是时尚未了达，数年用功，始信本体工夫合一。但先生是时因问偶谈，若吾儒指点人处，不必借此立言耳！

【51.26】尝见先生送二三耆宿出门，退坐于中轩，若有忧色。德洪趋进请问。

先生曰："顷与诸老论及此学，真圆凿方枘[1]，此道坦如道路，世儒往往自加荒塞，终身陷荆棘之场而不悔，吾不知其何说也！"

德洪退，谓朋友曰："先生诲人，不择衰朽，仁人悯物之心也。"

【51.27】先生曰："人生大病，只是一'傲'字。为子而傲必不孝，为臣而傲必不忠，为父而傲必不慈，为友而傲必不信。故象与丹朱俱不肖，亦只一'傲'字，便结果了此生。诸君常要体此。人心本是天然之理，精精明明，无纤介染着，只是一无我而已，胸中切不可有，有即傲也。古先圣人许多好处，也只是无我而已，无我自能谦。谦者众善之基，傲者众恶之魁。"

【51.28】又曰："此道至简至易的，亦至精至微的。孔子曰：'其如示诸掌乎！'且人于掌，何日不见？及至问他掌中多少文理，却便不知。即如我'良知'二字，一讲便明，谁不知得？若欲的见良知，却谁能见得？"

问曰："此知恐是无方体的，最难捉摸。"

1　圆凿方枘：可参看【32.16】条"枘凿"注释。

先生曰："良知即是'易'，'其为道也屡迁，变动不居，周流六虚，上下无常，刚柔相易，不可为典要，惟变所适'[1]。此知如何捉摸得？见得透时便是圣人。"

【51.29】问："孔子曰：'回也非助我者也。[2]'是圣人果以相助望门弟子否？"

先生曰："亦是实话。此道本无穷尽，问难愈多，则精微愈显。圣人之言，本自周遍，但有问难的人胸中窒碍，圣人被他一难，发挥得越加精神，若颜子闻一知十，胸中了然，如何得问难？故圣人亦寂然不动，无所发挥，故曰非助。"

【51.30】邹谦之尝与德洪曰："舒国裳曾持一张纸，请先生写'拱把之桐梓'[3]一章。先生悬笔为书，到'至于身而不知所以养之者'，顾而笑曰：'国裳读书中过状元来，岂诚不知身之所以当养？还须诵此以求警？'一时在侍诸友皆惕然。"

---

1 "其为道也屡迁"句：出自《易经·系辞下》。

2 回也非助我者也：出自《论语·先进》："子曰：'回也非助我者也，于吾言无所不说。'"

3 "拱把之桐梓"：见《孟子·告子上》第十三章："孟子曰：'拱把之桐梓，人苟欲生之，皆知所以养之者。至于身，而不知所以养之者，岂爱身不若桐梓哉？弗思甚也。'"

52. 语录拾遗

【52.1】薛尚谦、邹谦之、马子莘、王汝止侍坐，请问乡愿、狂者之辨。

曰：“乡愿以忠信廉洁见取于君子，以同流合污无忤于小人，故非之无举，刺之无刺。然究其心，乃知忠信廉洁所以媚君子也，同流合污所以媚小人也。其心已破坏矣，故不可与入尧舜之道。狂者志存古人，一切纷嚣俗染不足以累其心，真有凤凰于千仞之意，一克念，即圣人矣。惟不克念，故阔略事情，而行常不掩。惟行不掩，故心尚未坏，而庶可与裁。”

曰：“乡愿何以断其媚也？”

曰：“自其讥狂狷知之。曰：‘何为踽踽凉凉？生斯世也，为斯世也，善斯可矣。[1]’故其所为，皆色取不疑[2]，所以谓之似。然

1　“何为踽踽凉凉”句：杨伯峻先生在《论语译注》一书解释为：乡愿之人批评狂狷之人“为什么这样落落寡欢呢？（又说）生在这个世界上，为这个世界做事，只要过得去便行了。”《孟子·尽心下》：“曰：‘何以是嘐嘐也？言不顾行，行不顾言，则曰，古之人，古之人。行何为踽踽凉凉？生斯世也，为斯世也，善斯可矣。’阉然媚于世也者，是乡原也。”

2　色取不疑：外表主张仁德，实际行动却背道而驰。以仁者自居却不感到惭愧。出自《论语·颜渊》：“色取仁而行违，居之不疑。”

三代以下，士之取盛名于时者，不过得乡愿之似而已。究其忠信廉洁，或未免致疑于妻子也。虽欲纯乎乡愿，亦未易得。而况圣人之道乎！”

曰：“狂狷为孔子所思，然至乎传道，不及琴、张辈，而传习曾子，岂曾子乃狂狷乎？”

曰：“不然。琴、张辈，狂者之禀也。虽有所得，终止于狂。曾子，中行之禀也，故能悟入圣人之道。”

【52.2】先生自南都以来，凡示学者，皆令存天理、去人欲以为本。有问所谓，则令自求之，未尝指天理为何如也。

黄冈郭善甫挈其徒良吉，走越受学，途中相与辨论未合。既至，质之先生。

先生方寓楼饘[1]，不答所问，第目摄良吉者再，指所饘盂，语曰：“此盂中下乃能盛此饘，此案下乃能载此盂，此楼下乃能载此案，地又下乃能载此楼。惟下乃大也。”

【52.3】一日，市中哄而诟。

甲曰：“尔无天理。”

乙曰：“尔无天理。”

甲曰：“尔欺心。”

乙曰：“尔欺心。”

先生闻之，呼弟子，曰：“听之，夫夫啍啍[2]讲学也。”

弟子曰：“诟也，焉学？”

曰：“汝不闻乎？曰‘天理’，曰‘心’，非讲学而何？”

曰：“既学矣，焉诟？”

曰：“夫夫也，惟知责诸人，不知及诸己故也。”

1　饘：音 zhān，稠粥、喝粥。

2　啍啍：喋喋不休，话多貌。啍，音 zhūn。

【52.4】先生尝曰："吾'良知'二字，自龙场以后，便已不出此意。只是点此二字不出，于学者言，费却多少辞说。今幸见出此意。一语之下，洞见全体，真是痛快，不觉手舞足蹈。学者闻之，亦省却多少寻讨功夫。学问头脑，至此已是说得十分下落。但恐学者不肯直下承当耳。"

又曰："某于'良知'之说，从百死千难中得来，非是容易见得到此。此本是学者究竟话头，可惜此理沦埋已久。学者苦于闻见障蔽，无入头处，不得已与人一口说尽。但恐学者得之容易，只把作一种光景玩弄，孤负此知耳。"

【52.5】语友人曰："近欲发挥此，只觉有一言发不出。津津然含诸口，莫能相度。"

久乃曰："近觉得此学更无有他，只是这些子，了此更无余矣。"旁有健羡不已者，则又曰："连这些子亦无放处。今经变后[1]，始有良知之说。"

【52.6】一友侍，眉间有忧思。

先生顾谓他友曰："良知固彻天彻地，近彻一身。人一身不爽，不须许大事，第头上一发下垂，浑身即是为不快，此中那容得一物耶？"

【52.7】先生初登第时，上《边务八事》，世艳称之。晚年有以为问者。

先生曰："此吾少时事，有许多抗厉气。此气不除，欲以身任天下，其何能济？"

1　今经变后：据钱德洪的《阳明文录序》云："良知之说，发于正德辛巳年。盖先生再罹宁藩之变、张许之难，而于学又一番证透。"

或又问平宁藩[1]。

先生曰："只合如此做，但觉来尚有挥霍意。使今日处之，更别也。"

【52.8】"千古圣人只有这些子"。又曰："人生一世，惟有这件事。"

【52.9】先生曰："良知犹主人翁，私欲犹豪奴悍婢。主人翁沉疴在床，奴婢便敢擅作威福，家不可以言齐矣。若主人翁服药治病，渐渐痊可，略知检束，奴婢亦自渐听指挥。及沉疴脱体，起来摆布，谁敢有不受约束者哉？良知昏迷，众欲乱行；良知精明，众欲消化，亦犹是也。"

【52.10】先生曰："舜不遇瞽瞍，则处瞽瞍之物无由格；不遇象，则处象之物无由格。周公不遇流言忧惧，则流言忧惧之物无由格。故凡'动心忍性，增益其所不能'[2]者，正吾圣门致知格物之学，正不宜轻易放过，失此好光阴也。知此则夷狄患难，将无入不自得矣。"

【52.11】问："据人心所知，多有误欲作理，认贼作子处。何处乃见良知？"

先生曰："尔以为何如？"

曰："心所安处，才是良知。"

曰："固是，但要省察，恐有非所安而安者。"

【52.12】直问："许鲁斋言学者以治生为首务，先生以为误

1　平宁藩：可参看年谱"1492 年 21 岁"条"宸濠之变"注释。

2　"动心忍性"句：出自《孟子・告子下》："孟子曰：'天将降大任于斯人也，必先苦其心志，劳其筋骨，饿其体肤，空乏其身，行拂乱其所为，所以动心忍性，增益其所不能也。'"

人[1]，何也？岂士之贫，可坐守不经营耶？”

先生曰：“但言学者治生上，仅有工夫则可。若以治生为首务，使学者汲汲营利，断不可也。且天下首务，孰有急于讲学耶？虽治生亦是讲学中事。但不可以之为首务，徒启营利之心。果能于此处调停得心体无累，虽终日做买卖，不害其为圣为贤。何妨于学？学何贰于治生？”

【52.13】先生曰：“凡看书，培养自家心体。他说得不好处，我这里用得着，俱是益。只是此志真切。有昔郢人夜写书与燕国，误写‘举烛’二字。燕人误解。烛者明也，是教我举贤明其理也。其国大治。故此志真切，因错致真，无非得益。今学者看书，只要归到自己身心上用。”

【52.14】从目所视，妍丑自别，不作一念，谓之明。从耳所听，清浊自别，不作一念，谓之聪。从心所思，是非自别，不作一念，谓之睿。

【52.15】尝闻先生曰：“吾居龙场时，夷人言语不通，所可与言者中土亡命之流。与论知行之说，更无抽格。久之，并夷人亦欣欣相向。及出与士夫言，反多纷纷同异，拍格不入。学问最怕有意见的人，只患闻见不多。良知，闻见益多，覆蔽益重。反不曾读书的人，更容易与他说得。”

【52.16】先生曰：“人但一念善，便实实是好；一念恶，便实实是恶；如此才是学。不然，便是作伪。”

尝问门人，圣人说：“知之为知之”二句，是何意思？二友不能答。

1　先生以为误人：可参看【44.42】条“治生为先”注释。

先生曰："要晓得圣人之学，只是一诚。"

【52.17】先生曰："朋友相处，常见自家不是，方能点化得人之不是。善者固吾师，不善者亦吾师。且如见人多言，吾便自省亦多言否？见人好高，吾自省亦好高否？此便是相观而善，处处得益。"

【52.18】先生曰："学者读书，只要归在自己身心上。若泥文着句，拘拘解释，定要求个执定道理，恐多不通。盖古人之言，惟示人以所向往而已。若于所示之向往，尚有未明，只归在良知上体会方得。"

【52.19】先生曰："气质犹器也，性犹水也。均之水也，有得一缸者，得一桶者，有得一瓮者，局于器也。气质有清浊厚薄强弱之不同，然其为性则一也。能扩而充之，器不能拘矣。"

【52.20】先生曰："虽小道必有可观。如虚无、权谋、术数、技能之学，非不可超脱世情。若能于本体上得所悟入，俱可通人精妙。但其意有所着，欲以之治天下国家，便不能通，故君子不用。"

【52.21】门人有欲汲汲立言者。

先生闻之，叹曰："此弊溺人，其来非一日矣。不求自信，而急于人知，正所谓'以己昏昏，使人昭昭'也。耻其名之无闻于世，而不知知道者视之，反自贻笑耳。宋之儒者，其制行磊荦[1]，本足以取信于人。故其言虽未尽，人亦崇信之，非专以空言动人也。但一言之误，至于误人无穷，不可胜救，亦岂非汲汲于立言者之过耶？"

【52.22】先生与黄绾、应良论圣学久不明。学者欲为圣人，必须廓清心体，使纤翳不留，真性始见，方有操持涵养之地。

1　制行磊荦：德行磊落。荦，音 luò。

应良疑其难。

先生曰："圣人之心如明镜，纤翳自无所容，自不消磨刮。若常人之心，如斑垢驳蚀之镜，须痛磨刮一番，尽去驳蚀，然后纤尘即见，才拂便去，亦不消费力。到此已是识得仁体矣。若驳蚀未去，其间固自有一点明处，尘埃之落，固亦见得，才拂便去。至于堆积于驳蚀之上，终弗之能见也。此学利困勉[1]之所由异，幸勿以为难而疑之也。凡人情好易而恶难，其间亦自有私意、气习缠蔽，在识破后，自然不见其难矣。古之人至有出万死而乐为之者，亦见得耳。向时未见得里面意思，此功夫自无可讲处。今已见此一层，却恐好易恶难，便流入禅释去也。"

【52.23】郡守南大吉以座主称门生，然性豪旷，不拘小节。先生与论学有悟，乃告先生曰："大吉临政多过，先生何无一言？"先生曰："何过？"大吉历数其事。先生曰："吾言之矣。"大吉曰："何？"曰："吾不言，何以知之？"曰："良知。"先生曰："良知非吾常言而何？"大吉笑谢而去。

居数日，复自数过加密。且曰："与其过后悔改，曷若预言不犯为佳也？"先生曰："人言不如自悔之真。"大吉笑谢而去。

居数日，复自数过益密。且曰："身过可勉，心过奈何？"先生曰："昔镜未开，可得藏垢。今镜明矣，一尘之落，自难住脚。此正入圣之机也。勉之！"

1　学利困勉：即"学知利行，困知勉行"。可参看本书【43.7】条"生知安行，学知利行，困知勉行"注释。

附录

53. 平濠反间遗事 钱德洪 著

【53.1】龙光[1]云：是年[2]六月十五日，公于丰城闻宸濠之变[3]。时参谋雷济、萧禹在侍，相与拜天，誓死起兵讨贼。欲趋还吉安，南风正急，舟不能动。又痛哭告天，顷之，得北风。宸濠追兵将及，潜入小渔船，与济等同载，得脱免。舟中计议，恐宸濠径袭南京，遂犯北京，两京仓卒无备。图欲沮挠，使迟留半月，远近闻知，自然有备无患。乃假写两广都御史火牌云："提督两广军务都御史杨为机密军务事：准兵部咨及都察院右副都御史颜咨俱为前事，本院带领狼达官兵四十八万，齐往江西公干。的于五月初三日在广州府起马前进，仰沿途军卫有司等衙门，即便照数预备粮草，伺候官兵

1　龙光：系江西吉水县县臣，为阳明先生平定宸濠之乱，立下汗马功劳。

2　是年：该年是明正德十四年，公元 1519 年。

3　宸濠之变：朱宸濠，明太祖朱元璋五世孙，即朱元璋第十七子宁王朱权的后裔。孝宗弘治十年（1497）袭封于南昌，弘治十二年（1499）袭封宁王。正德二年（1507），宸濠先后贿赂太监刘瑾及佞臣钱宁、伶人臧贤等，恢复已裁撤的护卫，蓄养亡命，随意杀逐幽禁地方文武官员和无罪百姓，强夺官民田产动以万计，并劫掠商贾，窝藏盗贼，密谋起兵。又企图以己子入嗣武宗，以取得皇位。正德十四年（1519）宁王朱宸濠借口武宗荒淫无道，是年六月十四日兴兵，杀巡抚孙燧、江西按察副使许逵，革正德年号。以李士实、刘养正为左、右丞相，以王纶为兵部尚书，集众号称十万，并发檄各地，指斥朝廷。意图谋取天下。

到日支应。若临期缺乏误事，定行照依军法斩首”等因[1]。意示朝廷先差颜等勘事，已密于两广各处起调兵马，潜来袭取宸濠，使之恐惧迟疑，观望不敢轻进。使济等密遣乖觉人役，持火牌设法打入省城。宸濠见火牌，果生疑惧。

十八日，回至吉安。又令济等假写南雄、南安、赣州等府报帖，日逐飞报府城，打入省下，一以动摇省城人心，一以鼓励吉安效义之士。

又与济等谋假写迎接京军文书云：“提督军务都御史王为机密军务事，准兵部咨，该本部题奉圣旨：‘许泰、郤永分领边军四万，从凤阳等处陆路径扑南昌；刘晖、桂勇分领京边官军四万，从徐州、淮安等处水陆并进，分袭南昌；王守仁领兵二万，杨旦等领兵八万，秦金等领兵六万，各从信地分道并进，刻期夹攻南昌。务要遵照方略，并心协谋，依期速进。毋得彼先此后，致误事机。钦此。’等因。咨到职，除钦遵外，照得本职先因奉敕前往福建公干，行至丰城地方，卒遇宁王之变，见已退住吉安府起兵。今准前因，遵奉敕旨，候两广兵齐，依期前进外，看得兵部咨到缘由，系奉朝廷机密敕旨，皆是掩其不备，先发制人之谋。其时必以宁王之兵尚未举动。今宁王之兵已出，约亦有二三十万，若北来官兵不知的实消息，未免有误事机。以本职计之，若宁王坚守南昌，拥兵不出，京边官军远来，天时、地利，两皆不便，一时恐亦难图。须是按兵徐行，或分兵先守南都，候宁王已离江西，然后或遮其前，或击其后，使之首尾不救，破之必矣。今宁王主谋李士实、刘养正等各有书密寄本职，其贼凌十一、闵廿四亦各密差心腹前来本职递状，皆

1　等因：旧时公文用语。常用于叙述上级官署的令文结束时。

要反戈立功报效。可见宁王已是众叛亲离之人，其败必不久矣。今闻两广共起兵四十八万，其先锋八万，系遵敕旨之数，今已到赣州地方。湖广起兵二十万，其先锋六万，系遵敕旨之数，今闻已到黄州府地方。本职起兵十万，遵照敕旨，先领兵二万，屯吉安府地方。各府知府等官各起兵快，约亦不下一万之数，共计亦有十一二万人马，尽已够用。但得宁王早离江西，其中必有内变，因而乘机夹攻，为力甚易。为此今用手本备开缘由前去，烦请查照裁处。并将一应进止机宜，计议停当，选差乖觉晓事人员，与同差去人役，星夜回报施行，须至手本者。”

既已写成手本，令济等选差惯能走递家人，重与盘费，以前事机阳作实情，备细密切说与，令渠潜踪隐迹，星夜前去南京及淮、扬等处迎接官兵。又令济等寻访素与宸濠交通之人，厚加结纳，令渠密去报知宁府。宸濠闻知，大加赏赐，差人四路跟捉。既见手本，愈加疑惧，将差人备细拷问详悉，当时杀死。因此宸濠又疑李士实、刘养正，不信其谋。

又与龙光计议假写回报李士实书，内云：“承手教密示，足见老先生精忠报国之本心，始知近日之事迫于势不得已而然，身虽陷于罗网，乃心罔不在王室也。所喻密谋，非老先生断不能及此。今又得子吉同心协力，当万万无一失矣。然几事不密则害成，务须乘时待机而发乃可。不然恐无益于国，而徒为老先生与子吉之累，又区区心所不忍也。况今兵势四路已合，只待此公一出，便可下手，但恐未肯轻出耳。昨凌、闵诸将遣人密传消息，亦皆出于老先生与子吉开导激发而然。但恐此三四人者皆是粗汉，易有漏泄，须戒令慎密，又曲为之防可也。目毕即付丙丁[1]，知名不具。”与刘养正亦同。两书既就，遣雷济设法差递李士实，龙光设法差递刘养正。各差递人皆被宸濠杀死。宸濠由是愈疑刘、李，刘、李亦各自相疑惧，不肯出身任事。以故上下人心互生疑惧，兵势日衰。

又遣素与刘养正交厚指挥高睿致书刘养正，及遣雷济、萧禹引诱内官万锐等私写书信与内官陈贤、刘吉、喻木等，俱皆反间之谋。又多写告示及招降旗号，开谕逆顺祸福，及写木牌等项，动以千计，分遣雷济、萧禹、龙光、王佐等分役经行贼垒，潜地将告示黏贴，及旗号木牌四路标插。又先张疑兵于丰城，示以欲攻之势。又遣雷济、龙光将刘养正家属在吉安厚加看养，阴遣其家人密至刘养正处传递消息，亦皆反间之谋。

初时，宸濠谋定六月十七日出兵，自己于二十二日在江西起马，径趋南京，谒陵即位，遂直犯北京。因闻前项反间疑沮之谋，遂不敢轻出。故十七等日，先遣兵攻南康、九江，而自留省城。贼兵等候宸濠不出，亦各疑惧退沮，久驻江湖之上，师老气衰。又见四路所贴告示及插旗号木牌，人人解体，日渐散离，以故无心攻斗。其后宸濠探知四路无兵，前项事机已失，兵势已阻，人马已散，多有潜来投降者。我师一候宸濠出城，即统伍知府等官兵疾趋攻破省城。度宸濠顾念根本之地，势必归救，遂预发兵迎击于鄱阳湖。大战三日，罪人斯得。

【53.2】右反间始末尝闻诸吉水致仕县丞龙光。光谓德洪曰：“昔夫子写杨公火牌将发时，雷济问曰：‘宁王见此恐未必信。’曰：

1　即付丙丁：古人以天干配五行，丙丁都属火，故借以指火。即付丙丁。阅后即焚之意。

‘不信，可疑否？’对曰：‘疑则不免。’夫子笑曰：‘得渠一疑，彼之大事去矣。’既而叹曰：‘宸濠素行无道，残害百姓，今虽一时从逆者众，必非本心，徒以威劫利诱，苟一时之合耳。纵使奋兵前去，我以问罪之师徐蹑其后，顺逆之势既判，胜负预可知也。但贼兵早越一方，遂破残一方民命。虎兕出柙，收之遂难。为今之计，只是迟留宸濠一日不出，则天下实受一日之福。’”

光又言：“夫子捷疏虑繁文太多，一切反间之计俱不言及。亦以设谋用诡，非君子得已之事，不欲明言示人。当时若使不行间计，迟留宁王，宁王必即时拥兵前进，正所谓迅雷不及掩耳，两京各路何恃为备？所以破败宁王，使之坐失事机，全是迟留宁王一着。所以迟留宁王，全是谋行反间一事。今人读奏册所报，皆是可书之功，而不知书不能尽者十倍于奏册。”

又言：“宁藩事平之后，京边官军南来，失其奸计，由是痛恨夫子，百计搜寻罗织，无所泄毒，挤怒门人冀元亨与济、禹、光等，俱欲置之死地。冀元亨被执，光等四窜逃匿，家破人亡，妻子离散。直伺官军离却省城，方敢出身回家。当时光等粘贴告示，标插旗号木牌，皆是半夜昏黑，冲风冒雨，涉险破浪，出入贼垒，万死中得一生，所差行间人役，被宸濠要杀者，俱是亲信家人。今当事平之后，议者不究始原，并将在册功次亦尽削去。此光等走役微劳，虽皆臣子本分，不足深惜，但赏罚若此，继后天下倘或再有事变，人皆以光等为鉴戒矣。谁肯复效死力哉？

又言：“夫子应变之神真不可测。时官兵方破省城，忽传令造免死木牌数十万，莫知所用。及发兵迎击宸濠于湖上，取木牌顺流放下。时贼兵既闻省城已破，胁从之众俱欲逃窜无路，见水浮木牌，一时争取散去，不计其数。二十五日，贼势尚锐，值风不便，我兵少挫。夫子急令斩取先却者头。知府伍文定等立于锐炮之间，方奋督各兵，殊死抵战。贼兵忽见一大牌书：‘宁王已擒，我军毋得纵杀！’一时惊扰，遂大溃。次日贼兵既穷促，宸濠思欲潜遁，见一渔船隐在芦苇之中。宸濠大声叫渡。渔人移棹请渡，竟送中军，诸将尚未知也。其神运每如此。”

又言：“尝闻雷济云：夫子昔在丰城闻变，南风正急，拜受哭告曰：‘天若悯恻百万民命，幸假我一帆风！’须臾风稍定，顷之，舟人欢噪回风。济、禹取香烟试之舟上，果然。久之，北风大作。宸濠追兵将及时，夫人、公子在舟。夫子呼一小渔船自缚，敕令济、禹持米二斗，脔鱼五寸，与夫人为别。将发，问济曰：‘行备否？’济、禹对曰：‘已备。’夫子笑曰：‘还少一物。’济、禹思之不得。夫子指船头罗盖曰：‘到地方无此，何以示信？’于是又取罗盖以行。明日至吉安城下，城门方戒严，舟不得泊岸。济、禹揭罗盖以示，城中遂欢庆曰：‘王爷爷还矣。’乃开门罗拜迎入。于是济、禹心叹危迫之时，暇裕乃如此。”

【53.3】德洪昔在师门，或问：“用兵有术否？”夫子曰：“用兵何术？但学问纯笃，养得此心不动，乃术尔。凡人智能相去不甚远，胜负之决不待卜诸临阵，只在此心动与不动之间。昔与宁王逆战于湖上时，南风转急，面命某某为火攻之具。是时前军正挫却，某某对立矍视，三四申告，耳如弗闻。此辈皆有大名于时者，平时智术岂有不足，临事忙失若此，智术将安所施？”

又尝闻邹谦之曰：“昔先生与宁王交战时，与二三同志坐中军讲学。谍者走报前军失利，坐中皆有怖色。先生出见谍者，退而就坐，复接绪言，神色自若。顷之，谍者走报贼兵大溃，坐中皆有喜色。先生出见谍者，退而就坐，复接绪言，神色亦自若。”

又尝闻陈惟濬曰："惟濬尝闻之尚谦矣。尚谦言，昔见有侍于先生者，自称可与行师。先生问之。对曰：'某能不动心。'曰：'不动心可易言耶？'对曰：'某得制动之方。'先生笑曰：'此心当对敌时且要制动，又谁与发谋出虑耶？'又问：'今人有不知学问者，尽能履险不惧，是亦可与行师否？'先生曰：'人之性气刚者亦能履险不惧，但其心必待强持而后能。即强持便是本体之蔽，便不能宰割庶事。孟施舍之所谓'守气'者也。若人真肯在良知上用功，时时精明，不蔽于欲，自能临事不动。不动真体，自能应变无言。此曾子之所谓'守约'[1]，自反而缩，虽千万人吾往者也。'"

又尝闻刘邦采曰："昔有问：'人能养得此心不动，即可与行师否？'先生曰：'也须学过。此是对刀杀人事，岂意想可得？必须身习其事，斯节制渐明，智慧渐周，方可信行。天下未有不履其事而能造其理者，此后世格物之学所以为谬也。孔子自谓军旅之事未之学，此亦不是谦言。但圣人得位行志，自有消变未形之道，不须用此。后世论治，根源上全不讲及，每事只在半中截做起，故犯手脚。若在根源上讲求，岂有必事杀人而后安得人之理。某自征赣以来，朝廷使我日以杀人为事，心岂割忍，但事势至此。譬之既病之人，且须治其外邪，方可扶回元气，病后施药，犹胜立视其死故耳。可惜平生精神，俱用此等没紧要事上去了。'"

【53.4】昔者德洪事先生八年，在侍同门每有问兵事者，皆默而不答，以故南、赣、宁藩始末俱不与闻。先生殁后，搜录遗书七年，而奏疏文移始集。及查对月日，而后五征始末具见。独于用间一事，

1　"守气，守约"句：孟施舍，古代勇士；守气，指培养无所畏惧的勇气；守约，同样养勇，但是以是非曲直为前提。出自《孟子·公孙丑上》："孟施舍之守气，又不如曾子之守约也。"

昔尝概闻，奏疏文移俱无所见。去年德洪主试广东，道经江西，访问龙光，始获闻书、闻牌诸稿，并所闻于诸同门者，归以附录云。

时嘉靖乙未八月，书于姑苏之郡学。

54. 大学

【54.1】大学之道在明明德，在亲民，在止于至善。知止而后有定，定而后能静，静而后能安，安而后能虑，虑而后能得。物有本末，事有终始。知所先后，则近道矣。

【54.2】古之欲明明德于天下者先治其国，欲治其国者先齐其家，欲齐其家者先修其身，欲修其身者先正其心，欲正其心者先诚其意，欲诚其意者先致其知。致知在格物。物格而后知至，知至而后意诚，意诚而后心正，心正而后身修，身修而后家齐，家齐而后国治，国治而后天下平。

【54.3】自天子以至于庶人，壹是皆以修身为本。其本乱而末治者，否矣。其所厚者薄，而其所薄者厚，未之有也。此谓知本，此谓知之至也。

【54.4】所谓诚其意者，毋自欺也，如恶恶臭，如好好色。此之谓自谦。故君子必慎其独也。小人闲居为不善，无所不至，见君子而后厌然揜其不善而著其善，人之视己如见其肺肝然，则何益矣。此谓诚于中，形于外，故君子必慎其独也。曾子曰："十目所视，十手所指，其严乎！"富润屋，德润身，心广体胖，故君子必诚其意。

【54.5】《诗》云："瞻彼淇澳，菉竹猗猗。有斐君子，如切如磋，如琢如磨。瑟兮僴兮，赫兮喧兮。有斐君子，终不可諠兮！"如切如磋者，道学也。如琢如磨者，自修也。瑟兮僴兮者，恂栗也。赫兮諠兮者，威仪也。有斐君子终不可諠兮者，道盛德至善，民之不能忘也。《诗》云："於戏前王不忘。"君子贤其贤而亲其亲，小人乐其乐而利其利，此以没世不忘也。《康诰》曰"克明德"，《大甲》曰"顾諟天之明命"，《帝典》曰"克明峻德"，皆自明也。汤之《盘铭》曰："苟日新，日日新，又日新。"《康诰》曰："作新民。"《诗》曰："周虽旧邦，其命维新。"是故君子无所不用其极。《诗》云："邦畿千里，维民所止。"《诗》云："缗蛮黄鸟，止于丘隅。"子曰："于止，知其所止，可以人而不如鸟乎？"《诗》云："穆穆文王，於缉熙敬止！"为人君止于仁；为人臣止于敬；为人子止于孝；为人父止于慈；与国人交止于信。子曰："听讼，吾犹人也。必也使无讼乎！"无情者不得尽其辞，大畏民志，此谓知本。

【54.6】所谓修身在正其心者，身有所忿懥则不得其正，有所恐惧则不得其正，有所好乐则不得其正，有所忧患则不得其正。心不在焉，视而不见，听而不闻，食而不知其味。此谓修身在正其心。

【54.7】所谓齐其家在修其身者，人之其所亲爱而辟焉，之其所贱恶而辟焉，之其所畏敬而辟焉，之其所哀矜而辟焉，之其所敖惰而辟焉，故好而知其恶，恶而知其美者，天下鲜矣。故谚有之曰："人莫知其子之恶，莫知其苗之硕。"此谓身不修不可以齐其家。

【54.8】所谓治国必先齐其家者，其家不可教而能教人者，无之。故君子不出家而成教于国。孝者所以事君也，弟者所以事长也，慈者所以使众也。《康诰》曰："如保赤子。"心诚求之，虽不中不远矣。未有学养子而后嫁者也。一家仁，一国兴仁；一家让，一国

兴让；一人贪戾，一国作乱：其机如此。此谓一言偾事，一人定国。尧舜率天下以仁而民从之，桀纣率天下以暴而民从之，其所令反其所好而民不从。是故君子有诸己而后求诸人，无诸己而后非诸人，所藏乎身不恕而能喻诸人者，未之有也。故治国在齐其家。《诗》云："桃之夭夭，其叶蓁蓁。之子于归，宜其家人。"宜其家人，而后可以教国人。《诗》云："宜兄宜弟。"宜兄宜弟，而后可以教国人。《诗》云："其仪不忒，正是四国。"其为父子兄弟足法，而后民法之也。此谓治国在齐其家。

【54.9】所谓平天下在治其国者，上老老而民兴孝，上长长而民兴弟，上恤孤而民不倍，是以君子有絜矩之道也。所恶于上毋以使下，所恶于下毋以事上，所恶于前毋以先后，所恶于后毋以从前，所恶于右毋以交于左，所恶于左毋以交于右，此之谓絜矩之道。《诗》云："乐只君子，民之父母。"民之所好好之，民之所恶恶之，此之谓民之父母。《诗》云："节彼南山，维石岩岩。赫赫师尹，民具尔瞻。"有国者不可以不慎，辟则为天下僇矣。《诗》云："殷之未丧师，克配上帝。仪监于殷，峻命不易。"道得众则得国，失众则失国。

【54.10】是故君子先慎乎德。有德此有人，有人此有土，有土此有财，有财此有用。德者本也，财者末也。外本内末，争民施夺。是故财聚则民散，财散则民聚。是故言悖而出者，亦悖而入；货悖而入者，亦悖而出。《康诰》曰："惟命不于常。"道善则得之，不善则失之矣。《楚书》曰："楚国无以为宝，惟善以为宝。"舅犯曰："亡人无以为宝，仁亲以为宝。"

【54.11】《秦誓》曰："若有一介臣，断断兮，无他技，其心休休焉，其如有容焉。人之有技，若己有之；人之彦圣，其心好

之，不啻若自其口出，寔能容之。以能保我子孙黎民，尚亦有利哉！人之有技，媢嫉以恶之；人之彦圣，而违之，俾不通，寔不能容。以不能保我子孙黎民，亦曰殆哉！”唯仁人放流之，迸诸四夷，不与同中国。此谓唯仁人为能爱人，能恶人。见贤而不能举，举而不能先，命也。见不善而不能退，退而不能远，过也。好人之所恶，恶人之所好，是谓拂人之性，菑必逮夫身。是故君子有大道，必忠信以得之，骄泰以失之。

【54.12】生财有大道。生之者众，食之者寡，为之者疾，用之者舒，则财恒足矣。仁者以财发身，不仁者以身发财。未有上好仁而下不好义者也，未有好义其事不终者也，未有府库财非其财者也。孟献子曰：“畜马乘不察于鸡豚，伐冰之家不畜牛羊，百乘之家不畜聚敛之臣，与其有聚敛之臣，宁有盗臣。”此谓国不以利为利，以义为利也。长国家而务财用者，必自小人矣。彼为善之，小人之使为国家，菑害并至，虽有善者亦无如之何矣。此谓国不以利为利，以义为利也。

55. 中庸

【55.1】天命之谓性，率性之谓道，修道之谓教。道也者，不可须臾离也，可离非道也。是故君子戒慎乎其所不睹，恐惧乎其所不闻。莫见乎隐，莫显乎微，故君子慎其独也。喜怒哀乐之未发谓之中，发而皆中节谓之和。中也者，天下之大本也；和也者，天下之达道也。致中和，天地位焉，万物育焉。

【55.2】仲尼曰："君子中庸，小人反中庸。君子之中庸也，君子而时中；小人之中庸也，小人而无忌惮也。"

【55.3】子曰："中庸其至矣乎！民鲜能久矣。"

【55.4】子曰："道之不行也，我知之矣：知者过之，愚者不及也。道之不明也，我知之矣：贤者过之，不肖者不及也。人莫不饮食也，鲜能知味也。"子曰："道其不行矣夫！"

【55.5】子曰："舜其大知也与！舜好问而好察迩言，隐恶而扬善，执其两端，用其中于民，其斯以为舜乎！"

【55.6】子曰："人皆曰予知，驱而纳诸罟擭陷阱之中，而莫之知辟也。人皆曰予知，择乎中庸而不能期月守也。"

【55.7】子曰："回之为人也，择乎中庸，得一善，则拳拳服

膺而弗失之矣。”

【55.8】子曰：“天下国家可均也，爵禄可辞也，白刃可蹈也，中庸不可能也。”

【55.9】子路问强。子曰:“南方之强与？北方之强与？抑而强与？宽柔以教，不报无道，南方之强也，君子居之。衽金革，死而不厌，北方之强也，而强者居之。故君子和而不流，强哉矫；中立而不倚，强哉矫；国有道不变塞焉，强哉矫；国无道至死不变，强哉矫！”

【55.10】子曰：“素隐行怪，后世有述焉，吾弗为之矣。君子遵道而行，半途而废，吾弗能已矣。君子依乎中庸，遁世不见知而不悔，唯圣者能之。”

【55.11】君子之道费而隐，夫妇之愚可以与知焉；及其至也，虽圣人亦有所不知焉。夫妇之不肖，可以能行焉；及其至也，虽圣人亦有所不能焉。天地之大也，人犹有所憾。故君子语大，天下莫能载焉；语小，天下莫能破焉。《诗》云：“鸢飞戾天，鱼跃于渊。”言其上下察也。君子之道，造端乎夫妇，及其至也，察乎天地。

【55.12】子曰：“道不远人，人之为道而远人，不可以为道。《诗》云：‘伐柯伐柯，其则不远。’执柯以伐柯，睨而视之，犹以为远。故君子以人治人，改而止。忠恕违道不远，施诸己而不愿，亦勿施于人。君子之道四，丘未能一焉：所求乎子，以事父未能也；所求乎臣，以事君未能也；所求乎弟，以事兄未能也；所求乎朋友，先施之未能也。庸德之行，庸言之谨，有所不足，不敢不勉，有馀，不敢尽，言顾行，行顾言，君子胡不慥慥尔！”

【55.13】君子素其位而行，不愿乎其外。素富贵行乎富贵，素贫贱行乎贫贱，素夷狄行乎夷狄，素患难行乎患难，君子无入而不自得焉。在上位，不陵下；在下位，不援上。正己而不求于人，

则无怨。上不怨天，下不尤人。故君子居易以俟命，小人行险以徼幸。子曰："射有似乎君子，失诸正鹄，反求诸其身。"

【55.14】君子之道，辟如行远必自迩，辟如登高必自卑。《诗》曰："妻子好合，如鼓瑟琴。兄弟既翕，和乐且耽。宜尔室家，乐尔妻帑。"子曰："父母其顺矣乎！"

【55.15】子曰："鬼神之为德其盛矣乎！视之而弗见，听之而弗闻，体物而不可遗。使天下之人齐明盛服以承祭祀，洋洋乎如在其上，如在其左右。《诗》曰：'神之格思，不可度思，矧可射思。'夫微之显，诚之不可揜如此夫！"

【55.16】子曰："舜其大孝也与！德为圣人，尊为天子，富有四海之内，宗庙飨之，子孙保之。故大德必得其位，必得其禄，必得其名，必得其寿。故天之生物，必因其材而笃焉，故栽者培之，倾者覆之。《诗》曰：'嘉乐君子，宪宪令德。宜民宜人，受禄于天。保佑命之，自天申之。'故大德者必受命。"

【55.17】子曰："无忧者其惟文王乎！以王季为父，以武王为子，父作之，子述之。武王缵大王、王季、文王之绪，壹戎衣而有天下，身不失天下之显名，尊为天子，富有四海之内，宗庙飨之，子孙保之。武王末受命，周公成文武之德，追王大王、王季，上祀先公以天子之礼。斯礼也，达乎诸侯、大夫及士、庶人。父为大夫，子为士，葬以大夫，祭以士；父为士，子为大夫，葬以士，祭以大夫。期之丧达乎大夫，三年之丧达乎天子，父母之丧无贵贱，一也。"

【55.18】子曰："武王、周公其达孝矣乎！夫孝者，善继人之志，善述人之事者也。春秋修其祖庙，陈其宗器，设其裳衣，荐其时食。宗庙之礼，所以序昭穆也；序爵，所以辨贵贱也；序事，所以辨贤也；旅酬下为上，所以逮贱也。燕毛，所以序齿也。践其位，行其礼，

奏其乐，敬其所尊，爱其所亲；事死如事生，事亡如事存，孝之至也。郊社之礼，所以事上帝也。宗庙之礼，所以祀乎其先也。明乎郊社之礼，禘尝之义，治国其如示诸掌乎！”

【55.19】哀公问政。子曰：“文武之政，布在方策。其人存则其政举，其人亡则其政息。人道敏政，地道敏树。夫政也者，蒲卢也。故为政在人，取人以身，修身以道，修道以仁。仁者，人也，亲亲为大；义者，宜也，尊贤为大。亲亲之杀，尊贤之等，礼所生也。在下位不获乎上，民不可得而治矣。故君子不可以不修身，思修身不可以不事亲，思事亲不可以不知人，思知人不可以不知天。天下之达道五，所以行之者三。曰君臣也，父子也，夫妇也，昆弟也，朋友之交也，五者，天下之达道也。知、仁、勇 三者，天下之达德也，所以行之者一也。或生而知之，或学而知之，或困而知之，及其知之，一也。或安而行之，或利而行之，或勉强而行之，及其成功，一也。”

【55.20】子曰：“好学近乎知，力行近乎仁，知耻近乎勇。知斯三者，则知所以修身；知所以修身，则知所以治人；知所以治人，则知所以治天下国家矣。凡为天下国家有九经：曰修身也，尊贤也，亲亲也，敬大臣也，体群臣也，子庶民也，来百工也，柔远人也，怀诸侯也。修身则道立，尊贤则不惑。亲亲则诸父昆弟不怨，敬大臣则不眩，体群臣则士之报礼重，子庶民则百姓劝，来百工则财用足，柔远人则四方归之，怀诸侯则天下畏之。

【55.21】齐明盛服，非礼不动，所以修身也。去谗远色，贱货而贵德，所以劝贤也。尊其位，重其禄，同其好恶，所以劝亲亲也。官盛任使，所以劝大臣也。忠信重禄，所以劝士也。时使薄敛，所以劝百姓也。日省月试，既禀称事，所以劝百工也。送往迎来，嘉善而矜不能，所以柔远人。继绝世，举废国，治乱持危，朝聘以

时，厚往而薄来，所以怀诸侯也。

【55.22】凡为天下国家有九经，所以行之者一也。凡事豫则立，不豫则废。言前定则不跲，事前定则不困，行前定则不疚，道前定则不穷。

【55.23】在下位不获乎上，民不可得而治矣。获乎上有道，不信乎朋友，不获乎上矣。信乎朋友有道，不顺乎亲，不信乎朋友矣。顺乎亲有道，反诸身不诚，不顺乎亲矣。诚身有道，不明乎善，不诚乎身矣。

【55.24】诚者，天之道也。诚之者，人之道也。诚者，不勉而中，不思而得，从容中道，圣人也。诚之者，择善而固执之者也。博学之，审问之，慎思之，明辨之，笃行之。有弗学，学之弗能弗措也。有弗问，问之弗知弗措也。有弗思，思之弗得弗措也。有弗辨，辨之弗明弗措也。有弗行，行之弗笃弗措也。人一能之，己百之；人十能之，己千之。果能此道矣，虽愚必明，虽柔必强。

【55.25】自诚明，谓之性；自明诚，谓之教。诚则明矣，明则诚矣。

【55.26】唯天下至诚为能尽其性，能尽其性则能尽人之性，能尽人之性则能尽物之性，能尽物之性则可以赞天地之化育，可以赞天地之化育则可以与天地参矣。

【55.27】其次致曲。曲能有诚，诚则形，形则著，著则明，明则动，动则变，变则化，唯天下至诚为能化。

【55.28】至诚之道，可以前知。国家将兴，必有祯祥；国家将亡，必有妖孽。见乎蓍龟，动乎四体。祸福将至，善必先知之，不善必先知之。故至诚如神。

【55.29】诚者自成也，而道自道也。诚者物之终始，不诚无物，

是故君子诚之为贵。诚者非自成己而已也，所以成物也。成己，仁也；成物，知也。性之德也，合外内之道也，故时措之宜也。

【55.30】故至诚无息。不息则久，久则征，征则悠远，悠远则博厚，博厚则高明。博厚所以载物也，高明所以覆物也，悠久所以成物也。博厚配地，高明配天，悠久无疆。如此者，不见而章，不动而变，无为而成。

【55.31】天地之道可壹言而尽也。其为物不贰，则其生物不测。天地之道，博也，厚也，高也，明也，悠也，久也。今夫天，斯昭昭之多，及其无穷也，日月星辰系焉，万物覆焉。今夫地，一撮土之多，及其广厚，载华岳而不重，振河海而不泄，万物载焉。今夫山，一卷石之多，及其广大，草木生之，禽兽居之，宝藏兴焉。今夫水，一勺之多，及其不测，鼋鼍蛟龙鱼鳖生焉，货财殖焉。《诗》曰："惟天之命，於穆不已。"盖曰天之所以为天也。"於乎不显，文王之德之纯。"盖曰文王之所以为文也，纯亦不已。

【55.32】大哉圣人之道，洋洋乎发育万物，峻极于天。优优大哉！礼仪三百，威仪三千，待其人而后行，故曰"苟不至德，至道不凝焉。"故君子尊德性而道问学，致广大而尽精微，极高明而道中庸，温故而知新，敦厚以崇礼。是故，居上不骄，为下不倍，国有道其言足以兴，国无道其默足以容。《诗》曰"既明且哲，以保其身"，其此之谓与！

【55.33】子曰："愚而好自用，贱而好自专，生乎今之世，反古之道，如此者，裁及其身者也。"非天子不议礼，不制度，不考文。今天下车同轨，书同文，行同伦。虽有其位，苟无其德，不敢作礼乐焉。虽有其德，苟无其位，亦不敢作礼乐焉。

【55.34】子曰："吾说夏礼，杞不足征也。吾学殷礼，有宋存焉。

吾学周礼，今用之，吾从周。”

【55.35】王天下有三重焉，其寡过矣乎！上焉者虽善无征，无征不信，不信民弗从；下焉者虽善不尊，不尊不信，不信民弗从。故君子之道，本诸身，征诸庶民，考诸三王而不缪，建诸天地而不悖，质诸鬼神而无疑，百世以俟圣人而不惑。质诸鬼神而无疑，知天也。百世以俟圣人而不惑，知人也。是故君子动而世为天下道，行而世为天下法，言而世为天下则，远之则有望，近之则不厌。《诗》曰：“在彼无恶，在此无射。庶几夙夜，以永终誉。”君子未有不如此而蚤有誉于天下者也。

【55.36】仲尼祖述尧舜，宪章文武，上律天时，下袭水土。辟如天地之无不持载，无不覆帱；辟如四时之错行，如日月之代明。万物并育而不相害，道并行而不相悖。小德川流，大德敦化。此天地之所以为大也。

【55.37】唯天下至圣，为能聪明睿知足以有临也，宽裕温柔足以有容也，发强刚毅足以有执也，齐庄中正足以有敬也，文理密察足以有别也。溥博渊泉而时出之，溥博如天，渊泉如渊。见而民莫不敬，言而民莫不信，行而民莫不说。是以声名洋溢乎中国，施及蛮貊，舟车所至，人力所通，天之所覆，地之所载，日月所照，霜露所坠，凡有血气者，莫不尊亲，故曰配天。

【55.38】唯天下至诚为能经纶天下之大经，立天下之大本，知天地之化育。夫焉有所倚？肫肫其仁，渊渊其渊，浩浩其天。苟不固聪明圣知达天德者，其孰能知之？

【55.39】《诗》曰：“衣锦尚絅。”恶其文之著也。故君子之道闇然而日章，小人之道的然而日亡。君子之道，淡而不厌，简

而文，温而理，知远之近，知风之自，知微之显，可与入德矣。《诗云》：“潜虽伏矣，亦孔之昭。”故君子内省不疚，无恶于志。君子之所不可及者，其唯人之所不见乎！《诗》云：“相在尔室，尚不愧于屋漏。”故君子不动而敬，不言而信。《诗》曰：“奏假无言，时靡有争。”是故君子不赏而民劝，不怒而民威于鈇钺。《诗》曰：“不显惟德，百辟其刑之。”是故君子笃恭而天下平。《诗》云：“予怀明德，不大声以色。”子曰：“声色之于以化民，末也。”《诗》曰“德輶如毛”，毛犹有伦；“上天之载，无声无臭”，至矣。

参考文献

1. 《王文成公全书》四部丛刊本，上海书店 1989 年影印出版。

2. 《万有文库·王文成公全书》，商务印书馆民国 22 年（1933 年）出版。

3. 《王阳明全集》，吴光、钱明、董平、姚延福编校，浙江古籍出版社 2010 年出版。

4. 《阳明先生集要》，【明】王守仁原著，【明】施邦曜辑评，王晓昕、赵平略点校，中华书局 2008 年出版。

5. 《王阳明传习录详注集评》，陈荣捷著，台湾学生书局 2006 年印行。

6. 《传习录》，【明】王阳明撰，于自力、孔薇、杨骅骁注译，中州古籍出版社 2008 年出版。

7. 《传习录校释》，【明】王守仁撰，萧无陂校释，岳麓书社 2012 年出版。

8. 《明儒学案》，【清】黄宗羲著，沈芝盈点校，中华书局2008年出版。

9. 《二程遗书》，【宋】程颢、程颐撰，潘富恩导读，上海古籍出版社2000年出版。

10. 《四书章句集注》，【宋】朱熹撰，中华书局2011年出版。

11. 《论语译注》，杨伯峻译注，中华书局1980年出版。

12. 《孟子译注》，杨伯峻译注，中华书局2012年出版。

13. 《大学中庸译注》，王文锦译注，中华书局2013年出版。

14. 《诗经译注》，周振甫译注，中华书局2010年出版。

15. 《周易译注》，黄寿祺、张善文译注，上海古籍出版社2012年出版。

16. 《明史》，【清】张廷玉等著，台湾商务印书馆1986年出版。